别逗了，费曼先生！

SURELY YOU'RE JOKING, MR.FEYNMAN! ADVENTURES OF A CURIOUS CHARACTER

[美] 理查德·费曼 [美] 拉尔夫·莱顿 著 王祖哲 译

CNS K 湖南科学技术出版社

Richard P. Feynman

我一生的几个事实：我于1918年出生在纽约郊区的一个名叫法洛克维的小镇子，靠海边。我在那儿一直生活到1935年，那时我十七岁。我到麻省理工学院待了四年，然后，大约是在1939年，我到了普林斯顿大学。在普林斯顿那段时间，我开始参加“曼哈顿计划”，最后在1943年4月到了洛斯阿拉莫斯，一直待到1946年10月或者11月左右，然后我到了康奈尔大学。

1941年我和阿琳结婚。我在洛斯阿拉莫斯期间，在1946年，她死于肺结核。

我在康奈尔大学一直待到大约1951年。我在1949年夏天访问了巴西，1951年又在那儿待了半年，然后到了加州理工学院，以后就一直待在那儿。

1951年末我在日本待了几个星期，一两年之后，我和我的第二个妻子玛丽·娄又去了趟日本。

我现在和格温妮丝结了婚，她是英国人。我们有两个孩子，卡尔和米歇尔。

理查德·费曼

诺顿平装本手记　　拉尔夫·莱顿（Ralph Leighton）

《别逗了，费曼先生！》付梓至今，已逾十载，可是读者对费曼的兴趣，正方兴未艾。这使我想起了他在风烛残年之时，经常说的一句话，说话之时，双眸生辉："我还没死！"

前 言

拉尔夫·莱顿

本书中的这些故事，是我在和理查德·费曼高高兴兴打鼓的七年之间，零散而随意地积累起来的。我发现，每段故事，各有异趣，连掇成集，竟成大观。一个人的一辈子，竟然能发生这么多奇妙而发疯的事情，有时令人难以置信。那个人在他的一生中，能发明这么多本出无心的恶作剧，亦足可启愚化钝！

导 言

阿尔伯特·希伯斯（Albert R. Hibbs）
加州理工学院喷气推进实验室

对理查德·费曼的追忆，我希望本书并非绝无仅有。当然，这里的这些回忆文字，为这个人物大致描绘了一幅真实的画面——他对难题的几乎难以抑制的需要，他那些令人恼火的恶作剧，他对装腔作势和假装正经的愤恨和急躁，以及他能把那些试图放挺他的人放挺的本事！这是一本很棒的读物：挥霍无忌、惊世骇俗，却仍然温馨，很有人情味儿。

尽管如此，本书仅仅是稍微触及了他的人生根本：科学。我们在这里或那里，能够看到，作为背景材料，科学只是一笔带过，而不是作为他的人生焦点来处理的，但他一代一代的学生和同事，都知道科学在他的生活中的分量。或许本书也只能这样来写。要把关于他和他的工作那些爽人心神的故事组织起来，或许也真的没有办法：挑战与挫折，得到慧见时的兴奋，科学的理解带来的深深的喜悦，这才是他的人生快乐之源。

我记得，在我做他的学生听他讲课的时候，是个什么情景。他站在讲堂之前，微笑着看我们进来，用指头在前排长椅的黑色靠背上敲打着一种复杂的节奏。迟到的人就座之后，他拿起一支粉笔，粉笔在他的手指之间飞快地旋转，好像一个职业赌徒在玩儿一副扑克牌，他仍然微笑着，好像心里藏着个什么笑话。然后——仍然在微笑——他对我们讲物理学，讲他的图表和方程式，帮助我们分享他的真知灼见。他的笑容，他眼中的闪光，并非来自什么秘密的笑话，而是来自物理学。物理学带来的这种快乐！这种快乐是有传染性的。我们受到了这种感染，是很幸运的。现在，你也有机会来感受费曼风格的快乐了。

目 录

第 1 部分　从法洛克维到麻省理工学院

第 2 部分　在普林斯顿大学的岁月

第 3 部分　费曼，炸弹和军队

第 4 部分　从康奈尔大学到加州工学院，接触巴西

第 5 部分　一个物理学家的世界

第 1 部分　从法洛克维到麻省理工学院

他动动脑袋瓜子就能修好收音机！ 15

我十一二岁的时候，在家里搞了个实验室。它由一个旧木头包装箱构成，我在里头加了搁板。我有个加热器，我平时把肥油放里边做炸薯条。我还有个蓄电池和一个电灯排。

为了做这个电灯排，我上小杂货店弄了些插座，用螺丝钉固定在木座上，然后用电铃线把它们串起来。通过开关以不同的方式把灯泡连接起来——串联的和并联的——我知道我能够得到不同的电压。但我没意识到灯泡的电阻决定于它的温度，因此我计算的结果和这个电路弄出来的东西不一样。但不妨事的，灯泡串联起来的时候，都半亮着，它们都*发发发发发*光，很漂亮——棒！

我在系统里装了保险丝，所以哪儿一短路，保险丝就烧了。现在我必须弄到比我家里的保险丝弱一点的那种，我就自己造保险丝，方法是把锡纸包在一段烧坏了的保险丝上。我在保险丝的那头安了个5瓦的灯泡；保险丝烧了的时候，总在给蓄电池充电的点滴式充电器出来的电，会把灯泡点亮。灯泡在配电盘上，在一片褐色的糖果纸后面（后面的灯一亮，糖果纸就发红）——因此，如果哪儿出了娄子，我就会看配电盘，撑不住劲的保险丝那儿就会有一个大红点。好玩哦！

我喜欢玩收音机。我先是从商店里买了个矿石收音机，在夜里，我在床上将睡未睡的时候，用耳机听。

父母晚上出去要很晚才回来的时候，他们就来我房间，把耳机拿 16

开——担心我在睡着的时候，别有什么玩意儿在我脑袋里闹腾。

大约是在那个时候，我发明了一个防盗铃，一个简单的傻玩意儿：那不过是一个大电池，用电线连着一个铃儿。我房间的门一开，门就把电线推到电池上接通了电路，那铃就响了。

有天晚上，我妈妈和爸爸外出回来，蹑手蹑脚的没一点儿声音，怕吵着孩子啊，开了我房间的门，好拿开耳机。突然之间，那个巨大的铃儿震天价地响起来——乒乒乒乒乒！！！我大叫着从床上跳了下来："管用啊！管用啊！"

我有个福特线圈——从一辆汽车上卸下来的打火线圈——我把打火端弄在我的配电盘上。我打算在打火端装个Rathenon RN电子管，里头是氩气，火花会在真空里产生紫色的亮光——那可真叫棒！

有一天，我正在玩那个福特线圈，用火花在纸上打窟窿，把纸给点着了。我很快就拿不住那纸了，因为快烧到我的手指了，我就把它扔在装满报纸的字纸篓里。你知道，报纸烧得很快，在屋子里，火苗显得挺大。我关了门，那样我妈妈就发现不了我房间里起火了——她跟朋友在客厅里打桥牌呢，我从近旁抓了一本杂志，盖在字纸篓上想把火闷熄。

火灭了之后，我拿开杂志，但房间里都是烟。字纸篓还是烫得没法儿动，我就用钳子把它拖过房间，把它弄到窗户外散烟。

可是外面刮着小风，又把火吹着了，而我也够不到那本杂志了。所以我又从窗口把字纸篓拖了回来，好去拿杂志。我注意到窗户上有帘子——非常危险啊！

还好，我拿到了杂志，又把火扑灭了。这次我抓着杂志不放，把字纸篓里发红的火炭抖落到两三层楼下的街上。

然后，我出了屋子，随手把门带上，对我妈妈说，“我去玩了”，烟慢慢从窗子里冒着。 17

我还用电动机干了一些事情，还为我买的一个光电池造了一个放大器；当我把手放在这个电池前面的时候，这个光电池能把一个铃儿弄响。我想做的事很多，但没能都做到，因为我妈总不让我在家待着。但我常常在家里，摆弄我的实验室。

我从清仓大甩卖那儿买了几个收音机。我没什么钱，但东西不贵——都是旧收音机，坏了的。我买来，想修好。毛病通常不大——一眼就看到有电线松了，线圈断了，或者有些地方没缠紧——因此，我还真能让几个收音机响起来。有一天晚上，我从一个收音机里听到了在得克萨斯州韦科（Waco）[1]市的“韦科广播电台”——这可太刺激了！

在我的实验室里，用的还是这同一个电子管收音机，我听到了施奈克忒底（Schenectady）[2]市的一家叫WGA的电台。现在，我们这些小孩子——我的两个堂兄弟、我妹妹，还有邻居家的小孩儿——都在楼下听收音机，听一个叫《伊诺犯罪俱乐部》的节目——伊诺泡腾盐赞助的——就这玩意儿！我发现，在楼上我的实验室里，我能提早一小时听到在纽约播出的这个WGA的节目！因此，我知道什么事儿将会发生，然后，当我们大家都在楼下围着收音机坐成一圈听《伊

1 得克萨斯州中东部的一座城市，位于达拉斯福特沃斯南部，造船和工业中心。（本书脚注除特别说明外，都是译者注。）

2 纽约州东部的一座城市，位于奥尔巴尼西北部莫霍克河岸。

诺犯罪俱乐部》的时候，我会说：“你们大家知道，我们好久没听到什么人的声音了。我敢打赌，他会来，来挽回局势。”

两分钟后，嘀嗒，他来了！大家果然欢呼雀跃，我还预言了另外几件事。于是他们才意识到这里头一定有什么门道——不知怎么，我必定知道这个门道。因此，我也就爽快地承认了是怎么回事，我们可以在楼上提前一小时听这个节目。

很自然，你知道这会有什么结果。现在，这一小时，他们是等不得了。他们都到楼上，在我的实验室里，守着这台叽叽嘎嘎的收音机半小时，听施奈克忒底市的《伊诺犯罪俱乐部》。

18 那时我们住在一所大房子里；那是我爷爷留给他的孩子们的，这些孩子也没有很多钱搬到别处去住。那是个很大的木头房子。我在房子外边把电线拉得到处都是，在每个房间里都装了插座，这样我总能听那台在楼上的收音机。我还有一个喇叭——不是一个完整的喇叭，没有喇叭口儿。

有一天，我戴着耳机，我把耳机连到喇叭上，我发现了一点儿东西：我把手指头放在喇叭里，而我从耳机里能听到这个。我用指甲刮喇叭，而我能从耳机里听到这刮擦声。因此，我发现，喇叭能有耳机那样的作用，而且你甚至不需要电池。在学校里，我们讲到亚历山大·格雷汉姆·贝尔（Alexander Graham Bell），我就把这个喇叭和耳机演示了一番。我不知道这就是电话，但我想这就是贝尔当初用的电话。

因此，我现在有了一个麦克风，我可以从楼上向楼下、从楼下向楼上广播了，用的是我在清仓大甩卖那里买来的放大器。那时，我妹妹琼（她比我小9岁）一定也有两三岁了，电台上有个叫唐叔叔的家伙，她喜欢听他的节目。他唱些《好孩子》之类的小儿歌，还念父母们寄去的卡片，说“住在弗莱特市布什大街25号的玛丽什么什么的这个星期六过生日”。

一天，我堂弟弗兰西斯和我把琼安顿坐下来，说有一个特别节目，她应该听听。然后，我们跑到楼上，开始广播：“我是唐叔叔。我们认识一个名叫琼的可爱的小女孩儿，她住在新百老汇。她快过生日了——不是今天，而是哪天哪天。她是个聪明伶俐的小姑娘。”我们唱了一首儿歌，然后我们播放音乐：“嘀哆哩嘀，嘟哆噜嘟；嘀哆嘀哆哩，嘟哆噜嘟嘟……”我们把这一整套节目弄完了，然后下了楼：“怎么样？你喜欢这节目吗？”

“很好哦，”她说，“可你们为什么用嘴巴弄音乐呀？”

有一天，我接了一个电话：“先生，您是理查德·费曼吧？”

“是。”

“我这儿是家旅馆。我们有台收音机出了毛病，想修修。我们知道您或许能帮点儿忙。”

“可我不过是个小孩儿啊，”我说，“我不知道怎么……”

“是啊，这个我们知道，不管怎么样，您还是来一趟吧。”

那家旅馆是我姑妈开的，但我还不知道呢。我就到了那儿——
他们到现在还讲这故事呢——带着一把螺丝刀，插在后裤袋里。哈，19
我很小，什么螺丝刀在我后裤袋里看起来都挺大。

我跟收音机忙活上了，想把它修好。它什么毛病，我一点儿也不知道，但旅馆里还有个打杂的，或许是他注意到了，或许是我先看见了，可变电阻上的一个旋钮，就是用来调节音量的那玩意儿，松了，所以拉不动轴了。他到一边去锉了个什么东西，然后装好了，事儿就办妥了。

我修理的下一台收音机，完全没声儿。这个容易：插头插得不对。修理的东西越来越复杂了，我的本事也越来越好，越来越精到了。我在纽约买了个毫安表，把它改造成了个伏特计，上面有不同的刻度，方法是用经过我计算过的合适长度的上好铜线。它不很精确，但还是足够好的，能测准那些收音机的不同接点是不是正常。

大家雇我干活儿，主要原因是大萧条，他们拿不出钱修收音机，他们听说这个小孩儿钱少也愿意干。于是我就爬到房顶上修天线，以及诸如此类的事情。问题越来越难，我就得到了一系列的教训。最终我干的活儿是把直流电收音机改为交流电的，要想把嘈杂声从系统里去掉，不是一件容易的事情，我做得也不很好。我不该弄不好，可是不知道怎么弄。

有个活儿干得实在轰动。那时我在为一个搞印刷的工作。有个人，认识那个搞印刷的，知道我在找修理收音机的活儿，于是他就派了个伙计到印刷所来找我。那家伙明显很穷，那汽车快报废了——我们就到了他家，在城里的穷人区。在路上，我说："收音机什么毛病？"

他说："我开了它，它就出噪声，过了一阵子，那噪声就停了，一切正常了，但是我不喜欢开始时的那个动静。"

我心里想："见鬼！要是他没钱，他就该暂且忍一忍那点儿噪声。"

在去他家的路上，他一个劲儿地唠叨："你明白收音机，是吧？你怎么明白收音机的——你还是个小孩儿嘛！"

他一路上都在拿我开涮，我心里想："这人什么毛病？一点儿噪
20 声，有什么要紧的。"

但等我们到那儿的时候，我把收音机打开。一点儿噪声？我的天

啊！怪不得这可怜的家伙受不了。这东西开始咆哮加上哆嗦——哇啊哇啊啊啊啊啊——声音大得不得了，接着，它安顿下来，运行正常。我就想："这是怎么了啊？"

我开始来回踱步，想辙，我想到，发生这种情况，有可能是电子管发热的次序不对——就是说，放大器全热了，电子管准备好了要工作，可是电子管没有得到什么输入，或者说有某种逆着电路走的输入，或者说在开始的部分（射频部分）有毛病了，因此它才产生了这么大的噪声，是在拾起什么东西。当射频电路最终运行起来的时候，栅极电压得到了调整，一切也就正常了。

那家伙就问我："你磨蹭什么啊，你是来修收音机的，可你光在这里走来走去的！"

我说："我在想辙哪！"接着我在心里说："好吧，把电子管拿出来，把机器里的次序来个大颠倒。"（那年头的许多收音机，在不同的地方用的是相同的电子管——我想是212-A的那种——兴许也是214-A的。）因此我把电子管都改了，再把收音机打开，它安静得像只小绵羊：它等着热起来，然后运行完美——噪声没了。

当一个人对你瞧不上眼的时候，而你接着就做出了像这种真能挽回面子的事儿，那他们通常对你就百分之百地另眼相看了。他又给我弄了一些活儿，逢人就说我是个多么了不得的大天才，说："他动动脑袋瓜子就能修好收音机！"一个小孩子，停下来想了一阵子，就能琢磨出怎么个弄法——思想，这个东西，能用来修理收音机——他压根儿没想到这事儿是可能的。

在那年头，收音机的线路容易理解得多，因为什么玩意儿都摆在外边。你把收音机拆开（找到你该扭的螺丝钉倒是个大问题），你就

看出这是个电阻器，那是个电容器，这儿是这么个东西，那儿是那么
个东西；什么东西都贴着标签呢。如果蜂蜡从电容器上滴下来，那就
是它太热了，你可以知道电容器给烧坏了。如果在某个电阻器上有黑
炭，你知道麻烦出在哪儿。或者，假定你单凭看却看不出个究竟，你
可以用伏特计来测它，看看是不是有电压。收音机很简单，线路也不
21 复杂。栅极电压总是一伏半或者两伏，屏极电压是一百或二百伏，直
流的。

因此，修理个收音机，对我来说，不是难事儿，我明白收音机里头有些什么名堂，看出某个东西不转了，然后修修它。

有时候得费些周折。我记得那一次很特别，费了一个下午，才找到一个不显眼的电阻，烧坏了。这特别的一次，碰巧发生在我妈妈的一个朋友那儿，所以我有时间——没人在我背后说："你在捣鼓什么啊？"她们却说："喝点牛奶吧，要不吃点点心？"我终于把它修好了，因为我有韧劲儿，现在仍然有。一旦我遇到个难题，我是不会善罢甘休的。如果我妈妈的朋友说："别管它，太费劲了。"我反倒来了劲，因为我想解决这该死的东西，既然我已经费了这么大的劲。在我已经发现了它的许多问题之后，我不可能半途而废。我必须最终找到它究竟出了什么毛病。

那是一种解决难题的冲动。我想破译玛雅人的象形文字，想打开保险柜，就是这个原因。我记得那是在中学，在上第一节课的时候，有个家伙拿着一个几何难题，或者他的高等数学作业里的什么玩意儿凑过来。我不把这个该死的东西弄出来，我是不会作罢的——这要花费我15~20分钟。但是在一天当中，另外一些家伙拿着同样的问题来找我，那我一眨眼就给他做好了。因此，一个家伙花费了我20分

钟，而另外五个家伙认为我是个超级天才。

因此，我得了一个虚名。在上中学的时候，人能知道的每一个难题，都一定会弄到我这儿来。人所发明的每一个该死的、疯狂的难题，我都知道。因此，在麻省理工学院，有一次在舞会上，一个高年级的学生和他的女朋友在那儿，她知道许多难题，他告诉她，我对这些东西拿手。

因此，在舞会上她过来对我说，“大家都说你是个聪明的家伙，那好了，这里为你准备了个题目：‘一个人要劈八堆木柴……’”

我说，“隔一堆，劈一堆，把每块木头劈作三块”，因为我早就听说过这个。

她就走了，可又带来另外一个，这个我也知道。

就这么折腾了好一阵子，最后，舞会也快结束了，她又来了，她这次好像要真的难住我，她说，“母女两个到欧洲旅行……”

“女儿得了黑死病。” 22

她瘫在那儿了！要回答这个难题，好不容易才能得到足够的线索：那是个好长的故事，说的是妈妈和女儿停下来住在一家旅馆里，各自住在两个房间里，第二天妈妈到了女儿的房间，连人影儿也没有，或者在那儿的是别人，于是她说，“我女儿哪儿去了？”旅馆老板说，“什么女儿啊？”管顾客登记的那儿，只有妈妈的名字，如此等等，如此等等，发生了什么事情，是个大谜。答案是，女儿得了黑死病，旅馆呢，不想因此关门，把这个女儿的尸体弄走了，把房间收拾干净了，把她住在这里的一切证据都销毁了。那是个很长的故事，但我听过，因此，当那个女孩儿开始说“母女两个到欧洲旅行”的时候，我知道我以前听过的一个故事就是这么开头的，于是我做了一个快速的猜测，而我也猜对了。

我们在中学的时候，有代数小组这么一种东西，由五个孩子组成，我们作为一个团队，旅行到不同的学校去进行比赛。我们坐在一排椅子上，另一个队坐在另一排椅子上。一个老师，主持比赛的，拿出个信封，信封上写着“45秒”。她把信封撕开，把问题写在黑板上，说：“开始！”——因此，你实际上拥有的时间超过了45秒，因为她在写的时候，你是可以思考的。这游戏是这样的：你有一张纸，你在这纸上写什么都行，你拿这纸做什么都行。唯一作数的，是答案。如果答案是“六本书”，你写的必须是“6”，并且在这数码上画一个大圈儿。如果圈儿里的东西是对的，你赢了；不对的话，你输了。

有一件事儿是肯定的：用常规的那种直肠子的办法来解决问题，实际上是不可能的，比方说：“A是红色书的数目，B是蓝色书的数目”，你磨啊、磨啊、磨啊，最后算出来了，是“六本书”。那需要50秒，因为为这种题目规定时间的那帮人，已经把题目搞成了窍门题。因此，你一定要想：“是不是有什么办法能看出门道？”有时，你一闪念就看到了，有时你必须发明别的招数来对付，那样你才能以最快的速度来做代数题。那是一种很好玩的练习，我做得越来越好，我最后成了这个队的头儿。因此我学会了很快地做代数，到我上大学的时
23 候，这一招很有用处。我们遇到一个微积分问题的时候，看得明白怎么计算，并且迅速地做代数，那就会很快。

我在上中学干的另外一件事儿，是发明问题和定理。我的意思是，如果我做无论什么数学的东西，我都会找到一些实际例子来说明它有什么用处。我发明了一套直角三角形的问题。但是，我不是告诉你三角形的两条边的长度，让你求第三条边的长度，我却给出那两条

边的差。一个典型的例子是这样：有一个旗杆，一根绳子从杆顶上垂下来。当你把绳子拽紧在旗杆根儿的时候，它比旗杆长出1米；而当你把绳子向外斜拉的时候，它离旗杆根儿有1.5米远。旗杆有多高？

我搞出了一些解决这类问题的方程式，结果我注意到了一些关系——也许它是$\sin^2\alpha + \cos^2\alpha = 1$——那使我想起了三角学。在那之前的几年，当时我或许十一二岁，我已经读过一本三角学的书，那是我从图书馆借的，但那本书现在早不知哪儿去了。我能记住的仅仅是，三角学讲的是正弦、余弦之间的关系这类事情。于是，我通过画许多三角来把那些关系搞出来，每一种关系我都自己证明。我还计算了每5度的正弦、余弦和正切，方法是从给定的5度的正弦开始，用我已经琢磨出的倍角公式和半角公式。

几年后，当我们在学校里学习三角学的时候，我当年的笔记还保留着，我发现我的证明和书上的那些不同。有时，我没注意到有简单的解决办法，我就用麻烦的办法拐弯抹角地也能证明出来。另外有些
时候，我的方法才是最聪明的——书上的标准证明方法却是复杂得 24
多！因此，有的时候我打败了它们，有的时候它们打败了我。

在我做这些三角题的时候，我不喜欢表示正弦、余弦、正切等的那些符号。在我看来，“sinf”看起来像是s乘以i乘以n乘以f！因此我发明了另外一个符号，像平方根的符号，是一个带着一只伸出来的胳膊的西格码（Σ），我把f放在胳膊下面。正切是一个希腊字母τ，但τ上面那一横伸长了；为了表示余弦，我制造了一个和Γ类似的符号，但它有点儿像平方根符号。

反正弦是同样的西格码，但是口儿朝左，因此它是从横画开始写起的，值写在它的下边，然后就是西格码。那就是反正弦，$\sin^{-1}$反而

不像——这玩意儿简直是发疯嘛！大家却把这个写在书里！在我看来，$\sin^{-1}$意思是$1/\sin$，是sin的倒数。因此我的符号比较好些。

我不喜欢$f(x)$——在我看来，这玩意儿像是f乘以x。我也不喜欢dy/dx——你真的好想把两个d约掉——于是我制造了一个不同的符号，有点像&。至于对数，我的符号是L向右撇得很厉害，把一个东西写在那里头，就表示这个东西的对数，如此等等。

比起惯常的那些符号，我认为我的符号就是好，即使不更好——用什么符号，那是无所谓的——但我后来发现，那是有所谓的。有一次，我在学校里向另外一个孩子解释一个什么东西，连想也没想，就用开了我自己的符号，他说，“这都是些什么鬼东西？”我这才意识到，如果我要跟别人谈事情，我一定要用标准符号，因此我最后还是放弃了我自己的符号。

我还为打字机发明了一套符号，就跟Fortran计算机语言似的，那样我就能打方程式了。我也修打字机，用别针和橡皮圈来修（那种橡皮圈不像洛杉矶这里的橡皮圈那么容易断），但我不是个专业的修理工；我只是修修，让它们能用。但是，找到毛病在哪儿，还有琢磨出你该怎么修它，这整个的问题——对我而言，真是有趣，就跟难题一样有趣。

菜豆 25

那年，我在我姑妈开的旅馆干活儿的时候，一定有十七八岁。我不知道我能赚多少钱——我想是每月22美元吧——我交替着一天工作十一小时，第二天工作十三小时，站柜台，或者在餐厅端盘子洗碗。下午，你站柜台的时候，还得给那个迪什么夫人送牛奶，一个病病殃殃的女人，从来不给小费。世上的事儿就这样：你没白没黑地干，却什么也得不到，天天如此。

这个旅馆在旅游胜地，紧挨着海滩，就在纽约郊外。男人们到城里去干活，把一帮老婆留在那儿打牌，因此你得把桥牌桌摆好。然后，到了晚上，男人们打扑克，你得把桌子给他们预备好了——倒烟灰缸什么的。我总是熬到深夜，两点钟的样子，因此，实际上我确确实实是一天干十三或者十一小时。

有些事情，我不喜欢，比方说小费。我觉得应该多开点钱给我们，那就不必要小费了。可是，当我给老板娘提了这么个建议的时候，除了嘲笑之外，我一无所得。她逢人便说：“理查德不想要他的小费，嘻嘻，嘻嘻，嘻嘻；他不想要小费，哈哈，哈哈，哈哈。”这种二百五，满世界都是，连我的话也听不明白。

无论怎么说吧，有段时间，一帮男人，从城里干活回来，一来就
要冰块儿，好放在喝的东西里面。跟我一块儿干活的那家伙，原来确 26
实一直是个站柜台的。他比我大，也比我内行得多。有次他对我说：

“听着，我们总给安嘎那家伙送冰块，而他向来是一毛不拔——连一毛钱也不给。下次，他要冰的时候，别理他。他呢，就会叫你过去给他上冰块，在他叫你过去的时候，你就说，‘哦，抱歉，瞧我这记性。人人都有忘事儿的时候。’”

我就如法行事，安嘎给了我一毛五！可是，现在，回想此事，我才意识到，站柜台的那主儿，就是内行的那个，确实会来事儿——让别人去冒险找不自在。他派了个活儿给我，就是去训练那家伙给小费。他自己可一声不吭；他倒让我去做！

我必得像个打杂的那样收拾餐厅里的桌子。你把从桌子上撤下来的那些东西，都摞在边上的一个大托盘里，摞得足够高的时候，就端到厨房里去。这样你再拿一个新托盘回来，对吧？你应该分两步来干这事儿——把原先那个托盘端走，再拿一个新的回来——但是，我琢磨着，“我得两步并做一步走。”于是我就想把新托盘垫在下边，同时把原先那个托盘抽出来，可是它滑到一边了——咣当！盘子碗儿奔地板那儿去了。接着，自然而然，问题来了，“你捣鼓个啥啊？怎么弄掉的啊？”嗨，我想发明一种新的端托盘的方法，可这事儿怎么解释啊？

甜点中有一种早餐点心，漂漂亮亮地放在小垫盒上，搁在盘子里。要是你到后边去，你会看到一个人，大家叫他配餐员。他的麻烦，是把东西准备妥当，好用来上甜点。这人以前必定是个矿工什么的——大块头，手指头又短又粗又硬又圆。他端着一叠小垫盒，用某种冲压工艺制造的那种小垫盒，全都扣在一块儿，他得用他那短而粗的手指头把它们掰开，好放在盘子上。我总听他说：“这些个倒霉的垫盒！”在他这么忙活的时候，我记得我心里在想，“多么鲜明的对比——有人守着桌子坐着，享受放在垫盒里的可爱的小点心，这位手指头短而粗的配餐员呢，在后面那儿嘟囔‘这些个倒霉的垫盒！’”世界真的是怎么样，和它瞧上去是怎么样，这两者之间，就有这个区别。

我来干配餐这活儿的第一天，配餐的那女的解释说，她通常是做火腿三明治的，为那些上夜班的家伙们做。我说，我喜欢吃甜点，要是晚饭剩下甜点的话，就给我吧。第二天晚上，我上夜班到凌晨两
点，伺候那些打扑克的家伙。我这儿坐坐，那儿坐坐，没事儿可干， 27
百无聊赖，猛然想起有甜点可吃。我就到冰箱那儿，开了门，她在里边放了六份甜点！一块巧克力布丁，一块点心，一些桃片，一些米饭布丁，一些果冻——全了简直！于是我就坐下来，吃这六份甜点——棒极了！

第二天，她对我说：“我给你留了份甜点……”

“妙，”我说，“绝妙！”

“但我给你留了六份，可不知道你最喜欢的是哪个？”

打那以后，她就留六份甜点。每天晚上，我来六份甜点。天天晚上不重样儿，但总是六份。

有一次，还是我站柜台的时候，一个女孩儿去吃饭，把一本书忘在柜台的电话机旁边，我就看这书。那是一本《达·芬奇的一生》，我不可能不看它；那女孩儿就把书借给了我，我把整本书都看了。

我在旅馆后面的一个小房间里睡觉，你离开屋子，得费心把灯关了，可我连这个都记不住。受了达·芬奇那本书的启发，我制造了一个小玩意儿，那是一个由绳子和重锤（可乐瓶子装上水）组成的系统。我一开门，它就运作，拽动开关拉绳把里面的灯拉亮。你开门，

这玩意儿就动，把灯弄亮；然后你把门关上，灯就灭。但我真正的成就还在后头呢。

我通常在厨房里切菜。菜豆必得切成一寸长。你干这活儿的方法本来是这样：你把菜豆抓在一只手里，另一只手操刀，你把刀抵着菜豆和大拇指，弄不好就要把大拇指切掉。这切起来很慢的。于是我就在上面用了点儿心思，我想起了个好主意。我在厨房外边的桌子旁边坐下来，把一只碗夹在我膝盖中间，把一把快刀以背对我45度角插在桌子上。然后，我在刀两边各放了一堆菜豆，我拿了一根菜豆，一只手拿一根，然后飞快地往我这边拉，一拉菜豆就切断了，切断的菜豆就滑到夹在我膝盖中间的碗里。

28 我就这样一根一根地切菜豆——嚓、嚓、嚓、嚓、嚓——大家都把菜豆给了我，到我快切到第六十根的时候，老板过来了，“你捣鼓什么啊？”

我说：“瞧瞧我这切菜豆的招数！”——说时迟那时快，横在刀刃上的，不是一根菜豆，而是一根指头。血出来了，流到了菜豆上，这下可炸了锅：“瞧瞧，糟蹋了多少菜豆！这么干活儿，傻不傻啊！”杂七杂八的就来了。这样我就不可能进行改进了，而那很容易——弄个护板什么的——可是完了，没什么机会进行技术改造了。

我还有一项发明，困难也是相似的。土豆煮熟了，要切成片儿，好做某种土豆色拉。土豆黏糊糊的，颇难操作。我想到，用一大堆刀，平行地固定在架板上，往下一切，整个土豆就一下子成了片儿。我考虑这事儿考虑了很长时间，最后我想了个主意，我可以把铁丝这样固定在架子上啊。

于是我就到廉价商店打算买些刀或者铁丝，却真真地看到了我想要的那种玩意儿：是用来切鸡蛋的。下次来了土豆的时候，我就拿出了我的切蛋器，一眨眼的工夫就把全部的土豆切完了，然后送给厨子。厨子是个德国人，一个大胖子，厨房里的国王，他暴跳如雷，脖子筋都暴出来了，紫青的："土豆怎么了啊？"他说："怎么没切啊！"

我切了，但都粘在一块儿。他说："你叫我怎么把它弄开？"

"扔到水里。"我提了个建议。

"扔水里？哦、哦、哦、哦哦哦哦呵呵呵呵！！！"

又有一次，我有了个实在好的主意。当我站柜台的时候，我得接电话。有人打进来的时候，一个什么玩意儿嗡嗡地叫，总机上一个薄片儿吧嗒垂下来，这样你就知道是哪条线。有时候，就在我帮女人们摆桥牌桌的时候，或者在下午三点来钟（那时电话不多）我坐在前门廊里的时候，突然有了电话，而我离总机还有一段距离。我就不得不跑着过去接，但是你必须从柜台后的走道上才能跑到总机那儿，先往下跑，然后转弯儿，再到柜台后边儿，这多跑了不少路，你这才看到电话是从哪儿打来的——这花了些额外的时间。

于是我想起了个好主意。我在总机上的那些薄片上系了一些线， 29
这些线越过柜台垂下来，然后我在每根线上系上个小纸片。然后我把电话的受话筒向上放在柜台上，这样我从柜台外也够得着。现在，有人打进电话的时候，我一看哪个纸片儿往上走，就知道总机上哪个薄片儿垂下来，我就能及时接电话了，从柜台外接，省了时间。当然，我还是要绕回去接线，但至少我可以先搭句话。我说，"稍等片刻"，然后转过去接线。

我觉得这很完美，但是有一天老板娘过来了，她想接电话，可她琢磨不透——这也太复杂了。"这些个纸片儿，怎么回事儿？电话怎么搁到这边来了？你为什么不……哎哟喂、哎哟喂！”

我想解释——老板娘是我姑妈——想跟她解释这么做很有道理，但是对一个聪明人，一个经营这家旅馆的聪明人，这话说不得！那时我明白了：在现实世界，发明创造，太难了。

谁偷了门 30

在麻省理工学院，不同的兄弟会都有“抽烟聚会”，在那里他们都想把新生拉过去入伙。在我到麻省理工学院的前一个夏天，有人请我参加“费贝得”兄弟会（Phi Beta Delta），一个犹太人的兄弟会，在纽约开的一个会。那年头，如果你是个犹太人，或者是在犹太人家里长大的，你就没有机会参加别的兄弟会。别人都不瞧你一鼻子。我没什么瘾头要和犹太人打成一片，“费贝得”兄弟会的家伙们也不在乎我在多大程度上算是犹太人——实际上，我对这种事儿不相信的，宗教我是肯定不信的。无论如何，这个兄弟会的几个家伙问了我几个问题，并且给了我一个小小的建议——说是我必须参加一年级的微积分考试，那样我在将来就不必修这门课了——这到头来证明是个好主意。我喜欢从这个兄弟会来到纽约的这帮子伙计，也喜欢劝说我入伙的那俩家伙，后来我们成了室友。

在麻省理工学院还有一个犹太兄弟会，名叫“西阿缪”（Sigma Alpha Mu），他们建议我坐他们的车到波士顿去，我也可以和他们待在一块儿。我答应搭他们的便车，头一晚上，我住在楼上的一个房间里。

第二天早晨，我朝窗外看了看，看到从另一个兄弟会来的那俩家伙（我在纽约遇到的）正往台阶上走。“西阿缪”兄弟会的几个伙计，跑出去跟他们说话，他们展开了一场好厉害的讨论。

我朝窗外喊:“嗨,我想我跟那些家伙是一伙儿的!”接着就跑出这个兄弟会,却没意识到他们都在大张旗鼓,争着拉我入伙。搭人家
31 的便车,我也不怎么领情。

“费贝得”兄弟会在头一年几乎要倒台了,因为有两个不同的派系,把这个兄弟会扯成了两半。一派是社交名流,喜欢跳舞,跳完舞就开车傻转悠以及诸如此类的事儿;另一派,什么也不干,光知道学习,从来不跳舞。

就在我要入伙之前,他们刚开完了一个大会,达成了一个重要的折中方案。他们还是一个战壕的战友,彼此都得照应着。每个人的功课,都至少要达到几等几等。如果有人落到了后头,老在学习的那些家伙,要给他们当老师,帮他们做作业。另一方面,每个人都得参加舞会,场场不落。要是有个家伙泡不到妞儿,别的家伙得给他弄一个。要是这个家伙不会跳舞,他们得教他怎么跳。一派教另一派怎么思想,而另一派的家伙们要教他们怎么社交。

就我而言,这不错,因为我不怎么会社交。我太怯场了,遇到我必得出去发信却不得不从那帮子带着女朋友的高年级学生中间走过去的时候,我都发麻:我都不知道怎么从他们旁边走过去!即便有个女孩儿说,“哟,他好可爱哦!”那也帮不上我什么忙。

不久就有大二的学生,带着他们的女朋友,以及女朋友的朋友,来教我们跳舞。又过了好长一段时间,有个家伙教我怎么开车。他们教我们这些学习好的人物怎么社交、怎么放松情绪,可真是教得辛苦;我们教他们,也同样辛苦。这样,两方面就扯平了。

“善于社交”,究竟是个什么意思,我还真难理解。这些善于社交的家伙,教我们怎么跟女孩儿相处之后不久,有一天我一个人在一家

饭店吃饭，瞧见一个漂亮的服务员。我费了好大劲，鼓足了勇气，才有胆量请她在下次兄弟会的舞会上做我的舞伴，她说敢情好。

回到了兄弟会，大家都在谈下次舞会的舞伴的事，我告诉伙计们，这次不劳各位费心了——我自己找到了一个舞伴。我对自己很是自豪。

等到高年级的发现我的舞伴是个服务员的时候，都目瞪口呆。他们对我说，这个不成；他们会给我找个“合适”的。他们让我觉得自 32
己好像犯了迷糊，出了毛病似的。他们决定接管这局面。他们到了那家饭店，找到了那个服务员，告诉她，出局算了，他们给我找了另一个女孩儿。这么说吧，他们试图教育我这个“任性的儿子”，可我认为他们错了。我当时还是个新生，还不够自信，没能阻止他们毁了我的约会。

到你入伙了之后，他们就有各种各样的路数来糟蹋你了。他们做的一件事儿，是把我们的眼睛蒙起来，在隆冬季节把我们送到乡下好远的地方，把我们放在离一个冰封的湖30米那儿。我们整个儿找不着北了——没人家，啥也没有——可我们应该找到回兄弟会的路。我们有点儿怕，因为我们还小，大家都不怎么说话，除了一个名叫毛里斯·梅耶的家伙：你没办法不让他说笑话，不用双关语，也没办法不让他抱那种随遇而安的态度：“哈，哈，有什么大不了的。这不很好玩儿吗！”

大家都对毛里斯动了气。他总是稍稍落在后边，对目前的整个局势大笑不止；其余的人呢，真不知道怎么才能摆脱这种困境。

我们走到了离湖不远的一个十字路口——还是没人家，什么都没有——别人都在讨论我们是否应该走这条路，还是那条路，这时候毛里斯赶上来，说：“走这条路。”

“你知道个屁，毛里斯！”大家无可奈何地说。“你总是开这种玩笑，我们为什么应该走这条路？”

“很简单：看看电话线。哪边的电话线多，哪边就是总机。”

这家伙，看起来什么也不往心里去，可这主意够棒的！我们一溜烟地回了城，没走一点冤枉路。

明天即将有一场全校范围的新生对老生的泥巴大战（在稀泥里进行的各种各样的摔跤、拔河）。晚上很晚的时候，一大群大二的学生，有的是我们兄弟会的，有的是从外边来的，到了我们兄弟会——
33 来绑架我们：他们想把我们搞得筋疲力尽，好让他们在明天取胜。

大二的学生们把全体新生捆了个结实，不费吹灰之力——我是例外。我不想让兄弟会看出我是个“娘娘腔”。（我对运动从来不在行。网球跃过球网，在离我很近的地方落地的时候，我总是不知所措，因为我不能把它打过球网——球通常是奔到离它该去的地方一弧度角的地方。）我琢磨出来了，这是个新境地，一个新世界，我也可以创造一个新名声。因此，为了不显得我不知道怎么打架，我使出浑身解数，跟个王八蛋似的玩命（不知道自己在干什么），三四个人费了不少事，才把我捆住。大二的学生们把我们押到树林深处的一个房子里，用铁扣把我们固定在了木地板上。

我想方设法地逃跑，但有大二的看着呢，我那些谋略一样也不管用。我记得很清楚，有一个家伙，他们没敢绑他，因为他太害怕了：他脸都绿了，浑身筛糠。我后来发现，他从欧洲来——那时是30年代——他没意识到，把这些家伙都固定在地板上，不过是某种玩笑；欧洲那些可怕的事儿，他都知道。这家伙吓得让人不忍心看，他简直吓傻了。

黑夜即将过去，只有三个大二的看着我们二十个新生，但我们不知道这个。大二的学生们开着汽车里出外进好几趟，弄出好些动静，好像有不少活动似的，可我们没注意车总是那几辆车，人总是那几个人。因此，我们没办得了他们。

那天上午，我父母碰巧来看看他们的儿子在波士顿过得怎么样，兄弟会糊弄了他们一阵子，直到我们被松了绑回来。我拼死拼活想逃跑，加上睡眠不足，只落得个满脸憔悴、浑身邋遢。儿子在麻省理工学院是这副尊容，着实让二老惊讶不已！

我脖子也落枕了，我记得那天下午，我歪着脖子在“后备军官训练队”排队等着检查。那位司令官抓住我的脑袋，把它扳正，喝道：“挺直！”

我缩着身子，肩膀歪着：“长官，我做不来！” 34

“哦，对不起！”他说，有些歉意。

无论怎么说，我战斗了这么长时间，不甘心束手就擒，这个事实为我赢得了了不得的名声，我再也不需要操心被人骂作娘娘腔了——真是如释重负啊。

我经常听我的室友说话——他们俩都是老生——谈他们的理论物理课的事。有一天，他们为一件事情费劲不少，可那件事对我来说再清楚不过，我就说：“你们为什么不用巴伦纳莱方程式？”

“那是什么玩意儿？”他们叫起来，“你在说什么啊！”

我跟他们解释我是什么意思，巴伦纳莱方程式在这个问题中有什么用，它能解决这个问题。到头来，他们明白了我的意思，是伯努利[1]方程式啊，但我是从百科全书上读到这个东西的，以前跟谁也没讲起，因此我不知道怎么读准那个词儿。

但我的室友很兴奋，从那以后，他们就和我讨论他们的物理学问题——第二年，我也修这门课，进步很快。琢磨高年级的问题，跟他们学怎样发音发得准，这是个受教育的好方法。

我喜欢在星期二晚上到一个叫“雷莫”和“普累莫”的地方——这是相邻的两个舞厅。我兄弟会里的哥们儿不去这种“社会上的”跳舞场所；他们偏爱自己的舞会，在那儿，他们带来的女孩儿属于上流社会，是他们以“得体的”方式遇到的。我在什么时候遇到一个人，她们从哪儿来，背景怎么样，我全不在乎，所以我就去那种舞厅——尽管兄弟会里的哥们儿对此不很赞同（我那时已经三年级了，他们也挡不住我）——而我玩得很高兴。

有一次，我和一个女孩儿跳了好几个舞，却没跟她说太多的话。最后，她对我说：“你虎跳灰常好。”

我听不大懂她说什么——她说话有障碍——但我以为她是说，“你舞跳得非常好”。

“承蒙夸奖，”我说，“谢谢。”

我们走到一个桌子那儿，她的一个女友以及和这个女友跳舞的男孩儿在那儿，我们就坐下来，四个人都坐一块儿。这两个女孩儿，一个重听，另一个几乎是聋的。

1　丹尼尔·伯努利（Daniel Bernoulli，1700—1782），瑞士物理学家和数学家。

这两个女孩儿谈话的时候，前前后后飞快地做出好多手势，也 35
咕哝一点什么声音。这没使我闹心，跟我跳舞的这个女孩儿，舞跳得好，人也好。

跳了几支舞，我们又坐在桌子那儿，又来了好多的手势，一前一后，一前一后，一前一后的，直到最后，她对我说了点儿什么，我也能猜出她什么意思，她是说，她希望我们俩带她们俩到某家旅馆去。

我就问另一个家伙愿不愿意去。

“她俩要咱俩到那家旅馆去干吗啊？”

“见了鬼了，我怎么知道。我和她谈得也不多啊！”

但我也不必知道得很清楚。不就是玩儿嘛，骑着毛驴看唱本儿，走着瞧啊；一场冒险哦！

另外那家伙心里发怵，他说他不去。我就把俩女孩儿弄上出租车奔了旅馆，却发现那里有一场聋哑人组织的舞会，信不信由你。他们都属于一个俱乐部。结果我发现，他们有许多人能根据感觉到的节奏跟着音乐跳舞，在每支曲子结束的时候，还向乐队鼓掌呢。

这可太有意思了！我觉得自己好像在异国他乡，不会说那儿的话：我能说话，但没有人听得见我说什么。每一个人都跟其他人用手势说话，而我什么也明白不了！我让我的那个女孩儿教我几个手势，我也学会了好几个，就跟你学外语似的，仅仅是为了好玩儿。

大家都兴高采烈，互相之间，也很放松，不停地开玩笑啊，笑啊；他们随心所欲地这样那样交流，不显得有什么真正的困难。这和任何其他语言是一样的，只有一件事是例外：在他们互相做手势的时候，头总是一会儿转到这边，一会儿转到那边。我明白了那是怎么回事儿。当有人想在边上插话，或者想打断你的话头的时候，他不能嚷：

“嗨，杰克！”他只能做一个手势，备不住你看不到这个手势，除非你习惯于一直眼观六路。

他们互相之间，都非常自在。不自在，却成了我的问题。这是一次很好玩儿的经历。

舞会持续了好长时间。舞会一结束，我们就到了一家饭店。他们
36 要什么，都拿手指头指那东西。我记得有人用手势问：“你一从一哪儿一来？”我那位女孩儿就拼出了“纽一约”。我仍然记得一个家伙跟我打手势“你很有风度啊！”——他跷起大拇指，又触动一下一个在想象中的西服翻领儿，这表示“风度”。他们可真有一套。

大家都围坐着，开玩笑，我不知不觉地就跟他们打成一片。我想买一瓶牛奶，于是我就到柜台那儿，用口形说“牛奶”，但不出什么声音。

这家伙不明白。

我就弄了个关于“牛奶”的象征姿态，握着两个拳头动来动去，看那架势，好像我在挤母牛的奶似的，而他仍然不知道我搞什么名堂。

最后，旁边一个不认识的人要了牛奶，我就拿手指那牛奶。

“啊！牛奶呀！”他说，我点头，意思是，是啊。

他递给我一瓶牛奶，我说：“非常感谢！”

“你个王八蛋！”他说着，笑了。

我在麻省理工学院的时候，常常喜欢跟人家恶作剧。有一次，在机械制图课上，有个喜欢逗乐的家伙，拿起个曲线板（一个塑料板儿，好用来画平滑的曲线，样子挺古怪的一个玩意儿），说：“我闹不明白，这玩意儿上的曲线，是不是有特别的方程式？”

我想了一会儿，说：“当然有啊。那些曲线是非常特别的曲线。让俺弄给你看。”我就把我的曲线板拿起来，开始慢慢转动。“曲线板之所以造成这个样子，是因为每一条曲线的最低点，无论你怎么转，它的切线总是水平的。”

全班的家伙们都以不同的角度，把他们的曲线板举起来，拿着铅笔跟曲线板的最低点凑合在一块儿，然后比画着，他们发现，可不是嘛，切线就是水平的啊。他们都为这个“发现”欢呼雀跃——尽管他们学了不少微积分，也已经“了解”到任何曲线的最小值（最低点）的斜率（切线）都是零（水平的）。他们不是根据事实推理。他们甚至不知道他们“知道”的东西。

我不明白大家是怎么了：他们不是通过理解事情来学习：他们凭
别的什么方式来学习——凭生搬硬套，或者别的什么名堂。他们的 37
知识如此脆弱不堪！

四年后，我在普林斯顿大学，又把这个恶作剧如法炮制了一遍。当时我在跟一个挺老练的人物拉话儿，他是爱因斯坦的助手，确实一直在忙活关于引力的事情。我给他出了个难题：你坐在火箭里，给崩上了天，火箭里有个钟，地上也有个钟。我的意思是：地上的那个钟报告过去了一小时的时候，你必须回到地面。现在，你所希望的是，当你回到地球的时候，你火箭上的那个钟，一定要尽可能地比地上的那个快。照爱因斯坦的说法，你跑得越远，你的钟就越快，因为一个在引力场中的东西走得越远，它的钟就走得越快。但是，如果你企图飞得过分远，因为你只有一小时的时间，那你不得不非常快地到那么远的地方，速度快到把你的钟都减慢了。问题是：你究竟采取什么速度和远近，才能使你钟上的时间过得最少？

爱因斯坦的这位助手，忙活了好一阵子，才意识到答案就是一般的运动。如果你以惯常的方式把一个东西抛上了天，要它上去和下来所需要的时间是一小时，那么这就是正确的运动方式了。这就是爱因斯坦引力的根本原理——那就是说，被称作“本位时间”的玩意儿，对于那条实际的曲线而言，是处在最大值上的。可是，当我把这个说给他听，用一个带着钟的火箭的方式说给他听，他却没明白我说的是什么。这和在机械制图课上的那些家伙的情况差不多，但这次可不是一些木头脑瓜子的大一新生啊。所以说，这种脆弱的情况，事实上，很是普遍，甚至比较有学问的人，也是如此。

无论我是新生还是老生，我通常在波士顿的一家饭店里吃饭。我自己去那儿，常常连续几个晚上都去那儿。大家对我也熟悉了，给我上菜的服务员总是同一个人。

我注意到她们总是急匆匆的，忙得团团转，因此，有一天，仅仅是为了好玩儿，我把小费（通常是一毛，那年头通常就是这个数儿），两个五分硬币，分别放在两个玻璃杯子的里头：我把两个杯子都装满了水，满满的，把硬币扔进去，然后盖上一张扑克牌，反过来，底儿朝上，放在桌子上。然后我抽掉扑克牌（水漏不出来，因为空气进不去——杯子边儿紧扣在桌面上，所以才这样）。

38 我之所以把小费放在两只杯子底下，是因为我知道她们总是急匆匆的。如果小费是一枚一毛硬币，扣在一只杯子下面，那么女服务员急着为后来的顾客收拾桌子，就会拿起杯子，水流了出来，事儿也就完了。可是，在她把第一只杯子弄得洪水泛滥之后，她究竟会怎么对付第二只杯子？她现在可就没有坚强的神经，来把第二只杯子拿起来了！

我出门的时候，对我的女服务员说："苏，当心点儿。你给我的那两只杯子，有点儿好玩儿——水都装得满满的，杯子底儿却敞开着！"

第二天我回来了，上菜的是一个新服务员。通常为我服务的那个，对我不理不睬。"苏生你的气了，"我的新服务员说，"她把第一个杯子揭开后，水流得到处都是，她把老板喊了出来。他们研究了一阵子，可他们不能花一天的工夫琢磨这个啊，所以他们最后把另一只杯子也拿起来了，水又流出来了。他们都跟你急眼了。"

我笑。

她说："有什么好笑的！要是别人跟你也来这一套，你什么感觉——你怎么办？"

"我会去找个汤碗来，然后小心翼翼地把杯子滑到桌子边儿上，把水放在汤碗里——水不必往地板上流嘛。这样呢，我就把硬币取出来了。"

"哈，这主意不赖。"

那天晚上，我把小费扣在了一只咖啡杯子下边，杯子底儿朝天，扣在桌子上。

第二天晚上我来了，为我服务的，还是新来的那位。

"上次，你把咖啡杯子倒扣着，什么意思啊，你？"

"那个，我琢磨着，尽管你活儿忙，你还是不得不到厨房去拿个汤碗；然后呢，你就不得不慢慢儿慢慢儿、小心翼翼地把杯子滑到桌边儿……"

"可不就那么办的嘛，"她发开牢骚了，"可里头没水啊！"

39 我捣蛋的杰作，是在兄弟会里搞的。有天早晨，我醒得很早，约摸五点来钟，睡不着了，于是我就从寝室溜下楼，发现绳子上挂着一些告示，说的是“门！门！谁偷了门？”之类。我看到某人把门从合叶上摘走了，在门原来的地方，挂着个标牌，上面写着，“请把门关上！”这个标牌本来是挂在那个不翼而飞的门上的。

我立刻琢磨出了个主意。在那个房间里，有个叫彼得·伯内斯的，还有另外两个家伙，都非常用功，总希望静悄悄的。如果你溜达到他们屋子找个什么玩意儿，或者问他们怎么解决什么什么问题，当你告辞的时候，你总听见这几个家伙尖叫，“请把门关上！”

毫无疑问，某人烦了他们这一套，把门给弄走了。这屋子碰巧有两道门，于是我有了个主意：我把另一个门从合叶上摘下来，扛到了楼底，把它藏在地下室油桶的后面。然后，我悄悄回到楼上，上了床。

早上晚些时候，我装模作样地好像才起床似的，稍晚下了楼。别的家伙都在到处乱转悠，彼得和他的俩朋友都气坏了：他们的两道门都没了踪影，他们得为这个研究研究了，叽叽咕咕，叽叽咕咕。我正下楼梯呢，他们说：“费曼！你把那两个门拿走了？”

“啊，是啊！”我说，“是我拿了那个门。瞧，我手指节都擦破了，我把那门搬到地下室的时候，手蹭在墙上，都蹭破了。”

他们对我的回答不满意；事实上，他们不相信我。

拿走了第一个门的那几个家伙，已经留下了许多线索——比方说，标牌上的字迹——他们很快会被发现。我的主意是：当大家发现是谁偷了第一个门的时候，人人都会认为他们也偷了第二个门。果不出所料：大家给偷了第一个门的那几个家伙一顿老拳，外加折磨、审问。直到最后，吃了不少苦头，费了不少事儿，他们才让那些折磨他们的人相信，他们只偷了一个门，虽然这或许很难让人相信。

我听着这一切，心里偷着乐。

另一个门，失踪整整一个星期，对还想在那屋子里学习的家伙们来说，找到另一个门，这事儿变得越来越重要。

到末了，为了解决这问题，兄弟会会长在晚饭时候说：“关于另 40
外那个门的问题，我们必须解决。我自己解决这问题，怕是无能为力。因此呢，我愿意听听你们各位的高见，把这事儿弄出个头绪，因为彼得和另外两个人要学习啊。”

有人提出了个建议，然后又有一个人提出一个建议。

稍作沉吟，我站起来，提了个建议。“好吧，”我连讽带刺地说，“无论是谁偷了这门，大家都知道你很厉害。你太聪明了！我们琢磨不出你是谁，因此，你必定是个某种超级天才。你大可不必告诉我们你是何方神圣；我们想知道的，是这门在哪儿啊。所以，如果你在什么地方留下个条子，告诉大家那门在哪儿，大家就承认你是爷，永远承认你是一个超级神人，你可太聪明，你能把那另一个门弄走，可大家琢磨不出来你是哪位。但给老天爷一点面子吧，在什么地方留个条子吧，我们将为此永远感激你。”

下一个家伙也提了一个他的建议。“我倒有另外一个主意，”他说，“鄙人以为，你，作为会长，应该要求每一个人，以本兄弟会的诚实誓言为重，问问各位，他偷还是没偷那个门。”

会长说：“这主意非常好。以本兄弟会的诚实誓言为重！”于是他就围着桌子走，逐个地问每个家伙：“杰克，你拿了那门吗？”

“没有，先生，我没拿那门。”

“迪姆，你拿了那门吗？”

“没有，先生，我没拿那门！”

“毛里斯，你拿了那门吗？”

“没有，我没拿那门，先生。”

“费曼，你拿了那门吗？”

“是啊，我拿了那门。”

“你省省，费曼；这不是开玩笑！山姆！你拿了那门吗……”——这么问了一圈儿。大家都震惊了。这兄弟会里，必定有一只真正的老鼠，他不尊重本兄弟会的诚实誓言！

那天晚上，我留下了一个纸条儿，上面画了一幅小画儿，画的是那个油桶，紧挨着油桶的是那个门，第二天他们找到了那个门，把它又安了上去。

一段时间以后，我终于承认拿了那另一个门，我受到了大家的指
41 责，说我撒谎。他们记不起我曾经说过什么话。他们能够记得的全部事情，是会长在围着桌子走了一圈儿问过每个人之后所下的那个结论，没人承认拿走了那门。这个结论，他们记得；当时我说了什么，他们记不得。

大家经常认为我弄虚作假，但我通常是诚实的，某种方式的诚实——这么一种方式的诚实，竟然常常没人相信！

拉丁语还是意大利语? 42

布鲁克林有家意大利语电台，我还是小孩子的时候，总听它。我喜欢它那抑扬顿挫的声音扑面而来，我宛如在大海边，波浪不太大。我通常坐在那儿，一任海水向我涌来，把自己沉浸在漂亮的意大利语中。在这些意大利语节目中，总有某种家庭场景，妈妈和爸爸之间发生了讨论或者吵架：

尖尖的声音说："尼奥 特卡 提叶托 卡皮托 图土……"

洪亮而低沉的声音说："布饶 托恩尼 帕拉 图土！！"（伴随着用手击打出来的声音。）

太棒了！因此我学会了做作各种感情：我可以哭，我可以笑；诸如此类。意大利语是一种怪可爱的语言。

在纽约，有不少意大利人住在我们附近。每当我骑自行车的时候，有的意大利卡车司机就把脑袋探出驾驶室，手还比画着，叫着类似这么一种声音："米 啊如查 拉姆皮 伊塔 提车！"

我觉得自己像个傻瓜。他对我说什么啊？我怎么回敬他？

于是我就问我学校里的一个意大利朋友，他说："你就说，'啊提！啊提！'——意思是'你才是呢！你才是呢！'"

我觉得这主意不赖。我可以说"啊提！啊提！"给他顶回去——当然，也得拿手比画着。于是我就获得了自信，而且我还培养了另外一些本事。要是骑车出去，某个开车的女的挡了我的道，我就说："普

齐呀 啊 拉 玛罗车!”——看她不蔫儿!有个意大利坏小子，骂她如此
43 之凶!

别人想听出我说的是假冒的意大利语，不那么容易。有一次，那时我在普林斯顿大学，我骑着自行车去帕尔默实验室的停车场，有人挡了路。我的习惯总是这样：我向那家伙比画，“噢瑞则 卡帮卡 米车!”用一只手的手背，猛击另一只手。

在一大块草坪的另一边，一个意大利园丁正忙着栽什么植物。他停下手里的活儿，挥着手，兴高采烈地喊：“瑞咋 玛 里亚!”

我向他喊：“让提 巴尔塔!”也向他打招呼。他不知道我不知道意大利语，我不知道他说的是什么，他也不知道我说的是什么。但没关系!简直绝了!这招儿管用!他们听到那种语调的时候，毕竟立刻就听得出来那是意大利语——或许是米兰方言吧，不是罗马方言，管它是什么方言。可他是个意大利人!所以这就很好玩儿。但你必须绝对自信。你自顾自地说下去就成，不会出什么破绽。

有一次我放假回家，我妹妹有几分不高兴，几乎要哭了：她们女童子军要举行父女宴会，但爸爸出门在外卖制服，在路上呢。于是我说，我带她去，以哥哥的身份（我比她大9岁，所以这也不算脑袋发热）。

我们到那儿的时候，我在那些爸爸们中间坐了一会儿，但很快就烦了他们。全部的爸爸都是带着女儿来参加这个可爱的小小宴会的，但他们都在讨论股票的事儿——他们不知道怎么和自己的孩子说话，更不知道怎么和孩子的朋友们说话。

在宴会过程中，小姑娘们为我们表演了一些小剧儿，还背诵诗歌，等等。突然，她们拿出了个样子古怪、有点儿像围裙的东西，上

面有个窟窿可以套在头上。小姑娘们宣布，现在得由爸爸们为她们表演节目。

这么说，每个父亲都必须站起来，把头套在那个围裙里，说点儿什么——有个家伙背诵《玛丽有一只小羊》——他们都不知道表演什么才好。我也不知道做什么好，但等到我站在那儿，我告诉她们，我要背诵一首小诗；抱歉的是，那不是英语诗，但不管怎么样，我保证她们会喜欢的。

啊，图佐兰托

——颇伊齐·迪·帕热 44

弹托 萨卡 图尔那 提，那 普塔 于西 普提 提 拉
如恩托 卡塔 产托 产塔 满托 尺 拉 提 大
牙塔 卡热 苏尔达 米 拉 查塔 皮查 皮诺 提诺 布啊尔达
皮 特 尺那 那那 春大 拉拉 亲大 拉拉 春大！
让托 皮提 卡 拉，啊 弹诺 亲托 昆塔 拉尔达
啊，拉 提恩塔 大拉 拉尔塔，因塔 普茶 拉拉 塔尔塔！

我就这么朗诵了三四段，运用我从意大利语电台那里听来的所有感情，把孩子们搞得莫名其妙，她们乐得前仰后合，哈哈大笑。

宴会结束后，女童子军团长和学校的一个老师走过来，告诉我说，她们一直在讨论我的诗。她们有一位认为那是意大利语，另外一位认定那是拉丁语。那位老师问："谁说得对啊？"

我说："你们一定得去问问小姑娘们——她们立刻就知道那是什么语言。"

45 总想逃避

我在麻省理工学院当学生的时候，只对科学感兴趣；别的事情，我全不擅长。但学院有个规矩：你必须得修一些人文课程，以便得到更多的“教养”。除了英语课之外，还有两门选修课，于是我就浏览选课表，立刻发现了天文学——这竟然是人文课啊！因此，那年我选了天文学，算是逃过一难。第二年，我再往那张选课表下边瞧，在法国文学这样的课的后边，我发现了哲学。那是我能找到的最接近科学的课。

在我告诉哲学课上发生了什么事情之前，让我告诉你一些英语课上的事儿。我们不得不写好几篇作文。比方说，穆勒写过关于自由的什么玩意儿，我们呢，必须批评他。但我不是像穆勒[1]那样论述政治自由，我却写在社交场合中的自由——为了显得礼貌不得不装模作样和撒谎这个问题，以及在社交场合总是做这种装模作样的游戏，将导致“社会道德意志力的崩溃”这问题。这是个很有趣的问题，但这不是布置给我们的题目。

1 约翰·斯图尔特·穆勒（John Stuart Mill，1806—1873），英国哲学家及经济学家，对19世纪英国的哲学、经济学以及政治学、逻辑学和伦理学产生过重大影响。他的著作《论自由》已由商务印书馆翻译出版。

另一篇我们必须批评的文章，是赫胥黎[2]的《论一截粉笔》，他在这篇文章中，讲的是他拿着的那截粉笔，是动物骨头的遗留物，地球内部的力量把它往上推，所以它才成了白崖的一部分，然后呢，它被采挖出来，如今被用来在黑板上写写画画，传达思想观念。

还是那样，我不按照教授布置的那样去批评这篇文章，却写了一篇滑稽的模仿之作《论一粒尘土》，说的是一粒尘土是怎么弄成了多
彩的落日，怎么有助于雨滴的凝结，诸如此类。我总是造假货，总是 46
想逃避。

但是，到了我们不得不写一篇关于歌德的《浮士德》的作文的时候，我就无计可施了！这作品太长了，模仿不得，没办法挂羊头卖狗肉了。我在兄弟会里反复吼叫："我做不了。我不想写了。俺不弄了！"

我兄弟会里的一哥们儿说："行了，费曼，那你别做得了。可教授会以为你不写，是因为你懒得做这作业。你怎么着也得写个什么玩意儿——还不能少于规定的字数——交上去的时候，夹张纸条儿，说你就是理解不了《浮士德》，你对它还不开窍，要写点儿评论它的东西，不大可能。"

我就这么办了。我写了一篇很长的作文，《论理性的限度》。我一直都在思考解决问题的科学技术，怎么会有某种限度：道德价值问题，不能由科学方法来决定，呜啦哇啦、呜啦哇啦，一通胡诌。

然后，兄弟会的另一哥们儿，又出了个主意。"费曼，"他说，"交

2　托马斯·亨利·赫胥黎（Thomas Henry Huxley，1825—1895），英国生物学家，自达尔文在1859年发表《物种起源》起，他就成为达尔文的最早支持者，他清晰而通俗的演讲，对科学家和公众接受进化论思想发挥了很大的作用。

上一篇作文，却跟《浮士德》风马牛不相及，交不了差的呀。你必得做的事情，是把你写的那什么玩意儿，搞进《浮士德》里去。”

“滑稽！”我说。

但兄弟会的其他家伙们，以为这是个好主意。

“好吧，好吧！”我硬着头皮说，“我试试还不成吗？”

于是，我在我已经写了的那些东西上，又加了半页，说是墨菲斯托菲里斯[3]代表理性，浮士德代表精神，歌德试图表明理性的限度。我一阵折腾，把折腾出来的玩意儿，都勉强塞进了作文里。

教授让我们一个一个单独进去和他讨论作文。我进去了，做好了最坏的心理准备。

他说：“导言部分的材料，不错；但《浮士德》的材料，有点儿过于简单了。否则，还是很好的——B+。”又逃过一难！

现在说哲学课。这课是一个老胡子教授讲的，名叫鲁宾逊，他老是嘟嘟囔囔地说话。我去听课，他也那么嘟嘟囔囔，而我什么也听不明白。班里别的人似乎更明白一点儿，可他们似乎精神不集中。我
47 碰巧有一把小锥子，大约1.5毫米的那种，就拿它来在课堂上打发时间，在两个手指头之间，在鞋底上钻窟窿，一星期一星期这么混。

最后，有一天，接近下课的时候，鲁宾逊教授“咿哩哇啦、咿哩哇啦、咿哩哇啦、咿哩哇啦”——大家都兴奋起来！他们都互相交谈、讨论，因此我猜他说出了什么有趣儿的话，谢天谢地！可他说了什么啊？

我问了一个人，他们说：“我们得写一篇文章，四个星期后交差。”

3　歌德的长诗《浮士德》里的魔鬼。

“写什么？”

“写一年来他讲过的那些东西。”

我傻了眼。整个学期，我记得，我听到的唯一的东西，是有那么一次，教授一下子来了兴致，“咿哩哇啦咿哩哇啦意识流咿哩哇啦咿哩哇啦，哇啦”，哎哟喂！——然后又是乱七八糟的。

这个“意识流”，让我记起了若干年前我爸爸交给我的一个问题。他说，“假定一些火星人将要光临地球，而火星人从来不睡觉，他们一刻不停地动弹。假定他们没有我们这种名为睡觉的怪异现象，于是他们就问你这个问题：‘入睡是什么感觉？当你入睡的时候，发生了什么事儿？你的思想是突然停止了呢，还是逐渐逐渐逐渐不啊不不啊不那么迅迅迅迅速？这个心灵到底是怎么关了开关的？”

我觉得有意思哦。现在，我必须回答这么一个问题：当你入睡的时候，意识流是怎么停止的？

就这样，在接下来的四个星期的每个下午，我都得写我的作文。我把我屋子里的遮阳帘拉下来，把灯也关了，睡觉。我倒要看看，当我入睡的时候，发生了什么。

在晚上，又睡，因此每天我有两次观察的机会——很不错！

起初，我注意到了许多和入睡无关的鸡毛蒜皮的事情。比方说，有一次，通过在内心里对自己说话，我思考了不少。我还能想象我看到了许多东西。 48

然后呢，我逐渐累了，我注意到我能同时想两个事儿。我是在这个时候发现这个的：我在内心里对自己谈论着什么事儿，而我同时也在做那件事儿，我漫不经心地想象到了两根绳子，分别系在我的床头和床尾上，绳子卷在一个转动的辘轳上，慢慢地把我的床往上升。直到我担心一根绳子别和另一根绞在一块儿，那样就卷不利索了的时候，我才意识到那两根绳子原来是我想象的。但是，我说，在内心里，“哦，绳子上的张力自然不会让它们绞在一块儿的”，可这干扰了我正在进行的第一个思想，并使我意识到，我正在同时想着两个事儿。

我还注意到，当你入睡的时候，思想观念还在继续，但它们之间的联系，变得越来越不讲逻辑。你没注意到它们之间的联系越来越不讲逻辑，直到你问你自己：“我怎么鬼使神差地想到了这个啊？”然后，你试图回头考察一番，可你常常记不得到底是什么玩意儿使你想到那个！

就这样，你得到了逻辑关系的每一种幻觉，但真正的事实是：那些思想变得越来越醉眼蒙眬，到最后它们完全分崩离析，再往后，你已然沉沉睡去。

一直睡了四个星期的觉之后，我开始写我的作文，解释我得到的观察结果。在文章的结尾部分，我指出，所有这些观察，都是正在观察我自己入睡的时候得到的，我并不真的知道入睡究竟是怎样的，我睡了的时候，我没在观察我自己啊。我以我自己拼凑的一首小诗来表达这篇文章的结论，它指出内省有多么难：

我纳闷为什么。我纳闷为什么。
我纳闷我为什么纳闷。
我纳闷为什么我纳闷为什么
我纳闷为什么我纳闷！

大家都交了作业，下次大家上课又都凑一块儿了，教授读了其中的一篇：“嗯啊哇啦嗯啊哇啦……”我说不上来这家伙写的什么。

他又读了另外一篇：“咿哩哇啦嗯啊哇啦哇啦……”我也不知道这家伙写的什么，可到末了，他念道：

啊哇啦哇。啊哇啦哇。
啊哇啦哇啦哇啦。 49
我哇啦乌啊哇啦哇
啊哇啦哇啦哇啦。

“啊哈！”我说，“那是我的作文啊！”实话实说，到最后，我才听出那是我的。

文章我是写完了，可我的好奇心还在继续，在我去睡觉的时候，还是坚持观察我自己这种搞法。一天晚上，我正在做梦，我意识到我在梦中正在观察自己呢。我把一切都一股脑儿地弄进了睡眠本身当中！

在这梦的头一部分，我在一列火车顶上，火车正冲向一个隧道——呜的一声！我对自己说：“这么着，你可以体会到害怕的感觉；火车进了隧道，你还能听出声音的变化。”

我还注意到，我能看到颜色。有人说，梦是黑白的，但不是的，我的梦是彩色的。

现在，我在一个车厢里，我感觉到，火车摇摇晃晃。我对自己说：“你在梦里可以有肌肉运动知觉。”我费了点事儿，走到了车厢一头，我看到了一扇大窗户，跟商店橱窗似的。窗户后面——不是塑料假人，而是三个活生生的女孩，穿着游泳衣，而且长得都很漂亮！

我继续走到下一个车厢，一边走一边拉着头顶上的吊环，那时我对自己说，“嗨！搞得兴奋起来——性兴奋——会很好玩儿——所以我想，还是回到刚才那个车厢吧。我发现我能转弯儿，沿着火车往回走——我能控制我的梦的方向。我回到了那个窗户特别的车厢，看到三个老家伙在拉小提琴——但他们又变成三个女孩！所以，我能修改我梦的方向，但修改得不完美。

那个，我开始兴奋起来，在性方面，也在智力方面，我说：“哇噻！它管用哦！”我就醒了。

我在做梦的时候，还得到了另外一些观察结果。除了老是问我自己：“我真的梦到彩色了吗？”我还纳闷：“你看到什么东西的时候，看得准不准？”

下一次，我梦见了一个女孩儿，躺在草丛里，她的头发是红色的。我想知道，我能不能看清楚每根头发。你知道，当有阳光照着
50 的时候，只有一小块儿是有颜色的——所谓衍射效应，我能看到那
个！我能随便把每根头发看得真真切切：完美的视觉！

另有一次，我梦见一枚图钉按在门框上。我看到了这枚图钉，我的手指头沿着门框往下滑，接着就触摸到了那图钉。这么说，大脑的“视觉部”和“触摸部”似乎是连在一块儿的。于是我对自己说，这两个部不连在一块儿，是可能的吗？我又看那门框，图钉没了，我的手指头沿着门框往下滑，而我摸到了图钉！

还有一次，我在做梦的时候，听见“砰砰，砰砰”。梦中发生了什么事儿，和这敲门声合拍了——但合得不怎么完美——那声音好像是从外面来的。我想：“我敢绝对保证，这敲门声是从我的梦外边来

的，而我设计了梦的这一部分与之相合。我一定得起来，看看究竟是什么事儿。”

敲门声还在继续，我醒了——死寂一片。什么事儿也没有啊。这么说，这敲门声跟外界没关系啊。

别人告诉过我，他们曾经把外边的声音结合到了梦里，但是，当我有了这样的经历的时候，仔细地“从下面观察”，拿得准那声音是从梦外面来的，然而却不是。

在梦中做观察的那段时间里，醒来的过程挺可怕的。正当你开始醒来的时候，有那么一刻，你觉得身体僵硬，跟绑在床上似的，也好像被压在好儿层棉絮下面。这很难解释，但有那么一刻，你有一种憋在里边的感觉；你不敢肯定你能不能醒来。你总是能够醒来。在告诉了我自己好多遍之后，我变得越来越不害怕了，而且实际上我发现醒来的过程很是令人振奋——有点儿像坐过山车：过上一些日子，你不那么害怕了，你有点儿喜欢它了。

或许你想知道，这种观察我自己的梦的过程，是怎么停下来的（在这样的过程中，我大多数时间是在观察；这种事情只发生过几次而已）。有一天晚上，我像往常那样做梦，我看到在我面前的墙上，有一面细长的三角形的航海信号旗。我回答25遍了：“是的，我梦见 51
了颜色。”然后，我意识到自己睡的时候，后脑勺硌在黄铜杆儿上。我把手垫在脑袋下，我感觉到我的后脑勺是软的。我想：“啊哈！那就是我一直能在梦中进行观察的原因啊：那个黄铜杆儿，干扰了我的视觉脑皮层。我要做的，仅仅是枕着黄铜杆儿睡觉即可，那样我就能在任何我想观察的时候做这些观察。”于是，我想，我要停止对这件事的观察，然后进入比较深度的睡眠。

过一阵子，我醒了，没什么黄铜杆儿，我的后脑勺也不是软的。我不知怎么已经厌烦了做这样的观察，而我的大脑，也就发明了一些虚假的理由，告诉我为什么我不应该再观察了。

作为这些观察的结果，我开始弄了一个小小的理论。我喜欢看自己的梦，原因之一是我好奇，好奇的是，当你闭着眼、什么也没进来的时候，你是怎么看到一个形象的，比方说，一个人的形象。你说，那或许是随机的，是无规则的神经放电；但是，你没办法在你睡觉的时候，让你的神经以你醒着看东西时的同一个细腻的模式来放电。那么，我在睡觉的时候，我怎么可能"看到"颜色，而且看得更细致？

我料定，必定有一个"翻译部"。当你真的在看什么东西的时候——看一个人，一盏灯，或者一面墙——你看到的不仅仅是一些色块儿。有个什么东西告诉你那是什么玩意儿；那玩意儿必得经过翻译。在你做梦的时候，这个翻译部仍然在运作呢，但它变得稀里咣当。它告诉你，你正在看一根人类的头发，看得再细致不过，可那时你什么也没看。它把那些进入大脑的东一块儿西一块儿的下脚料，翻译成了一个清晰的形象。

关于梦，还有一件事儿要说。我有个叫达伊弛（Deutsch）的朋友，他媳妇出身于维也纳的一个精神分析世家。有天晚上，讨论梦讨论了好长时间，他说梦是有意义的：梦里有象征，象征可以用精神分析方法得到解释。这些说法，大部分我都不相信，但那天晚上我做了个有趣的梦：我们在台球桌上用三个球玩游戏——一个白的，一个绿的，一个灰的——这种游戏的名字叫"奶头儿"。怎么把球弄到袋
52 子里去，是有门道的。白球和绿球，很容易弄到袋子里去，但灰球，我就是弄不进去。

我醒了，这梦很容易解释：当然，这游戏的名字泄露了一些秘密：三个球代表三个女孩儿！那个白球，很容易猜出是什么，因为我偷偷地和一个有夫之妇出去，她当时在一家餐厅当出纳，穿一身白色的工作服。那个绿球，也很容易，因为我曾经有两个晚上和一个女孩到汽车电影场去看电影，她穿一身绿裙子。但那个灰球——那个灰球到底是什么玩意儿？我知道，它一定代表某人：我感觉得到。那就像你努力要记起一个名字，这名字就在你舌头尖儿上，可你就是想不起来。

我费了半天工夫，才想起我曾经对一个我非常喜欢的女孩说拜拜了，她在两三个月之前去了意大利。她是个很漂亮的女孩，我拿定主意，等她从意大利回来，我还去看她。我不知道她是不是穿一套灰套装，但我一想到她，事情就再清楚不过了，她就是那个灰的球。

我回到我朋友达伊弛那儿，我告诉他，他的看法一定是对的——分析梦，还是有道理可说的。但是，在他听完我这个有趣的梦的时候，他说："不是这样，这个梦太完美了——太整齐，太一般了。通常你需要进行更深入一些的分析。"

53 米特普拉斯特公司的首席化学家

我在麻省理工学院完成学业之后，想在暑假找个工作。我向“贝尔实验室”申请了两三次，还亲自去了好几趟。比尔·肖克利[1]，在麻省理工学院的实验室认识我，每次都带我到各处转悠，我每次都喜欢得不得了，但我就是不能在那里得到一份工作。

我的几位教授，为我向两个特别的公司写了推荐信。有一封信是写给“宝石蓝公司”（The Bausch and Lomb Company）的，这家公司使用透镜来追踪光线。另一家公司属于“纽约电器检验实验室”（Electrical Testing Labs in New York）。那年头，甚至没人知道物理学家是干什么的，工业界也没有物理学家的位置。工程师，敢情好；但是，物理学家，没人知道怎么用他们。有意思的是，很快的，在第二次世界大战之后，事儿就刚好反过来了：物理学家，哪儿都用得着。因此，在大萧条那年月，作为一个物理学家，我连个工作都难找。

大约是在那个时候，在我们家乡法洛克维的海滩上，我遇到了我的一个老朋友，我们是从小一块儿长大的。七八岁的时候，我们结伴上学，是很好的朋友。我们都有科学头脑。他有个“实验室”，我也有

---

1 威廉·布拉德福·肖克利（William Bradford Shockley，1910—1989），生于伦敦的美国物理学家，1936—1956年在贝尔实验室工作，1956年他因研制晶体管方面的贡献而与他人共获诺贝尔物理学奖。

个“实验室”。我们经常一块儿玩，一块儿讨论事。

我们常常为街道上的孩子搞些魔术表演——化学魔术。我的朋友是个很好的街头艺人，我也是。我们在一张小桌子上玩把戏，桌子两头儿，还一直点着本生灯。把放了碘的两个玻璃皿放在灯上加热。在表演过程中，桌子两头儿，两股漂亮的紫色蒸气冉冉升腾。这 54
很棒！我们变了许多戏法，比方说，“葡萄酒”变水，以及其他一些化学颜色的变化。作为压轴戏，我们用我们自己发现的某种东西来变戏法。我把我的手（秘密地）放在一个水槽里，然后再放在汽油里，然后，我“不小心”扫过一只本生灯，那只手就着火了。我鼓掌，结果两只手都着了。（手是烧不坏的，因为火着得很快，况且手上的水能隔热。）然后，我挥动着双手，一边跑，一边叫：“起火了！起火了！”大家欢呼雀跃，跑出屋子，表演就结束了！

后来，我在大学把这个故事告诉兄弟会的哥们儿的时候，他们说：“胡说八道！你做不到的！”

（为这些伙计展示他们不相信的事情，我常有这种麻烦——就说那次吧，我们争论尿是不是依靠重力排出体外的。我向他们展示事情不是那样的，我让他们看，你打倒立，也还是能撒尿。或者说另外一次，有个人声称，如果你把阿司匹林和可口可乐一块儿咽下去，你立刻就会昏倒在地，不省人事。我告诉他们，我认为这纯粹是胡扯，自告奋勇把阿司匹林和可口可乐咽下去。然后，他们展开争论，你是应该先吃阿司匹林，后喝可口可乐，或者先喝可口可乐，后吃阿司匹林，或者把阿司匹林混在可口可乐里面。因此，我先后以这三种不同方式，吃了六片阿司匹林，喝了三瓶可口可乐。首先，我吃了两片阿司匹林，喝了一瓶可口可乐；然后，我们把两片阿司匹林溶解在一瓶可口可乐里，我喝了；接着，我喝了一瓶可口可乐，再吃两片阿司匹林。每一次，那些相信这很危险的白痴们，都围着我站着，等着在我晕倒的时候，好扶住我。什么事儿也没有。我倒记得，那天晚上我睡得不好，于是我就起来，做了许多光学玻璃冷加工的活儿，还推导出了几个和所谓黎曼–泽塔函数那玩意儿有关的公式。）

“得，伙计们，”我说，“大家出去找点儿汽油来。”

他们把汽油准备好了，我把手放在水槽里，然后放在汽油里，然后点火……疼得要命！你知道，那时我手背上长出了汗毛，这汗毛就跟灯芯儿似的，起火的时候，把汽油固定在皮肤表面，我在小时候玩儿这一套的时候，我手背上没有汗毛啊。为兄弟会的哥们儿做了这个
55 试验之后，我手背上就一毛不剩了。

哦，对了，我朋友和我在海滩上碰了面，他告诉我，他搞了一种给塑料电镀的处理方法。我说，那不可能，因为没有导电性啊；你把电线系在哪儿啊。但他说，他能给任何东西电镀，我仍然记得他从沙里捡起一个桃核儿，说他也能给这个东西电镀——为了打动我。

他让我在他的小公司干活儿，太妙了。公司在纽约的一座建筑物的顶层。公司里大约只有四个人。搜罗钱的是他爸爸，我想他是公司“总裁”。朋友是“副总裁”，还有另一个伙计，管推销。我是“首席化学家”，我朋友的兄弟，不大聪明，洗瓶子。我们有六个电镀槽。

他们真能给塑料电镀，过程是这样的：首先，在待镀物上沉淀上银，银来自加了还原剂的硝酸银溶液池（好像制造镜子）；然后，把带着作为导体的银的待镀物，放在电镀槽里，银就得到了电镀。

麻烦是：银能粘在被镀物上吗？

不能。银很容易剥落。因此，这中间有一个步骤，以便让银结结

实实粘在待镀物上。这要看镀的是什么材料。像胶木这种东西（那年头，这是一种很重要的塑料），我朋友发现，如果先给它喷沙，然后放在氢氧化亚锡溶液里浸泡若干小时，氢氧化亚锡就会钻到胶木的微孔里，银就会牢牢地附着在胶木的表面上。

但这方法只对几种塑料管用，新型塑料层出不穷，比方说甲基丙烯酸甲酯（现在叫树脂玻璃），开始时是不能直接电镀的。醋酸纤维素，很便宜，是另外一种我们起先不能电镀的东西。最后，我们发现，把它放在氢氧化钠溶液里泡一会儿，然后用氯化亚锡溶液一泡，就能把它镀得相当好。

作为“化学家”，我在公司里颇为成功。我的长项，在于我的伙计
对化学一窍不通；他不做什么实验；他只知其然，而不知所以然。我 56
大动干戈，把一大堆门把手放在一些瓶子里，然后在瓶子里加上各种各样的化学物质。什么东西都试，把每种东西都搞明白了，我就发现了许多方法，能镀许许多多种塑料，比他能镀的还多。

我还能简化处理过程。那是从书里看的，我试用了很多种还原剂，从葡萄糖到甲醛都试过了，结果能马上把银百分之百地置换出来，而不需要在事后从溶液里回收剩下的银。

我还通过在水里加一点儿盐酸，把氢氧化亚锡溶解在水里——我记得这是我在大学的化学课上学来的——这样，一个原本需要几小时的步骤，大约5分钟就完成了。

我的那些实验，总受到那位推销员的干扰。他从潜在的客户那里带回一些塑料。我把全部的瓶子都摆好了，上面都贴了标签，突然之间，“别弄实验了，到销售部来做件‘高级的工作’！”就这样，许多实验都得重新做。

有一次，我们遇到了一大堆麻烦。有个艺术家，想为汽车杂志的封面制作照片。他非常小心地用塑料做了一只轮子，不知怎么的，这位推销员告诉他，我们什么都能镀，这艺术家就想要我们把轮轴镀了，那样它就成了一个闪闪发亮的银轴子。车轮是用一种新塑料做的，我们不大知道怎么镀它——事实是这样：这位推销员从来不知道我们能镀什么，因此他总是大包大揽——结果第一次没镀成。于是，我们得把残留的银去掉，把银去掉可不容易。我决定用浓硝酸，一下子就把银去掉了，但也把塑料弄得坑坑洼洼。那会儿，我们可真的处于水深火热之中！实际上，我们做了许多“水深火热”的实验！

公司的另外那些伙计，决定在《现代塑料》杂志上做广告。好几种东西，我们镀得异常漂亮。在广告里看上去特棒。我们还在橱窗里摆了几样东西，指望潜在的客户能瞟上一眼，但没有人能从广告或者
57 橱窗里把东西拿在手里，看看镀层粘得怎么样。事实上，有些东西，可能做得非常棒，但那是特别费心做出来的；别的产品没那么好。

那个夏末，我一离开公司到普林斯顿大学，他们就得到了一大笔订货，有个人想让他们镀塑料钢笔。现在大家都有银色的钢笔，闪闪发光，便于使用，外加便宜。这种钢笔立刻销售一空。看到大家别着这种钢笔满世界乱逛，而你知道这钢笔是哪儿来的，这事儿挺让人兴奋。

但公司对这种材料经验不足——也许是对塑料里的填料经验不足（大多数塑料不是纯的，里头有“填料”。在那年头，加多少填料，没人管你）——这搀和进去的东西会发泡儿。你把个长泡泡的玩意儿拿在手里，它还开始脱皮儿，你就禁不住摆弄它。所以，大家都在摆弄从钢笔上搓下来的小皮皮儿。

现在公司有了修钢笔这种当务之急，我那哥们儿很肯定，他需要一架大显微镜什么的。他不知道怎么找到问题，不知道怎么会有这问题；要做这种假模假式的研究，还得花公司一大笔钱呢。结果他们麻烦大了：问题没解决，公司却给折腾倒了，因为他们出师不利，一开始就吃了败仗。

几年后，我在洛斯阿拉莫斯（Los Alamos）[2]，那里有个叫弗里德里克·德·哈夫曼（Frederic de Hoffman）的，也算是个科学家吧，对经营他很在行。书念得不多，却爱数学，干活儿很卖力气；他靠苦干来补足书念得不多。后来，他成了“通用原子公司”（General Atomics）总裁或者副总裁，从此就成了个企业大腕儿。可人在当初，他不过是个精力非常充沛、闪乎着大眼、满腔热情的小伙子，尽其所能为项目打打帮手而已。

有一天，我们在富勒洛奇（Fuller Lodge）[3]吃饭的时候，他告诉我，在来洛斯阿拉莫斯之前，他一直在英格兰工作。

“你在那儿做什么？”我问。

“我在一家塑料电镀厂工作。我和几个家伙在实验室里。”

“搞得怎么样？”

“相当不错，但我们也有麻烦。”

“哦？”

“正当我们要把厂子做大的时候，纽约的一家公司……” 58

2 美国新墨西哥州的一个县。第一颗原子弹和氢弹都是在此研制的。

3 在美国开展研制原子弹的“曼哈顿计划”的时候，这个地方是科学家们的旅馆和饭店。

“纽约的什么公司？”

“叫米特普拉斯特公司。他们比我们抢先了一步。”

“你怎么知道的？”

“他们不停地在《现代塑料》上做整版的广告，把他们能镀的东西，都拿来炫耀。我们意识到，他们比我们走得快。”

“你有他们做的活儿吗？”

“没有，但从广告上看得出来，他们在我们的前头。我们厂不赖，但要和美国那家厂子较量，门儿都没有。”

“你们实验室里有几个弄化学的？”

“有六个弄化学的在干。”

“你觉得米特普拉斯特公司有几个弄化学的？”

“啊！他们一定有个真正的化学系！”

“你能给我说说，米特普拉斯特公司的首席化学家，可能是个什么样子，以及他的实验室是怎么工作的？”

“我猜啊，他们一定有25~50个搞化学的，首席化学家有自己的办公室——特别是，他戴眼镜，跟电影里的似的——那些家伙，总是进来问些关于正在进行的项目中的问题，从他那里得到建议，然后冲出去再做进一步的研究，那些人总在进进出出的。人家有25~50个搞化学的，咱怎么能跟人家较劲啊？”

“你要是知道，你正在和米特普拉斯特公司的首席化学家交谈，会觉得很有趣吧，他手下只有一个洗瓶子的！”

第 2 部分　在普林斯顿大学的岁月

"别逗了，费曼先生！"

我——！

猫地图?

魔鬼头脑

搅和油漆

别具一格的工具箱

测心术

业余科学家

“别逗了，费曼先生！”

59

我在麻省理工学院那阵子，真是喜欢它。我觉得那是个了不起的地方。我当然也想在那儿读研究生。可我去看了斯莱特（Slater）教授，把我的想法跟他说了，他说：“我们可不想把你留这儿。”

我说：“为什么？”

斯莱特问：“你为什么认为你应该在麻省理工学院读研究生？”

“因为，论科学，麻省理工学院的研究生院全国最棒。”

“你是这么认为的？”

“是啊。”

“这就是你为什么应该另外找个学校的原因。你应该去发现这世界别的地方怎么样。”

我于是决定去普林斯顿大学。普林斯顿大学有高雅的一面。它部分的是仿效英国的学校。兄弟会那帮家伙，都知道我举止不雅驯，一副随随便便的样子，就开始发表评论了，说：“让他们瞧好吧，他们让谁到了普林斯顿大学！让他们瞧瞧自己犯的错误！”因此，我到普林斯顿大学的时候，就尽量乖一点儿。

我父亲开车把我送到了普林斯顿大学，我找到了自己的房间，他就走了。还不到一小时，我就遇到了一个人：“鄙人乃本舍主事，请容禀告，院长午后专设茶会，希望各位光临。或许您可以通知您的室友瑟瑞特先生。”

我就这么进了普林斯顿大学的研究生“院”，全体学生都住这儿。这好像是模仿牛津或者剑桥——连说话都是英国味儿（这位主事是
60 个“法国文学”教授）。楼下有位门房，各人的房间都挺雅致。我们还穿着学位服，在装了彩绘玻璃窗的大餐厅里，一块儿吃饭。

就这样，到了普大的当天下午，我就赶赴院长的茶会，而我连“茶会”是什么玩意儿都不知道，再说，茶什么会啊！我什么社交能力都没有；对那路事儿，我没什么经验。

于是，我就走到那门口，院长艾森哈特（Eisenhart）在那里向新生致意：“啊，您是费曼先生，”他说，“我们很高兴您来。”这多少让我放松了些，不知道他怎么认得我。

我进了门，还有些女士呢，女孩儿也有。这整个都太正式了，我心里盘算着坐哪儿好，我该不该挨着这女孩儿坐，我举止应该如何，正在这时，我听见背后有个声音。

“您的茶，是加奶油，还是柠檬汁儿，费曼先生？”是艾森哈特夫人，在倒茶呢。

“两样儿都要吧，谢了啊。”我说着，还在张望着找坐的地方，其时我突然听到：“呵、呵、呵、呵、呵，别逗了，费曼先生！”

逗？逗什么逗？我没说过什么话呀？过后，我才意识到我干了什么。这就是我第一次参加茶会这玩意儿的经历了。

后来，那是我在普林斯顿大学待了很长时间之后的事儿，我才明白了这种“呵、呵、呵、呵、呵”是个什么意思。实际上，我是在离开那个首次茶会的时候，意识到了那意思是“你犯了个社交错误”。因为下次我从艾森哈特夫人那里听到同样的嘎嘎笑，“呵、呵、呵、呵、

呵”，其时有个家伙在离开的时候，亲吻了她的手。

另外一次，大概是一年之后吧，在另外一次茶会上，我告诉魏尔德（Wildt）教授，有个天文学家，已经搞出了一个理论，来解释金星上的云彩。那些云彩被认为是甲醛（我们曾经对那些云彩很担忧，知道这一点儿，是很有意思的），现在，这个天文学家把这个搞明白了，甲醛是怎么形成的，诸如此类。这理论非常有意思。我们说着说着这事儿，一个小巧的夫人走过来，说：“费曼先生，艾森哈特夫人希望见见您。”

“好的，稍等……”我还在继续跟魏尔德聊。 61

小巧的夫人又来了，说：“费曼先生，艾森哈特夫人希望见见您。”

“好的，好的！”我走到艾森哈特夫人那儿，她正倒茶呢。

“您来点儿咖啡，还是茶，费曼先生？”

“那什么什么夫人说，你想跟我聊。”

“呵、呵、呵、呵、呵。您要来点儿咖啡还是茶，费曼先生？”

“茶，”我说，“谢谢。”

不多工夫，艾森哈特夫人的女儿和一个同学过来了，我们互相做了介绍。这种“呵、呵、呵”，整个意思是：艾森哈特夫人不想跟我聊；她女儿和朋友来了，她就想要我过去喝茶，两个女孩儿也好有个说话儿的啊。就这么个这名堂。当时，我听到“呵、呵、呵、呵、呵”的时候，还知道怎么办。我没说，你“呵、呵、呵、呵、呵”，什么意思啊，你？我知道“呵、呵、呵”意味着“错误”，我还是把这事儿弄清楚的好。

每天晚上我们都穿学位服去吃晚饭。第一天晚上，差点儿没把我魂吓掉了，因为我不喜欢场面。但我很快就发现，学位服有个好处。那些在外头打网球的家伙，冲进房间，抓起学位服就往身上套。他们不必费劲换衣服，或者冲个澡什么的。这么说，学位服下面，是光着膀子的或T恤衫什么的。除此之外，有规矩，你永远也不要洗学位服，因此你能分得清谁是一年级的，谁是二年级的，谁是三年级的，谁是猪！这个学位服，你用不着浆洗缝补，所以一年级的，学位服还是非常好看、相对干净的，可到了大约三年级那时候，这学位服就跟挂在你肩膀上的硬纸板儿似的，碎布条儿啷当着。

因此，我在普林斯顿上学的时候，星期天下午穿学位服去喝茶，当天晚上到“院里”去。但是在星期一，我头一件想做的事儿，是去找回旋加速器。

在我还是普林斯顿大学的学生的时候，普林斯顿大学建造了一个新的回旋加速器，建得真叫漂亮！回旋加速器本身在一个房间里，
62 控制台在另一个房间里。这工程，造得漂亮。通过管道，电线从控制间通到加速器上，控制台上满是按钮和仪表。我把这东西叫作镀金的回旋加速器。

那时我读了很多关于加速器实验的论文，麻省理工学院的人写得不多。也许他们才刚刚起步。但是好多实验结果，来自康奈尔大学（Cornell）和加利福尼亚大学伯克利总校（Berkeley）；最突出的是普林斯顿大学。因此，我真想看到的东西，我一直在寻找的东西，就是普林斯顿的回旋加速器。那一定是一个了不起的东西！

因此，星期一的头一桩事儿，是我到了物理楼，问：“回旋加速器在哪儿——哪个楼？”

“楼下，地下室里——大厅尽头儿。”

在地下室？那是个老楼。地下室没足够的地方放回旋加速器啊。我走到大厅尽头，进了门儿，在10秒钟之内，我明白了为什么普林斯顿正是我该来的地方——我上学，这就是最好的去处了。这房间里，到处都拉着电线！开关在电线上吊着，冷却水从阀门上滴答着，满屋子都是东西，都晾在外头。到处都是桌子，上面堆着工具，这是你看到过的最凌乱不堪的地方。整个加速器占了一个屋子，那可真叫一个乱哪。

这让我想起了我家里的实验室。麻省理工学院没有什么东西能让我想起家里的实验室。我突然意识到，为什么普林斯顿能出成果。他们是用这设备干活儿呢。他们建造的这设备，他们知道哪儿是哪儿，他们知道一切是怎么运作的，用不着麻烦工程师；有工程师的话，他也在那儿干活儿。它比麻省理工学院的那个回旋加速器小得多吗？它是“镀金的”吗？——恰恰相反，在他们想修理一个真空罐的时候，就在上面滴一点儿甘酞树脂。因此地板上就滴着甘酞树脂。这很好啊！因为他们用这东西干活儿。他们不必坐在另一个房间里按按钮！（意外的是，他们那房间里起了火，因为他们把房间折腾得那个乱劲儿——电线太多——结果把回旋加速器给毁了。但我最好别讲这事儿！）

（我到康奈尔大学去看过那里的一台回旋加速器。这台加速器，还用不了一个房间来放：它差不多1米宽——我是说这东西整个的直径。这是世界上最小的加速器，但他们取得了令人瞠目的成绩。他们有各种各样的特别技巧和窍门。如果他们想修理“D”（粒子运行 63
的D形环路）里面的什么东西，他们就动手用螺丝刀把D拆下来，修好了，再安上去。在普林斯顿，事情麻烦得多；在麻省理工，你必得用一架在天花板上滚动的起重机，把钩子垂下来，那真叫干活儿啊。）

从不同的学校，我学到了不少。麻省理工是个非常好的地方；我不会说它的坏话。我简直就是爱上了它。它为自己培养了一种精神，所以那整个地方的每一个人，都认为那是世界上最美妙的地方——它不知怎么就是美国的（即使不是世界的）科技发展中心。这好像纽约人对纽约的看法：他们把这国家的别的地方给忘了。如果你没有一种很好的全局感，那么你跟它相伴，身在其中，有动力和愿望与它一道前进，这感觉就是不错——你是上天特别选上的，能在那儿是一种幸运。

这就是说，麻省理工是很好的，但斯莱特告诉我，到别的学校读研究生，是对的。我也经常给我的学生同样的建议。了解这世界的别的地方是个什么样子。这种多样性，值。

我曾经在普林斯顿的加速器实验室里做了一个实验，取得了令人震惊的结果。在一本流体力学的书里，有一个问题，学物理的学生一直在讨论。问题是这样的：你有一个S形的草坪喷水器——装在转轴上的一个S形管子——水以合适的角度向轴线方向喷，这就使它朝某一方向转动。人人都知道它是怎么转的；它向与水喷出的方向相反的方向倒退。现在问题是这样：如果你有一个湖，或者游泳池——水有的是——你把这个喷水器整个放在水下，却让它往里吸水，而不是往外喷水，它朝哪个方向转？它还是会像它在向空中喷水的时候那样转吗？或者它会朝相反的方向转？

乍看起来，答案是很清楚的。麻烦的是，有些家伙很清楚，答案是这个方向；另外一些家伙也很清楚，答案却是另一个方向。因此，大家都在讨论这个问题。我记得，在一次特别的讨论会上，兴许是茶

会，有人走到约翰·惠勒（John Wheeler）教授跟前，说："您认为它朝哪个方向走？" 64

惠勒说："昨天，费曼让我相信，它倒退着转。今天，他同样让我相信，它朝相反的方向转。我不知道明天他会让我相信它怎么个转法儿！"

我将告诉你一个论点，让你认为它是朝某个方向走的；我再告诉你另一个论点，让你认为它是朝另一个方向走的。好吧？

第一个论点是这样：当你往里吸水的时候，你是往管子口儿里吸水，因此管子是迎着往里进的水往前走的。

可是，另外一个家伙，过来说，"假如我们把管子抓牢，并且问问，我们需要多大的转矩[1]才能把管子抓牢。如果水是往外喷的，我们大家都知道，你必须在曲线的外缘抓牢它，因为水流产生的离心力是绕着这条曲线走的。可现在，假定水以相反的方向绕着同一条曲线往里吸，它仍然产生朝这曲线外缘的相同的离心力。因此，这两种情况是一样的，喷水器将朝同一个方向转，无论你让它往外喷水，还是让它朝里吸水。"

我思考了一阵子，终于想清楚了答案是什么；为了演示这个答案，我想做个实验。

在普林斯顿的加速器实验室里，他们有一个用藤罩保护的大玻璃瓶子。我觉得这东西刚好可以用来做实验。我弄了一段黄铜管儿，把它弯成S形。然后，我在它中间钻了一个孔，塞进一段橡皮管，让

1 转矩，作用在物体上使它转动或具有转动趋势的力矩。

这橡皮管从我塞在那个大玻璃瓶口上的软木塞中间穿过。软木塞上还有一个孔，我把另一段橡皮管插在这个孔里，把它接到实验室的空压机上。往这大瓶子里吹气，我可以强迫水进入黄铜管，正像我用嘴把水吸出来似的。现在，S形管儿是不会转的，但它会扭动（因为橡皮管软塌塌的），然后我会通过测量水流从大玻璃瓶口上射得多远，来测量水流的速度。

我把设备都安装好了，把空压机打开，“噗”地一声，气压把软木塞顶出了瓶子。我用铁丝把它好好绑在瓶口上，这样它就不会崩出
65 来了。现在，这实验进行得相当好。水正在出来，橡皮软管扭动个不亦乐乎，于是我又增加了一点儿压力，因为速度快一点儿，测量会更准。我仔细地测量了角度，测量了距离，然后又增加压力。突然，这整个东西把瓶子压碎了，玻璃片和水在实验室里四下飞散。一个过来看热闹的家伙，被淋成了落汤鸡，不得不回家换衣服去（玻璃片没伤着他，倒是个奇迹）。用加速器耐心拍摄的大量云室照片，也被淋得一塌糊涂。但我当时不知怎么站得足够远，或者站的位置凑巧，我倒没淋得太厉害。但我一辈子也不会忘记，负责加速器的德尔·萨索（Del Sassor）教授，是怎么走到我面前的，他声色俱厉地说：“新生的实验，应该在新生实验室做啊！”

我——！ 66

在普林斯顿大学研究生院，每星期三，各路神仙都来演讲。讲话的经常很有趣儿。讲话后的讨论，通常非常好玩儿。比方说，我们学校有个坚定反对天主教的家伙，他提前为那些准备向宗教人物提问的人提供问题，把那些讲话的整得好惨。

另外一次，有人发表了一个关于诗歌的演讲。他讲了一首诗的结构，以及这诗所附带的感情。他把什么东西都分门别类。在其后的讨论中，他说："艾森哈特博士，这和数学中的情形，是否相同呢？"

艾森哈特博士是研究生院的院长，一个大数学教授。他也非常聪明。他说："我倒愿意知道，迪克·费曼怎么看这个问题和理论物理学之间的关系。"他经常把我置于这种境地中。

我站起来说："是的，关系非常紧密。在理论物理学中，相当于词语的那个东西，就是数学公式。诗歌结构，相当于理论的这个这个和那个那个之间的相互关系。"——我滔滔不绝地讲了一大通，做了一个完美的类比。演讲者听得眼睛发亮，好不得意。

然后，我说："在我看来，好像是这样：关于诗歌，随便你说什么，我都能找到个法子，把它和任何学科相提并论，正如刚才我把它和理论物理学相提并论一样。我并不认为这种类比有什么意思！"

在那个装了彩绘玻璃窗的大餐厅里，就是我们总在那儿穿着越
发破烂不堪的学位服吃饭的那个，艾森哈特院长在开饭之前，总用拉 67

丁语谢神。饭后，他经常站起来宣布几件事儿。有一天晚上，艾森哈特博士站起来说："从现在起两个星期后，一位心理学教授，要来这里发表一个关于催眠术的演讲。这个这个，这位教授认为，如果我们真的演示一下催眠术，要比光说不练强得多。因此，他希望有人自告奋勇，接受催眠术……"

我心花怒放：这不成问题，我一直想了解催眠术。机会难得！

艾森哈特院长接着说，如果有三四个志愿者，那就好了。这位催眠师就能先试试他们，看谁能够被催眠，因此，他竭力敦促我们能够提供这么多的人选。（他总是这么浪费时间，我的个老天爷！）

艾森哈特坐在大厅那边儿，我呢，总坐在另一边儿靠后的地方。那里有好几百个家伙。我知道，人人都会争先恐后担当此任。因为我远远地坐在后头，他看不到我，我急得要上树。在这次演示当中，我必须当仁不让！

最后，艾森哈特说："我愿意问问各位，有没有自告奋勇的……"

我举着手，在座位上高喊，尽我所能叫得山响，我得保证他能听到我："我——！"

他听得见，因为没有别的主儿响应。我的声音在大厅里回荡——好尴尬啊。艾森哈特立刻答话："好的，当然，我就知道你会当仁不让，费曼先生；但是，我倒想知道，还有别人吗？"

最后，另外几个家伙也报了名儿。一个星期以后，那人来这里拿我们做试验，看看我们几个当中，有没有适合于催眠术的。催眠术这东西，我知道；但被人家催眠了，是个什么感觉，我不知道。

他开始拿我操作，我一进入位置，他就说："你没办法把眼睁开。"

我心里对自己说："我敢打赌，我能把眼睁开，但我不想毁了这

阵势，让俺见识一下，他还能搞出什么名堂来。”这境况蛮有趣儿，你
仅仅有那么一丁点儿迷糊，尽管你有那么一点儿失去控制，你还是很 68
能拿得准，你是能把眼睁开的。但是，你就是不睁眼，从某种意义上说，你也就当然睁不开眼了。

他折腾了好一阵子，蛮有把握我是个很不错的人选。

当真正的演示来临的时候，他让我们走到台上来，当着普林斯顿大学研究生院全体师生的面，给我们实施催眠术。这次，效果强烈些；我猜我已经学会了怎么被催眠。这位催眠师搞的演示五花八门，让我做一些我通常做不来的事儿。到末了，他说，在我从催眠状态苏醒过来之后，我不是径直回到我的座位上（径直回去，本是当然的），而是在这房子里绕来绕去，从后面走回我的座位。

在整个演示过程中，我模模糊糊地意识到正在捣鼓的是什么，也照催眠师的吩咐，干这干那；但这一次，我拿定了主意：“去他的，够了够了！我就是要径直找座儿去。”

起身下台的时候到了，我开始直截了当地往我座位上走。可是，我有了一种气恼的感觉：我不能继续那样走了，这感觉太不舒服。我呢，在大厅里绕开了圈子。

在那之后，有一次，我被一个女人催眠了。在我进入催眠状态时，她说：“我要划一根火柴，吹灭它，然后马上放在你手背上，而你一点儿也不会觉得疼。”

我想：“扯淡！”她拿出一根火柴，划着，吹灭，放在我手背上。我觉得有点儿热乎乎的。在这过程中，我眼一直闭着，但我在想：“那容易。她划一根火柴，放在我手背上的却是另一根儿。偷梁换柱罢了；装神弄鬼呗！”

在我从催眠状态醒来的时候，我看了看手背，结果大吃一惊：我手背上有烧伤。很快起了一个水疱儿，可一点儿不疼，连破了的时候也不疼。

我因此发现催眠是一种非常有趣的体验。你一直在对自己说："我能做那件事儿，但我不想做"——换句话说，你做不到。

猫地图?

在普林斯顿大学研究生院的餐厅里，人人都有自己的圈子。我和学物理的闲坐，但过了一阵子，我想：去看看这世界上别的地方搞些什么名堂，或许好玩儿吧。于是，我每一两个星期，就去别的圈子坐坐。

我和学哲学的坐一块儿的时候，我听他们相当严肃地讨论一本书，叫《过程与实在》(*Process and Reality*)，怀特海[1]写的。他们的措辞，好玩儿，我听不大明白他们说的啥。我现在不想打搅人家的谈话，不想没完没了地要求人家解释这个解释那个。倒有几次，我要他们解释，他们也乐意为我解释，可我还是摸不着头脑。最后，他们请我参加他们的讨论会。

他们的讨论会，像是上课。每周聚会一次，讨论几章《过程与现实》—— 某个家伙先发表一个关于这书的报告，接着是讨论。我来参加这个讨论会，对自己下了保证，把嘴闭上，时时提醒自己对这个学科一无所知；我到那儿，看景儿而已。

那儿发生的事儿，够典型的 —— 典型到难以置信，却是真的。首先，我坐在那儿，一言不发，这就难以置信，但也是真的。一个学生

1　阿尔弗雷德·诺思·怀特海(Alfred North Whitehead，1861—1947)，英国数学家及哲学家，数学逻辑的创建人，他与伯特兰·罗素合著了《数学原理》一书，讨论数学的逻辑基础。

做了个报告，说的是那周要讨论的那章书。在书里，怀特海不停地使用“本质对象”（essential object）这词儿，使用的方式很技术化，他想必是对这个词儿定义过，但我听不懂。

在讨论了一阵子之后，关于“本质对象”是个什么意思，主持讨
70 论会的教授说了些什么话，意在澄清一些东西，还在黑板上画了一种像是闪电的玩意儿。“费曼先生，”他说，“你说，电子是‘本质对象’吗？”

哦，我麻烦来了。我承认，我没读过这书；怀特海用这个短语是个什么意思，我一点儿不明白。我到这儿来，仅仅是看看热闹。“但是，”我说，“如果教授先回答我的一个问题，我将努力回答教授的问题。砖头是本质对象吗？”

我想做的，是想发现他们认不认为理论构想是本质对象。电子是一种我们使用的理论；在理解自然运行的方式上，它太有用了，我们几乎可以说它是真实的。通过类比，我想把关于理论的一个看法讲清楚。说到砖头，我下一个问题将是：“砖头的里面是怎样的？”——我将指出，没有人曾经看到过砖头里面是怎样的。你每次把砖头打碎，你只能看到表面。砖头有一个里面，仅仅是一个理论，这个理论帮助我们理解事物理解得好一点儿。关于电子的理论，是类比性质的。因此，开始的时候，我问：“砖头是本质对象吗？”

几个回答于是就出来了。有个人站起来说：“一块砖头，作为一块个别的、特殊的砖头，那就是怀特海说的本质对象的意思。”

另一个人说：“不对啊，一块个别的砖头，可不是本质对象；所有砖头共同具有的那种一般特性——即它们的‘砖性’——才是本质对象。”

又有一个家伙站起来说：“不，‘本质对象’不在砖头自身。‘本质对象’，意思是心灵里的一个观念；当你思考砖头的时候，你就有这个观念。”

又一个家伙站起来说，又是另外一个。我告诉你，看一块砖头，竟然有这么多别出心裁的不同方式，我以前可是闻所未闻。而且，正如在那些关于哲学家的故事里讲的那样，这讨论会在完全的混乱中结束。在他们以前的全部讨论中，他们甚至不曾问过自己，像砖头这么简单的对象，像电子这么更简单的对象，是不是“本质对象”。

在那之后，在晚饭时间，我就去了生物学那桌转悠。我一直对生物学有些兴趣，那些家伙谈的是很有意思的事情。他们中有几位邀请我来听听他们的细胞生理学。对生物学，我略知一二，但这是个研究 71
生的课。“你认为我招架得住吗？教授让我进去吗？”我问。

我们问过那位讲师，牛顿·哈维（H. Newton Harvey），这人做了许多关于发光细菌的研究。哈维说，我可以参加这个特别的、高等的课程，但有一样——我要做全部的作业，要交书面报告，与别人一视同仁。

还没上第一节课之前，那些请我来上课的家伙，想给我看看显微镜下面的什么东西。他们在那里放了一些植物细胞，你可以看到一些小小的绿点子，那叫叶绿体（阳光照在上面，它就制造糖），在那里兜圈子。我看了看，抬起头问：“它是怎么兜圈子的？什么玩意儿推着它转？”

没人知道。后来我知道，在那个时候，这种兜圈子还没有被大家理解。因此，我立刻就发现了生物学的一件事儿：很容易发现一个非常有意思的问题，却没人知道它的答案。在物理学那里，你一定要走得深入一点儿，你才能发现一个大家都不知道的有意思的问题。

开课了，哈维开始在黑板上画了一幅很棒的大画儿，画的是细胞，为细胞里全部东西都加了标签。然后他就开始讲这些东西，他讲的，大部分我都能懂。

画儿讲完了，那个请我来上课的家伙说："喂，怎么样？"

"还行，"我说，"我唯一不明白的，是卵磷脂的那一部分。什么是卵磷脂？"

这家伙就开始用那种单调乏味的声音解释："所有有生命的东西，植物和动物都一样，都是由跟小砖头似的东西构成的，那叫'细胞'……"

"听着，"我不耐烦了，"那个，我知道；否则我不来上这课了。什么是卵磷脂？"

"我不知道。"

我必须和别人一样递交书面报告，布置给我的第一个报告，是关于作用于细胞上的压力效果——哈维给我选了这么个题目，是因为
72 它和物理学有关。尽管我理解我做的事情，但我在读报告的时候，把术语都念错了。在我谈论"分裂蛋儿"而不是"分裂球儿"以及别的诸如此类的东西的时候，全班总是笑得前仰后合。

给我选的第二篇文章，是亚德里安[2]和布朗克[3]写的。他们表明，神经脉冲是一种尖锐的单脉冲现象。他们曾经拿猫做过试验，测量过神经上的电压。

我开始读这篇论文。这文章老是谈伸肌、屈肌、腓肠肌之类的东西。这块肌肉，那块肌肉，都是有名字的，但这些肌肉在神经的什么位置上，或者在猫的哪块，我整个是一头雾水。于是我就去找生物学部的图书馆员，问她能不能给我找一张猫地图。

“猫地图，先生？”她相当恐怖地问我，“您的意思是，一张动物园的导游图！”从此以后，就起了传言，说是有个学生物的傻瓜学生，在找一张“猫地图”。

到我讲这个题目的时候，我开始画了一幅猫的轮廓，把许多肌肉都标上名字。

班上别的学生打断了我：“那些东西我们都知道！”

“哦，”我说，“你们知道？怪不得我能这么快就赶上你们这些学了四年生物的。”15分钟能找得到的东西，他们却把时间都浪费在死记硬背这种东西上。

第二次世界大战之后，每个夏天我都可以开车到美国的什么地方旅游。有一年，在我到了加州理工学院以后，我想：“这个夏天，我

---

2 埃德加·道格拉斯·亚德里安（Lord Edgar Douglas Adrian，1889—1977），英国生物学家，以对神经系统的工作原理的解释而与他人共同获得1932年诺贝尔生理学或医学奖。

3 德特乐夫·沃尔夫·布朗克（Detlev Wulf Bronk，1897—1975），美国生理学家和教育家。他研究的主题是感觉的性质、身体运动控制、神经的化学刺激、神经脉冲及其机制，以及通过电化学方法来测量神经纤维的耗氧量。

不再到不同的地方了，我要到一个不同的领域。”

那时正是华生和克里克[4]发现DNA双螺旋结构之后不久。加州理工学院有一些很棒的生物学家，因为德尔布鲁克[5]的实验室就在那儿，华生也来加州理工学院做DNA密码系统的讲座。我听了他的讲座，也参加了生物系的讨论会，热情十足。那是生物学领域非常令人振奋的时代。待在加州理工学院，真是妙啊。

我不认为我会真的做一些生物学的研究，因此，我在夏天去访问
生物学领域的时候，我不过是在生物学实验室里磨蹭，“洗洗盘子”
73 而已，顺便也看看他们在搞些什么。我去了生物学实验室，把我这想
法告诉了他们。罗伯特·埃德加（Robert Edgar），一个年轻的博士后，在那里负点儿什么责任，说他不会让我这么干。他说：“你必得真的做点儿研究才成，像研究生那样，我们就给你一个问题，让你干。”正中下怀。

我听了一门抗生素的课，告诉我们怎么怎么进行抗生素的研究（噬菌体是一种病毒，它有DNA，攻击细菌）。我立刻发现，我免除了不少麻烦，因为我懂一些物理学和数学。我知道原子在液体里是怎

4　詹姆斯·杜威·华生（James Dewey Watson），1928年生的美国的生物学家；弗朗西斯·亨利·康普顿·克里克（Francis Henry Compton Crick），生于1916年的英国生物学家。他们与生于1916年的英国生物学家毛里斯·威尔金斯（Maurice Wilkins）共同合作，发现了DNA即脱氧核糖核酸分子的双螺旋模型，为此共同获得1962年诺贝尔生理学或医学奖。

5　马克斯·路德维格·亨宁·德尔布鲁克（Max Ludwig Henning Delbrück，1906—1981），出生于德国的美国生物学家，与出生于意大利的美国生物学家萨尔瓦多·爱德华·鲁利亚（Salvador E. Luria）以及美国遗传学家艾尔弗雷德·赫尔希（Alfred D. Hershey）合作发现了病毒的复制机制与遗传学结构，而共同获得1969年诺贝尔生理学或医学奖。

么回事，因此离心机是怎么工作的，就没有什么神秘的了。我知道的统计学，足够让我在数培养皿上的小点点的时候，理解统计学上的偏差。正当生物学的家伙们在费劲地理解这些“新”事物的时候，我可以把时间用于学习生物学的部分。

有一个有用的试验技巧，是我从那个课上学会的，今天我仍然用得上。他们教给我们怎么用一只手拿试管，还得把试管帽取下来（用中指和食指），把另一只手腾出来干别的（比方说用吸管来吸氰化物）。现在，我能用一只手拿牙刷，而用另一只手拿牙膏，把帽儿扭下来，扭上去。

已经发现，抗生素能够发生突变，这种突变能够影响它们对细菌的攻击力，我们的任务是研究那些突变。还有一些抗生素，会发生二次突变，能使它们重新组织起对细菌的攻击力。有些抗生素突变回去了，跟它们以前一模一样。另外一些不是这样：它们对细菌的作用，有一点儿轻微的改变——它们的行动，会比通常的快些或者慢些，细菌也比通常生长得慢些或者快些。换句话说，存在一些“后转突变”，但这些突变并不总是完美的；有时抗生素仅仅会部分地恢复它们失去的能力。

埃德加建议我做一个试验，发现这种后转突变，是否发生在DNA螺旋体的同一个地方。小心翼翼，加上大量单调的工作，我发现了后转突变的三个例子，发生的地方非常靠近——比目前他们看到的任何东西都更靠近——这三个突变也使抗生素的作用能力得到部
分的恢复。这工作做得很慢，好像是守株待兔：你不得不等啊等啊，74
直等到你遇到个很稀奇的二次突变。

我一直在想方设法如何让抗生素更经常地突变，如何更快地侦

察到突变；但是，我还没赶上掌握一种好技术，夏天完了，而我也不想继续研究这问题了。

可是，我的休假年来了，因此我打算继续在这个生物学实验室工作，但研究另外一个题目。我和马特·梅瑟尔森（Matt Meselson）工作了一阵子，然后从英国来了个挺不错的伙计，叫史密斯（J. D. Smith）。这课题和核糖体[6]有关。核糖体是细胞里的"机器"，它用我们现在叫作信使RNA的那种东西来制造蛋白质。用放射性物质，我们可以证明RNA能够从核糖体中出来，也能回去。

我小心翼翼地测量和控制一切，但花费了我8个月的时间，我才意识到有一个步骤做得毛糙了。在准备细菌的时候，要把核糖体从细菌里弄出去，在那年头细菌是依附在氧化铝上在研钵里研磨的。除了研钵，别的东西都是化学的，都在控制之下；但是，在你研磨细菌的时候，你无论如何也不可能两次完全重复研杵的动作。因此，这种试验弄不出什么结果。

我想我一定要讲讲那次我和希尔迪噶德·兰姆弗罗姆（Hildegarde Lamfrom），想发现豌豆是不是也和细菌一样能利用核糖体。问题是：细菌的核糖体，是否可以制造人类或者其他生物体的蛋白质。她刚刚搞出了一个方法，能从豌豆中提取出核糖体，并且给豌豆核糖体信使RNA，这样豌豆核糖体就会制造豌豆的蛋白质。我们意识到了一个非常具有戏剧性和重要性的问题，即如果我们把豌豆的信使RNA给细

6　一种微小的圆形的由RNA及蛋白质构成的微粒，发现于活细胞的细胞质中，且活跃于蛋白质的合成中。

菌的核糖体，那么这个细菌的核糖体会制造豌豆蛋白质还是细菌蛋白质。那将是一个非常具有戏剧性和根本性的实验。

希尔迪噶德说：“我需要大量细菌核糖体。”

梅瑟尔森和我从大肠杆菌提取了大量核糖体，好用来做其他实验。我说：“该死，我会把我们弄到的核糖体给你的。我们有的是，在我实验室的冰箱里。”

如果我是一个很棒的生物学家，那将会是一个令人叫绝的大发 75
现。但我不是个很棒的生物学家。我们想法很棒，实验很棒，设备合用，但我把事情弄得一团糟：我给她的是被感染了的核糖体——在那种实验中，那是你可能犯的最低级的错误。我的核糖体在冰箱里放了差不多一个月，被某种别的生物体污染了。假如我重新赶紧准备好核糖体，交给她的时候，当心点儿、小心点儿，把什么事情都控制好，那个实验是会有结果的，我们也会第一个发现生命一致性（uniformity）：制造蛋白质的机器，即核糖体，在每个生物中都是相同的。我们站的位置没错儿，我们做的事儿没错儿，但是我做事儿像个外行——愚蠢不堪、邋里邋遢。

你知道这让我想起了什么事儿？福楼拜书里的包法利夫人的老公，一个蠢笨的乡村郎中，冒出个念头，要给人家治歪脚，他的搞法不过是拿着大伙儿穷折腾。我和这位缺乏训练的医生，差不多。

和抗生素有关的另外一个工作，我从来也没写下来——埃德加一直要求我写下来，可我就是没腾出工夫考虑。你不在自己的领域里，就有这毛病：你不把它当回事儿。

我倒也马马虎虎地写了个东西。我把它寄给了埃德加。他读的时候，笑得喷茶。那东西没按照生物学家的套路来写——首先是，程序，如此等等。我花费了大量时间来解释所有生物学家都知道的事情。埃德加搞了个缩写本，我却看不懂了。我想他们没把它发表。我可从来没直接那样发表。

华生认为我用抗生素搞的那些东西，有点儿意思，所以他邀请我到了哈佛。我给生物系讲了个话，谈的是二次突变发生得那么靠近。我告诉他们，我的猜测，是一个突变在蛋白质里造成了变化，比方说，改变了氨基酸的pH，而另外一个突变在同一个蛋白质分子里的氨基酸那里制造了一个相反的变化，因此它部分地平衡了第一个突变——平衡得不太完美，但足以使抗生素重新运作起来。我认为那是在同一个蛋白质分子里的两个变化，它们在化学上互相抵消了。

结果证明不是这么回事儿。几年后，毫无疑问，有人搞出了一种
76 技术，能更快地制造突变和侦察到突变，他们发现，第一个突变是这样一个突变：其中的DNA碱基全部丢失了。这样，“密码”移位了，再也不能被“识别”。在第二个突变当中，或者是一个额外的碱基被放回去了，或者是又有两个碱基给弄出去了。现在，密码又能识别了。第二个突变发生得离第一个突变越近，被这种二次突变改变的信息就越少，抗生素一度失去的能力就恢复得越完全。每个氨基酸分子，要由三个“字母”来编码，这个事实于是昭然若揭。

我在哈佛的那个星期，华生提起了个什么事情，我们就一起做了几天的实验。那实验没做完，但我从世界上最棒的人那里，学到了一些新的实验技巧。

但那可是我了不得的时刻：我给哈佛的生物系上了一课！我总是这么干，一头扎在什么东西里，看看我能走得多远。

我学到了许多生物学的东西，得到了许多经验。生物学术语的发

音发得准了一点儿，知道在论文里和讨论会上不能什么都说，还察觉到了实验里的一个技巧上的弱点。但我爱物理学，我愿意重新投身到物理学当中去。

77 魔鬼头脑

我在普林斯顿大学读研究生的时候，在约翰·惠勒手下做研究助手。他要我解决个问题，这问题难了，我毫无进展。因此，我想起了我早先在麻省理工学院就有的一个想法。这想法是：电子不对自己发生作用，只对其他电子发生作用。

有这么个问题：在你振动一个电子的时候，它就辐射出能量，于是它就失去了一点儿能量。这意味着一定有一个力作用于它。当这个电子带电荷的时候，和它不带电荷的时候，那个力必定是不同的。（如果电子在带电荷和不带电荷的时候，力是严格一样的，在一个情形中它失去能量，而在另一个情形中不失去能量。你对同一个问题，不能有两个不同的答案。）

标准理论是这样：电子依靠自己活动，这才产生了那个力（所谓辐射反应力），但我看到的是，电子只有依靠别的电子才活动。因此，当时我意识到，我麻烦了。（我在麻省理工学院的时候，就有了这个想法，但没意识到这个问题；到我在普林斯顿的时候，我知道了这个问题。）

我想的东西是这样：我将振动这个电子。它将使附近的某个电子也振动，从附近某个电子返回来的效应，或许就是辐射反应力的来源吧。因此我做了一些计算，把结果送给了惠勒。

惠勒立刻就说，“呵，那不对，因为，你的意思是，它与其他电子之间的距离的平方成反比；然而，它完全不应该决定于这些变量中的任何变量。照你那么说，它还与其他电子的质量成反比呢；它还与其他电子的电荷成正比呢。” 78

让我闹心的是，我以为他想必一定做过这个计算。只是后来我才知道，像惠勒这样一个人，你一把那个问题给他，他一眼就能看明白所有的东西。我必得计算，可他看看就明白。

然后，他说，“它将会被延迟——波返回得晚——所以，你说的这些，不过是反射光而已。”

“哦！当然。”我说。

“可是，等一下，”他说，“让我们假定反射光是以超前波（及时返回来的反作用力）的方式返回来的，因此它就会立刻返回。我们已经知道，这种效应与距离的平方成反比；但是，假定有许多电子，都在空间当中：其数量与距离的平方成正比。因此，也许我们能够把它整个都抵消了。”

我们发现我们的确能那么做。结果非常好，正如所料。这是一种也许正确的经典理论，尽管它和麦克斯韦[1]或者洛伦兹[2]的标准理论不同。它没有电子自作用论的那种无限性的麻烦，它很巧妙。它有作用和延迟，有时间上的向前和退后——我们把它叫作“半超前与半延

---

1 詹姆斯·克拉克·麦克斯韦（James Clerk Maxwell，1831—1879），英国物理学家，以对光和电磁波之间的关系研究以及对气体分子运动论的创立而闻名。他的研究导致了20世纪几项重要的物理学发展，其中包括爱因斯坦的狭义相对论和量子论。

2 亨德里克·洛伦兹（Hendrick A. Lorentz，1853—1928），荷兰物理学家，1902年诺贝尔物理学奖得主。

迟势位”。

惠勒和我想，下一个问题将转到关于电动力学的量子论上，这个理论（我想）和电子的自作用有麻烦。我们盘算着，如果我们能够先把经典物理学中的这个麻烦消除掉，然后从中搞出一个量子论，我们也能同样把量子论弄妥当。

既然我们已经把经典理论搞妥帖了，惠勒说，“费曼，你是个年轻的伙计——你应该为此开一个讨论会。在讲话方面，你是需要经验的。我也会解决量子论的部分，晚些时候，我也开一个讨论会。”

那是我第一次发表专业讲话，惠勒和尤金·魏格纳[3]做了安排，把这个讨论会加在了例行的讨论会计划中。

在讲话前的一两天，我在餐厅里见到了魏格纳。“费曼，”他说，“我想你和惠勒的工作很有意思，因此我已经邀请了罗素来参加讨论会。”亨利·诺里斯·罗素[4]，当时著名的大天文学家，来参加讲座！

79 魏格纳继续说：“我想冯·诺伊曼教授，也有兴趣。”约翰·冯·诺伊曼[5]

3 尤金·保罗·魏格纳（Eugene Paul Wigner，1902—1995），出生于匈牙利布达佩斯的美国物理学家，以其对原子核结构的阐述以及关于质子和中子性质的量子力学理论，而与人共同获得1963年诺贝尔物理学奖。1930年开始在普林斯顿大学工作。他对核反应堆的发展卓有贡献。

4 亨利·诺里斯·罗素（Henry Norris Russell，1877—1957），美国天文学家，以对星体演化的研究而闻名，1900年在普林斯顿大学获得博士学位，1905—1947年任普林斯顿大学天文台台长。

5 约翰·冯·诺伊曼（John Von Neumann，1903—1957），出生于匈牙利的美国数学家，他开创了博弈论这个数学分支。1930年进入普林斯顿大学。在第二次世界大战期间，他是原子弹计划的顾问。

在哪儿都是最伟大的数学家。“另外，泡利[6]教授眼下从瑞士到这儿访问，事儿凑巧了，所以我也邀请了泡利教授过来。”——泡利是一位非常有名的物理学家——到了这个时候，我脸都黄了。最后，魏格纳说：“只是爱因斯坦[7]教授难得光临我们每周一次的讨论会，但你的工作太有意思了，我也特别请了他，所以他也过来了。”

到了这个时候，我脸都绿了，因为魏格纳说：“别，别！别担心！但我只是想警告你：如果罗素教授睡着了——他肯定会睡着的——那不意味着这个讨论会很糟糕；他开什么讨论会都睡觉。另一方面，如果泡利教授不停地点头，好像从头到尾都对这个讨论会表示首肯似的，你也不必得意。泡利教授点头，是因为他有肌肉麻痹症。”

我回到惠勒教授那儿，一五一十地把这些有名的大人物数给他听，他们都来参加他让我弄的这个讲话，告诉他我六神无主了。

“没什么大不了的，”他说，“别担心。所有的问题，都由我来回答。”

于是我就准备着讲话，等那天来了的时候，我走进去，做了某种没有讲话经验的年轻人经常做的事儿——我在黑板上写了太多的方程式。你瞧，人年轻啊，话都不知道怎么说了：“当然，那个是反比，这个是这么搞的……”因为在座诸位都已经知道这些；他们一看就

6　沃尔夫冈·泡利（Wolfgang Pauli，1900—1958），奥地利物理学家，1945年的诺贝尔物理学奖得主。他以对量子力学的“不相容原理”的定义而闻名。他多次做过普林斯顿大学“高等研究所”的客座教授。

7　阿尔伯特·爱因斯坦（Albert Einstein，1879—1955），德裔美国理论物理学家，他创立的狭义和广义相对论使现代关于时间和空间性质的观念发生突破性进展并给原子能的利用提供了理论基础。他以对光电效应的解释获1921年诺贝尔物理学奖。希特勒执政后，他到了美国普林斯顿大学高等研究院工作。

明白。但是，他却不明白。他实际上只能正儿八经地通过搞这些个代数计算来弄出结果——因此，就这么一片方程式。

正当我提前把这些方程式写得满黑板都是的时候，爱因斯坦进来了，兴味儿十足地说："哈喽，我参加你们的讨论会来了。可首先，这茶在哪儿啊？"

我告诉他茶在哪儿，接着继续写方程式。

然后，讲话的时间到了，就在这里，这些魔鬼头脑就在我面前，等着呢！我的第一次技术性讲话，就有这么一帮子听众！我的意思是，他们会把我压到榨汁机里！我记得很清楚，当他们从牛皮纸信封里把我的稿子拿出来的时候，我看到我的双手在哆嗦呢。

可是，有个奇迹发生了；在我一生中，这种奇迹一而再地发生。对我来说，太幸运了：从我开始思考物理学的那一刻起，我不得不把精神集中在我正在解释的东西上面，我脑子里什么杂念也没有
80 了——我完全对神经兮兮产生了免疫力。因此，在我发动起来之后，我简直不知道在这屋子里的都是谁。我只是在解释这个想法，没别的。

但是，在讨论会的末尾，提问的时候到了。泡利，他挨着爱因斯坦坐着，立刻站起来说："我银为这嘎理论不可能对，银为这噶、这噶，还有这噶，"他转向爱因斯坦说，"你同意吗，爱因斯坦教授？"

爱因斯坦说："不——同——意。"和和气气的，德国味儿的"不同意"，很礼貌的。"我只是发现，要为引力相互作用搞出一种相应的理论，会是很困难的。"他说的引力相互作用，意思是他的广义相对论，那是他的小宝宝。他继续说："因为，到目前为止，我们还没有太多的实验证据，我对正确的引力理论，还没有绝对的把握。"爱因斯坦坦然承认，事情或许会和他的理论所说的不同；他对别的观念

很宽容。

我希望我能记得泡利说了什么，因为，若干年后，我发现，当这个理论用来建立量子论的时候，它不能令人满意。可能是这样：这个大腕儿立刻就注意到了麻烦所在，接着就为我解释成问题的东西，但我不必回答问题，这使我大大松了一口气，以至于我没有仔细听他们说什么。我确实记得我和泡利一起走上了帕尔默图书馆（Palmer Library）的台阶，他对我说："到惠勒演讲的时候，关于量子论，他会说些什么呢？"

我说："我不知道。他没告诉我。他单打独斗。"

"哦？"他说，"这人干活儿却不告诉助手，他在为量子论搞些什么？"他走近一点儿，用低沉而神秘的声音说，"惠勒永远不会开那个讨论会的。"

他说准了。惠勒没开那个讨论会。他认为，把量子的部分搞出来，应该是容易的；他认为自己几乎把它搞出来了。但他没有。到讨论会该开了的时候，他意识到他不知道怎么弄了，因此没啥可说。

我也没解决这个问题——一种关于半超前与半延迟势位的量子论——我为此工作了好几年。

81 搅和油漆

为什么我说自己“没教养”或者“反知识分子”，其原因或许一直可以追溯到我上中学的时候。我一直担心自己娘娘腔，我不想让自己太娇气。在我看来，真正的男人不会在诗之类的东西上费心思。诗是怎么写成的——这个，从来没往我心里去！因此，我对那些研究“法国文学”的家伙，或者研究音乐和诗研究得过分了的家伙，起了一种消极的态度——那都是些“异想天开”的东西嘛。我更羡慕炼钢工人、焊工或者机修工。我总认为那些在机修厂里干活儿的，能造出东西来的家伙，他才是真正的家伙！那是我的态度。在我看来，做一个务实的人，不知怎么，总是一种正面的优点；“有教养”或者“知识分子”就不是了。前者是对的，当然对；但是，后者，都是些疯子。

我在普林斯顿读研究生时，还有这种感觉，等会儿你就会看到。我常常在一家叫“爸爸的地方”的漂亮的小饭馆吃饭。有一天，我正在那儿吃着饭，一个油漆工穿着工装，从楼上他干活儿的房间里下来，在我近旁坐下来。不知怎么，我们就谈了起来。他开始聊干油漆这行，“你有好些东西要学。比方说，”他说，“在这个饭店里，要是你来干这个活儿，你用什么颜色漆墙面？”

我说我不知道，他就说：“你得在这么高的地方，留出深色的墙
82 围子，因为，你瞧，守着桌子坐在那儿的那些人，胳膊肘擦着墙，所以你不想那里的墙面白白净净的。那儿太容易脏了。可从那儿往上，

你确实希望它是白的，给人一种饭店里干净的感觉。”

这家伙似乎懂行，我坐在那儿，琢磨着他的话，他说：“你还得知道颜色的事儿——当你把油漆搅和起来的时候，怎么得到不同的颜色？比方说，要得到黄色的，你需要把什么不同颜色的油漆搅和起来？”

把不同颜色的油漆搅和起来，得到黄色的，这个我不知道。要说光的话，你把绿光和红光混起来就成，但我知道他说的是油漆。所以我说，“要是不用黄的，我不知道你怎么搞出黄的。”

“是这样，”他说，“你把红的和白的搅和到一块儿，就是黄的。”

“拿得准你说的不是粉红的？”

“不是，”他说，“是黄的。”——我相信他会弄成黄的，因为他是个专业的油漆工，而我一贯佩服像他那样的家伙。但我还是纳闷他是怎么弄成的。

我有了个想法。“那一定是某种化学变化。你用过什么特别的能发生化学变化的色料吗？”

“没用过，”他说，“任何老式的色料都管用。你到杂货店去弄些油漆来——只要平常的一罐儿红油漆和平常的一罐儿白油漆——我会把它们搅和起来，我让你瞧瞧怎么得到黄油漆。”

到这节骨眼儿上，我就想了：“什么玩意儿发疯了。油漆，我知道得不少，知道弄不出黄的来，但他一定知道你一定会弄出黄的，因此有意思的事情来了。我一定得看个究竟！”于是我说：“得，我去弄油漆。”

油漆工上楼去了，好干完他的活儿。饭店老板过来对我说：“你憋着个什么心眼儿，要跟那人吵？那人是个油漆工；他干了一辈子的油漆工，他说他能弄成黄的。那你跟他吵吵个什么劲哪？”

我觉得尴尬了。我不知道说什么好，最后我说："我一辈子，一直在研究光。我认为，用红的和白的，你弄不成黄的——你只能弄到粉红的。"

于是我去了杂货店，弄来了油漆，拿到饭店来。油漆工从楼上下来，饭店老板也凑过来。我把油漆罐儿放在一把旧椅子上，油漆工开始搅和油漆。他加一点儿红的，再加点儿白的——在我看来，还是
83 粉红的——他又搅和了更多的。然后，他嘟嘟囔囔地说了这么一种意思，"我通常是加一小管儿黄油漆，为了把颜色提亮些——那样就会是黄的。"

"啊！"我说，"那当然！你加了黄的啊，所以你能搞成黄的；但是，没黄的，你就搞不来了。"

油漆工回到楼上，干活儿去了。

饭店老板说："那小子真有胆子哈，敢跟一个研究了一辈子光的家伙吵吵！"

但是这件事儿，表明我是多么信任那些"真正的家伙"。那个油漆工跟我说了那么多，听来蛮有道理；我呢，很愿意逮着个机会看看我有所不知的一个怪现象。我指望看到的是粉红，但我的思想状态是："这个只此一家的弄到黄油漆的办法，想必是个有意思的新鲜事儿，我必得看个究竟。"

我在我的物理学中，经常出错儿，那是因为我以为某个理论实际上不那么好，以为有许多复杂情况会毁了这个理论——什么事儿都可能发生，就是这么一种态度，尽管你蛮有把握什么事儿才是应该发生的。

别具一格的工具箱

84

普林斯顿的研究生院，物理系和数学系共用一个休息室，每天四点钟，我们都来喝茶。那是下午放松的一种方式，姑且不提这是模仿英国的大学。大家坐着下围棋，或者讨论定理。那时候，拓扑学闹得正欢。

我仍然记得有个家伙坐在沙发上，冥思苦想呢，另一个家伙站在他面前，说："因此，这个这个是正确的。"

"为什么是那样？"沙发上的那家伙问。

"不足挂齿！不足挂齿！"站着的家伙说，奋笔疾书了一套逻辑推导步骤："首先，你设如此这般，于是我们有基尔霍夫（Kirchhoff）的这个那个，然后有沃芬斯多弗（Waffenstoffer）定理，于是我们代入这个并建立那个。现在你把这个转动的矢量放在这儿，于是如此这般……"沙发上的那家伙苦苦挣扎着要理解所有这些东西，就这么高速折腾了差不多15分钟！

最后，站着的那家伙，从另一头儿推演了一遍，沙发上的那家伙说："敢情，敢情，是不足挂齿啊！"

我们这些物理学家在笑，想猜出他们在搞什么名堂。我们断定"不足挂齿"意思是"已经得到了证明"。因此我们和数学家们开玩笑："我们有了一个新定理——数学家只能证明那些不足挂齿的定理，因为每一个已经得到证明的定理都是不足挂齿的。"

数学家们不喜欢这个定理，而我就拿这个来逗他们。我说，没什
85 么令人惊讶的——数学家只证明那些明摆着的事情。

对数学家而言，拓扑学完全不是明摆着的。有各种各样的奇异的可能性，是“反直觉的”。于是我有了一个念头。我向他们提出挑战：“我敢打赌，你连一个定理都说不出来——请用我能明白的措辞来说，你说的那些假定是什么，你说的那个定理是什么——而我却不能马上告诉你它是对的还是错的。”

事情经常弄成这样：他们想跟我解释什么，“你有了一个橘子，对吧？现在，你把这个橘子切成有限数量的许多块儿，你再把这些块儿摆回去凑在一起，它就跟太阳一样大。对还是错？”

“中间没空当儿？”

“没空当儿。”

“那就不可能了！纯粹异想天开嘛。”

“哈！我们可逮着他了！大伙儿都凑近来！那就是‘不可测量’定理啊！”

正当他们以为逮着我的时候，我提醒他们，“但是，你说的是橘子！你不可能把橘子片儿切得比原子还薄。”

“但是，我们有连续性这个前提条件啊：我们可以切个不停！”

“切不得的，你说的是橘子嘛，因此我还当你说的是真正的橘子呢。”

因此，赢家总是我。如果我猜对了，伟大。如果我猜错了，我也总能找到他们忽略了的简单化处理方法。

实际上，我的那些猜测，是有一定量的货真价实的东西的。我有个方法，我至今还在用，当有人跟我解释某个我想理解的东西的时

候，我就不停地提出例子。比方说，数学家们将要把一个棒极了的定理弄出来了，大家都很兴奋。当他们告诉我这定理的条件时，我就构想出一个符合所有这些条件的什么玩意儿来。你知道，他们说一个集合的时候（我就想到一个球儿）——他们说两个不相交的集合的时候（我就想到两个球儿）。在他们提出更多的附加条件的时候，球儿就出来颜色了，就长毛了，就怎么怎么的了。最后，他们开始发布那个定理了，我说："不对啊！"因为这个定理不适用于我那个长毛的绿球儿。

如果是对的，他们就欢呼雀跃，我就让他们先高兴一阵子。然后呢，我就提出我的反例。

"哦，我们忘了告诉你，那是豪斯多夫第二类同态。" 86

"哦，那样的话，"我说，"它就不足挂齿！不足挂齿！"到那个时候，我知道了那是怎么回事，尽管我不知道豪斯多夫同态是个什么意思。

大多数时候，我猜得对；因为，尽管数学家们认为他们的拓扑学定理是反直觉的，但那些定理不像他们以为的那样难。对于这种超细致的切割营生的那些好玩儿的属性，你是会习惯的；它的结果会是怎样的，你也能猜个八九不离十。

尽管我找了数学家许多麻烦，他们对我还是很和气的。他们是一群在一起搞东西的男孩儿，而且对自己搞的玩意儿兴奋不已。如果你问他们个简单的问题，他们就会讨论起他们那些"不足挂齿"的定理，也总是想为你解释清楚。

保罗·奥拉姆（Paul Olum）和我共用一个洗澡间。我们成了好朋友，他想教我数学。他教我"同伦群"，到那份儿上我就作罢了。但在那个水平之下的东西，我都学得相当好。

有一个东西，我怎么也没学会，就是路径积分法。我中学的老师贝德（Bader）先生给过我一本书，我从这书上学会了用各种不同方法来计算积分。

有一天下课后，他让我等一下。“费曼，”他说，“你话也太多了，聒噪个没完。我知道为什么。你觉得乏味。因此，我会给你一本书，你到后边那儿去，待在角落里，研究这书，等你把这书里的全部东西都吃透了，你还可以说话。”

因此，在每一堂物理课上，对帕斯卡定律是怎么个事情，或者无论他们在干什么，我一概漠不关心。我在后头捧着这本《高等微积分学》，伍德斯（Woods）写的。贝德知道我多少研究过《实干家的微积分》这本书，所以他把真正的著作给了我——那是大学低年级或高年级上课用的。里头有傅立叶级数、贝塞耳函数、行列式、椭圆函数——都是我不知道的一些好玩儿的东西。

这书也让我明白，怎么对积分符号内的参数求微分。后来我知道，大学里教这个东西教得不多；他们不重视这个。但我明白怎么用这个方法，而且我是翻来覆去地用这该死的方法。因此，因为我是自己学会了使用那本书，我也有自己独特的方法来解决积分问题。

87 结果是，麻省理工学院或者普林斯顿大学的那帮家伙在做某个积分题遇到了麻烦，那是因为他们不会用在中学学到的标准方法来解决问题。如果那应该用路径积分法，他们本该看得出来；如果那是一个简单的级数展开，他们本该看得出来。然后，我过来了，打算在积分符号内取微分，而这经常管用。因此，我做积分出了名，这仅仅是因为我的工具箱跟别人的不同；他们在试过了自己的全部工具之后，把问题给了我。

测心术 88

我爸爸一直对魔术和狂欢节上演的那些把戏感兴趣，想知道那是怎么弄的。他知道的一件事，是测心术。在他还是小孩的时候，是在长岛（Long Island）中间的一个叫帕查崮（Patchogue）的小镇子上长大的。到处都是海报，说下个星期三，有个测心术的要来。海报上说，几个有名望的市民——市长、一个法官，还有一个银行家——要把一张五块的票子藏在个什么地方。等那个测心术的一来，就能找到它。

他来的时候，大家都围拢过来，看他显本事。他一只手拉着法官，一只手拉着银行家，票子就是他俩藏的，开始沿着街道走下来。他到了一个十字路口，转过街角，走到了另一条街上，然后又走到另一条街上，进了该进的那个房子里。他是跟他俩一道儿走的，总拉着他俩的手，进了房子，上了二楼，进了那个该进的房间，走到一张办公桌前，撒开那两位的手，拉开该开的抽屉，五块的票子果然在此。神哈！

那年头，要受到好的教育，难了；因此，这个测心术士就被雇来当我爸爸的私塾先生。有一次下课的时候，我爸爸就问他，没人告诉他钱在哪儿，他是怎么把钱找到的。

测心术士是这么解释的：你拉着他们两人的手，松松垮垮地拉着，你走的时候，轻轻摇晃着。你到了个十字路口，你往哪儿去，往

89 左，还是往右。你往左稍微那么一摇晃，如果不对，你能感觉出那么一点儿抵触，因为他们没想到你会去那边儿。但是，当你往正确的方向上走的时候，因为他们认为你或许真能知道该往哪儿走，他们比较会顺水推舟，没什么抵触。因此，你必须总是稍微那么摇晃着点儿，试探着往哪边儿走看来最少抵触。

我爸爸把这故事讲给我听了，他说那还是需要不少的练习。他自己从来也没试过。

后来，我在普林斯顿大学读研究生，有个伙计名叫比尔·伍德沃德（Bill Woodward），我决定拿他来试试。我突然宣布我会测心术，能猜透他的心思。我告诉他到那个“实验室”里——一大间房子，里头有好几排桌子，桌子上满是各种各样的设备、电路、工具，到处都是垃圾——在什么地方，挑出一件什么东西，再出来。我跟他解释为什么让他干这个，“现在我测你的心，把你带到那物件那儿”。

他进了实验室，记下了一个特别的东西，然后出来了。我拉着他的手，开始摇晃。我们走过这条走道，再走过另一条，果真就走到了那东西那儿。我们试了三次。其中有一次，我找到了那个东西——它混在一大堆东西中间。另一次，地方我是去对了，但错过那东西才几寸——东西找错了。第三次，不知哪儿出毛病了。但是，总的说来，结果比我原来想的好。很容易的。

那次之后，当时我大约26岁，我爸爸和我去了亚特兰大市。那儿狂欢节在室外变戏法的，五花八门。我爸爸去办什么事儿了，我就去看一个玩测心术的。他坐在台子上，背对观众，穿着长袍，扎着穆斯林的那种大头巾。他有个助手，一个小个子家伙在观众中间跑来跑去，喊着类似这么一些话，“哦，大师，这个笔记本是什么颜色？”

“蓝色的！”大师说。

“啊，了不起啊先生，那么这位妇女叫什么名字啊？”

“玛丽！”

有个家伙站起来：“我叫什么名字？”

“亨利。”

我站起来说：“我叫什么名字？”

他没回答。那个家伙显然是个托儿，但我琢磨不透这个测心术士是怎么玩的另外一些把戏，像说出笔记本的颜色。他在大头巾下面戴 90
着耳机吗？

在我和我爸爸见面的时候，我把这个告诉了他。他说：“他们设计了一些暗号，但我不知道是什么暗号。咱们回去看个究竟。”

我们回到了那个地方，我爸爸对我说：“这里是五毛钱，你到那边算命摊子上算算命吧，半小时以后见面。”

我知道他要干什么。他要去给那个人讲个故事，要是他儿子不在那儿不停地“嚯！嚯！”，那会顺利些。他不得不把我打发到一边儿去。

他回来的时候，把暗号整个告诉了我：“蓝色是‘哦，大师’，绿色是‘哦，无所不知的人’，如此等等。”他解释说，“我到了他那儿，后来呢，告诉他我以前在帕查崮摆摊儿卖艺，我们也有一套暗号，但算不了那么大的数，能说的颜色也没那么多，我问他，‘你怎么能记得住这么多东西啊？’”

这位测心术士对自己的暗号很是自豪，坐下来，把他的那一整套对我爸爸一五一十地讲了个透彻。我爸爸就有这个本事，我可不行。

91 业余科学家

小时候我有一个“实验室”。我说那是个实验室，意思不是说我用它测定什么。我倒拿它来玩儿：我造了一台发电机，造了一个小机器，在什么东西走过光电池的时候，它能转起来。我还拿着硒到处玩儿：我一天到晚东游西荡。我为那个电灯排做了点儿计算，这个电灯排是一串开关和灯泡，我用来当作电阻，好控制电压。但那都是为了某种用处。我从来没做过实验室的那种实验。

我有一架显微镜，爱观察显微镜底下的东西。那是需要耐心的：我会把什么东西放在显微镜下，然后隔一阵子去看一次。跟别人一样，我看到过许多有意思的东西——一个硅藻慢慢地走过玻璃片儿，等等。

有一天我在观察一个草履虫，我看到了我学校里的课本上没讲到的东西——甚至大学的课本也没讲到。那些书总是把事情简化了，好让这个世界更像它们希望的那样：当那些书讲动物的行为时，开头总是这样，“草履虫极其简单；它的行为很简单。当它拖鞋似的在水里动起来的时候，它就转，直到它碰上个什么东西，那时它就蜷缩起来，转开一个角度，然后又开始动”。

这实际上是不对的。首先，人人都知道，草履虫有时互相交配——它们凑在一块儿，交换细胞核。它们怎么决定什么时候做这个？（没关系：那不是我观察到的东西。）

我观察到这些草履虫碰到个什么东西，蜷缩，转过一个角度，然后又走。说它是机械的，像个计算机程序，这想法不对——它看起来不是那样。它们走的距离不同，它们蜷缩的距离不同，它们在各种情况下转过的角度不同；它们不是总朝右转；它们很不规律。它看起来是随机的，那是因为你不知道它碰上了什么东西；你不知道它们闻到了什么化学物质，或者别的什么。 92

我想观察的事情当中，有一件是在水干掉的时候，它们会怎样。有人声称，草履虫会干得像一粒变硬的种子。我在我的显微镜的载玻片上滴了一滴水，在这滴水中是一个草履虫，还有一些“草”——就与草履虫的比例而言，看起来好像是一堆挑棍儿游戏[1]。随着这滴水的蒸发，这需要15~20分钟，草履虫的处境越来越紧巴：前前后后的动作越来越多，直到它几乎动不得。它被卡在那些“棍儿”中间，几乎黏住了。

接着，我看到了某种以前没看到也没听说的事儿：草履虫失去了它的形状。它能自己伸缩，像个阿米巴虫。它开始把自己朝一根棍儿推去，开始像叉子那样裂开，一直裂到自己身体中间，那个时候它断定那不是个很好的主意，就又撤了回来。

因此，这些动物给我的印象，是它们的行为在书里被简化得过分了。书上说，它们完全是机械的，或者单一的。那些书应该正确描述这些动物的行为。直到我们看到甚至一个单细胞动物的行为有那么

1　一种儿童游戏：比方说，把一盒火柴随意撒开，然后一次只挑起一根儿，其他的不可碰动。

多方面，我们是不可能完全理解更复杂的动物的行为的。

我还喜欢观察虫子。大约十三岁的时候，我有一本昆虫书。书上说，蜻蜓无害，不叮人。在我们的邻居中，大家都知道那些“缝衣针儿”，他们都这么叫蜻蜓，叮起人来是很危险的。因此，如果我们在外边什么地方玩棒球什么的，一只这种东西转着圈儿地飞，大家都会跑着藏起来，挥舞着胳膊，大喊大叫：“一个缝衣针儿！一个缝衣针
93 儿！”所以，有一天，我在海滩上，看的正是那本说蜻蜓不叮人的书。一个缝衣针儿过来了，大家叫着喊着，到处乱跑；我呢，就坐在那儿。“别担心！”我说，“缝衣针儿不叮人！”

这玩意儿落在我脚上。大家都在尖叫，乱成一团，因为这个缝衣针儿坐在我脚上。而我却坐在那儿，这个科学奇观，说它不会叮我。

你拿得准，这故事，到头来会说它叮了我——但它没叮。书上说得对。但我确实出了一点儿汗。

我还有一个小小的便携式显微镜。那是个玩具显微镜，我把目镜摘下来，拿在手里，跟拿着放大镜似的，尽管那是个40或50倍的放大镜。仔细点儿，你就能对准焦距。因此，我能在街上闲逛，一边还看东西。

我在普林斯顿研究生院的时候，有一次我把它从口袋里掏出来，看在常春藤上乱爬的蚂蚁。我不得不叫出声儿来，我太兴奋了。我看到的是一只蚂蚁和一个蚜虫。蚂蚁照顾着蚜虫——如果蚜虫待的那个植物死了，蚂蚁就把它们搬到别的植物上。作为回报，蚂蚁得到了被部分消化过的蚜虫汁儿，叫“蜜露”。我知道这个；我爸爸告诉过我，但我从来没看见过。

因此，这就是那个蚜虫了，而且再真实不过的是，一只蚂蚁过来

了，用脚拍拍它——绕着蚜虫转着圈儿地拍、拍、拍、拍、拍。这可是太令人兴奋了！接着，那汁儿就从蚜虫后窍出来了。因为那是放大了的，那汁儿看起来像是一个好大、好漂亮的、闪闪发光的球，跟气球似的，那是因为它表面有张力。因为这个显微镜不怎么好，由于镜片的色差而带上了一点儿颜色——那真是个漂亮的东西啊！

这蚂蚁用两只前脚捧着这个球，从蚜虫那儿举起来，然后抱着它。你可以把水举起来抱着，在这个尺度下看，这世界是如此不同！蚂蚁腿上多半有油性的物质，那样在它抱着水的时候，才不会把水表面戳破。然后，蚂蚁用嘴把这液滴的表面弄破，表面的张力塌陷了，那水珠儿就进了它肚子里。看到这整个事情这样发生，真是有意思啊！

在普林斯顿我的房间里，我有一个凸窗，窗台是U形的。一天，
一些蚂蚁在窗台上，在那里转悠着。我发生了好奇心：它们怎么发现 94
东西？我不明白，它们怎么知道往哪儿去？它们能跟蜜蜂似的相互转告食物在哪儿吗？它们有没有几何感？

这纯属业余：大家都知道这个答案，但我当时不知道这个答案，因此，我做的头一件事儿，是通过凸窗的U形窗台垂下一根线，线上系着一片折叠起来的硬纸板儿，硬纸板儿上有糖。这主意是把糖从蚂蚁那里隔离开，所以它们不会碰巧发现糖。我希望把一切都置于控制之下。

接着，我弄了许多小纸条儿，并且把纸条儿折一下，这样我就能把蚂蚁撮起来，把它们从一个地方摆渡到另一个地方。我把那些带折痕的纸条儿放在了两个地方：一些放在放了糖的纸板儿上（吊在线上呢），另一些纸条放在一个有蚂蚁的地方附近。我在那里坐了一下午，一边看书，一边观察，直到一只蚂蚁碰巧走上了那些小纸渡轮中的一

个。然后，我把它送到糖那儿。在几只蚂蚁被摆渡到了糖那儿之后，其中的一只碰巧走到了附近的一个渡轮上，我就把它摆渡回原来的地方。

我想看看，其他的蚂蚁需要多长时间，才能得到去“终点渡口”的信息。开始的时候很慢，但越来越快，最后我发了疯似地来回摆渡这些蚂蚁。

一切都按部就班地进行。正在这个时候，我突然不把蚂蚁摆渡到糖那儿，而是把它们发配到一个不同的地点。现在的问题是：蚂蚁学得会从哪儿来、回哪儿去吗？或者说，它能到它在以前的时间里到过的地方吗？

过了一阵子，实际上没有蚂蚁再到第一个地方了（有糖的那个地方），然而第二个地方那儿有许多蚂蚁，在那儿乱转，想找到糖。因此，到目前我琢磨出了它们确实是从哪儿来，还到哪儿去。

在另外一个实验里，我摆了许许多多显微镜的载玻片，让蚂蚁踩着这些载玻片，熙来攘往地朝我放在窗台上的糖那儿奔。然后，用一个新的载玻片替换一个旧的载玻片，或者把原来那些载玻片重新摆
95 一下，我能以此表明，蚂蚁是没有什么几何感的：它们琢磨不透东西都有个地方。如果它们沿着一条路走到糖那儿，回来的时候有一条更短的路，它们总也琢磨不出有这么一条近便路。

通过重新摆放载玻片，另外一件事儿同样清楚：蚂蚁留下了某种痕迹。因此，我就做了许多容易做的实验，来发现那些痕迹需要多长时间干掉，能不能一擦就擦个干净，等等。我还发现，那些痕迹不能指示方向。如果我把一个蚂蚁撮到一张纸上，然后转啊转啊，再把它放回那痕迹上，它是不会知道自己正在背道而驰的，直到它遇到了另

一只蚂蚁才恍然大悟。（后来，在巴西，我注意到某种切叶蚁，就拿它们做同样的实验。走不几步，它们就说得上来自己是朝着食物走，还是南辕北辙——这想必是根据痕迹判断出来的，这个痕迹或许是一个气味儿序列：A，B，空格儿；A，B，空格儿，如此等等。）

我一度想让蚂蚁走圈儿，但我没有足够的耐心来设计这事儿。除 96
了缺乏耐心之外，我看不出这事儿办不到。

有一件事儿确实能把实验弄麻烦了，就是，你喘气喷在蚂蚁身上，会让它们慌不择路。那一定是个本能的事儿，好防着那些吃它们、骚扰它们的动物。是我呼吸的温度、湿度，还是气味儿打扰它们，这个我不知道；但我在摆渡蚂蚁的时候，总是憋着气，把头转到一边儿看，免得把实验搞乱了。

我迷惑不解的一个问题是，为什么蚂蚁痕迹看起来那么直、那么整齐。蚂蚁好像知道自己在干什么似的，好像有很好的几何感似的。然而，我做的实验，却意在表明它们的几何感是不管用的。

许多年后，我在加州理工学院，住在林阴街（Alameda Street）的一所小房子里，一些蚂蚁在澡盆上乱爬。我想："机会难得。"我把糖放在澡盆的另一边儿，在那儿坐了一下午，才有一只蚂蚁终于发现了糖。这仅仅是一个有没有耐心的问题。

蚂蚁一发现糖，我就拿起早就准备好的彩色铅笔（我以前做过的实验，表明蚂蚁对铅笔画的道道儿并不反感——它们就在铅笔道道儿上走——所以我知道我没弄乱任何东西），蚂蚁在前头走，我就在它后头画线，这样我就说得上来它的痕迹在哪儿。这蚂蚁走了一些冤枉路，这才回到洞里，因此我画的线就七扭八拐的，不像常见的蚂蚁痕迹。

当第二只蚂蚁找到糖并且开始往回奔的时候，我用另一种颜色的铅笔画它的痕迹。（顺便说一句，它是循着第一只蚂蚁的返程痕迹走的，而不是循着它自己的来路。我的理论是，当一只蚂蚁发现了食物的时候，它留下的痕迹，要比它仅仅是瞎转悠时留下的痕迹强烈得多。）

这第二只蚂蚁急匆匆的，在很大程度上循着本来的痕迹。因为它走得太快，走得很率直，好像是顺坡儿下路似的，哪管早先的痕迹七扭八拐。经常地，在这只蚂蚁“顺坡下路”的时候，它是会再次发现痕迹的。已经清楚的是，这第二只蚂蚁的返程稍微直一些。更多的蚂蚁，急匆匆地，漫不经心地“循路前进”，对这痕迹的同样的“改进”就发生了。

我在8~10只蚂蚁的后头用铅笔画线，最后沿着澡盆边儿画成了一条整齐的线。这跟画素描似的：你先画一条毛毛糙糙的线；然后你描啊描啊，过一阵子，它就成了一条整整齐齐的线。

我记得小时候我爸爸就告诉我，蚂蚁是多么神妙，它们是怎么合作的。我仔细观察过三四只蚂蚁把一小块巧克力往窝里搬。乍一看，那种合作好像颇为高效、奇妙而令人称道。但是，如果看得仔细些，你会看到全然不是这么回事儿：它们那做派，就好像巧克力不在自己人手里似的。它们朝这边儿拉，向那边儿拽。晃荡，踌躇，方向全乱了套。巧克力呢，并没沿着一条近便的路向窝那边儿移动。

巴西的切叶蚁却非常不可思议，它们有一种怪有意思的蠢劲儿，我很惊讶这种蠢劲儿为什么没进化好。这种蚂蚁要花费相当的工夫，才能切一道圆弧，为的是切下一块叶子。切割工作完成之后，蚂蚁有五成机会去拖没被切掉的一边，无可奈何地看着刚刚切好的叶块掉在了地上。有一半的时间，蚂蚁是在叶子没被切掉的一边拽啊拉啊拽啊拉啊，最后作罢了，开始去另外切一块。没有一只蚂蚁打算去拿早先切好的叶块，别的蚂蚁也不去拣别人切掉的叶块。因此，事情很明显，如果你看得仔细的话，切割，然后把叶块搬走，这活儿做得不地道；它们走到叶子那儿去，切一个弧线，一半时候是拖错误的一边， 97
本该拖的叶块，掉下去了。

在普林斯顿大学，蚂蚁发现了我的食品柜。里头放着我的果酱、面包和菜什么的。这柜子离窗户距离相当远。一长串儿蚂蚁，横穿客厅的地板，兼程行军。那时我正在做关于蚂蚁的这些实验，因此我心里想：“我怎么才能阻止它们到我的柜子那儿去，却不杀死任何蚂蚁？不准放毒；你对蚂蚁也得讲人道不是！”

我的搞法是这样：在准备阶段，我把一丁点儿糖放在它们进入这房间后六七寸的地方，这个它们不知道。然后呢，我又干起了摆渡的营生，每当有一只蚂蚁带着吃的往回赶却误上了我的渡船的时候，我就带它一程，把它放到糖上。任何往我的柜子那儿去却误上了渡船的蚂蚁，我也把它带到糖那儿。最后，蚂蚁们发现了从糖到窝的道儿，因此这条新痕迹得到了双倍的强化；老痕迹呢，越来越没人用了。我知道，半小时之后，老痕迹就干了，一小时之内，它们就离开我的食品柜。我没洗地板；除了摆渡蚂蚁，我什么也没做。

第 3 部分　费曼，炸弹和军队

嘶嘶的信管

战争在欧洲开始了，美国还没宣战，那时就起了许多议论，说是要准备打仗，要爱国。报纸上有大块儿的文章，说商人们自告奋勇，到了纽约州东北的普拉茨堡（Plattsburg），去接受军事训练什么的。

我开始想了，我也该做点儿什么贡献啊。我在麻省理工学院完成了学业之后，我兄弟会里的一个朋友，在“陆军信号团”的毛里斯·迈耶（Maurice Meyer），就带我去见在纽约的信号团部的那位团长。

“长官，我愿意为国家出力，因为我有技术头脑，或许有我帮得上忙的地方。”

“那个，你最好直接去普拉茨堡的新兵营，去接受基本训练，然后呢，我们才能用你。”团长说。

“可是，有没有什么更直接的法子，来用用我的本事啊？”

“没有；军队嘛，就是这么组织的。按部就班地来吧。”

我到了外边儿，坐在公园里想这事儿。我想啊想啊：做贡献的最好办法，或许还是得按照他们的路子来。可是，幸运的是，我又动了点儿脑子，说：“见它的鬼去！我还是等等吧。或许会发生点什么事儿，到时候他们就能更有效地用我。”

我到普林斯顿读研究生去，春天的时候，我又去了趟在纽约的贝尔实验室，想为暑假找份工作。我喜欢到贝尔实验室去。比尔·肖克

利，就是发明晶体管的那家伙，带我到处看。我记得有个人的房间，
100 他们在那窗玻璃上画了些道道：乔治·华盛顿大桥正在施工，那些家伙在实验室里看它。在主钢缆吊起来的时候，他们把主钢缆的曲线描在了窗玻璃上；到大桥悬挂在主钢缆上的时候，它就变成了一条抛物线，他们就能测量出一些小小的变化。这种事儿，就是我想干的。真羡慕这帮家伙；我总在希望，有朝一日能和他们一道干活儿。

实验室的几个家伙，把我弄到一个海鲜馆吃午饭。有牡蛎，大家都眉开眼笑。我住在海边，可这种东西，我都懒得睁眼看；我不吃鱼；牡蛎，更甭提了。

我心里说："我得勇敢点儿。我一定得吃个牡蛎。"

我吃了一个牡蛎，这东西绝对恐怖。但我对自己说："这并不足以证明你是条汉子。你原本并不知道它有多么恐怖。在它是什么味儿还不清楚的时候，吃它就不算是顶难的事儿。"

别人一直在吵吵牡蛎有多么美，我于是又吃了一个，实在比第一个更难以下咽。

这次，一定是我第四或第五次到贝尔实验室来，他们接纳了我。我非常高兴。那年头，要找到个工作，和别的科学家在一块儿，难了。

但是，那时普林斯顿大学，有个激动人心的大事。从军队来的特雷彻尔（Trichel）将军，给我们讲话："我们一定要有物理学家！物理学家，对我们这些在军队里的人来说，是很重要的！我们需要三个物理学家！"

你一定得明白，那年头，大家不怎么知道物理学家是个什么东西。比方说，爱因斯坦以数学家知名——有人需要物理学家，这事儿透着稀奇。我想："这是我做贡献的机会啊。"我就志愿去为军队工

作了。

我问了贝尔实验室，他们让不让我在夏天为军队工作，他们说，他们也有战时的工作，何必舍近求远。但我被爱国狂热冲昏了头，失去了这个好机会。在贝尔实验室工作，那要聪明得多。但人在那个时候，都有点儿傻。

我去了位于费城的法兰克福兵工厂（Frankford Arsenal），在一头恐龙身上工作：那是一台用来为炮兵定向的机械计算机。每当有一群 101
飞机飞过，炮手会用望远镜观察，这个机械计算机，装着些齿轮和凸轮什么的，能预言飞机会往哪儿飞。这机器的设计和建造，都是顶漂亮的。其中重要的主意之一，是非圆齿轮——齿轮不是圆的，但无论如何还能互相啮合。因为齿轮的半径是变的，所以一个轴转，就能对另一个轴产生作用。然而，这机器已经英雄迟暮了，那之后不久，电子计算机应运而生。

物理学家对军队有多么重要，说了这么一通之后，他们让我干的头一件事儿，是检查齿轮的设计图，看看数据对不对。这事儿做了好长时间。后来，渐渐地，负责这个部门的那家伙，看出我在别的事儿上能派上用场。随着夏天一天一天地过去，他跟我讨论事儿的时间越来越多。

法兰克福兵工厂有个机械工程师，老想设计个什么玩意儿，可是怎么也不能把事儿弄停当。有一次，他设计了一个满是齿轮的盒子，其中有一个直径20厘米的大齿轮，有六根轮柄。这伙计兴高采烈地说：“好了，老板，怎么样？怎么样？”

“蛮不错的！”老板回答，“你们该做的，是确定每条轮柄的过轴器，好让这齿轮转得起来！”这家伙设计的过轴器，却刚好卡在两个轮柄中间！

老板继续告诉我们，真有过轴器这么个东西（我还以为他一直在开玩笑呢）。在战争期间，德国人在水下一定深度弄了缆绳，上面挂着水雷；为了不让英国的扫雷艇扫到这个缆绳，德国人发明了这个东西。用这些过轴器，德国缆绳允许英国的缆绳滑过去，跟走过了一道旋转门儿似的。因此，在每个轮柄上装上过轴器，是可能的，但老板的意思，并不是让机工去弄得那么麻烦；那家伙倒是应该重新设计一下，把轴挪一挪。

军队时不时地派个中尉来检查事儿搞得怎么样。我们老板说，我们这是个民营单位，那个中尉比我们任何人地位都高。“什么事儿，也别告诉中尉，”他说，“一旦他明白我们在干什么，就会发号施令，
102 把事情搞乱。”

那时我正在设计一些东西，中尉从旁边走过的时候，我就假装我不明白我在做什么，我只是听人家吩咐而已。

“你在这儿干什么，费曼先生？”

“那个，我在以一些连续角度画一组直线，然后，人家让我照着这个表格，来测量到中心点的不同距离，然后再把……”

“好了，那是什么啊？”

“我猜是个凸轮。”实际上那东西是我设计的，但我演得就好像我是在亦步亦趋地按照别人的吩咐做活儿。

中尉在任何人那里都得不到信息，我们倒逍遥自在，用这台机械计算机工作，没有遇到任何干涉。

一天，中尉走过来，问了我们一个简单的问题：“假定观察员和炮手不在同一个位置——你们怎么处理这个事儿？”

我们吓了一跳。我们用的是极坐标，是用角度和半径距离，来设计这整个东西的。用X、Y坐标，对在别处的观察员来说，是容易矫正错误的。那仅仅是个加减法的问题。但是用极坐标的话，那就一团乱麻了！

这个中尉，我们一直什么也不告诉他；可到头来，是他告诉了我们一件重要的事，我们在设计这个设备的时候，给忘了：炮和观察站有可能不在同一个地方啊！改正这个，费了老劲。

到夏末，我得到了我第一个真正的设计工作：英国有了一项新发明，叫“雷达”，用来追踪飞机。它每15秒出来一个点儿。我得设计一台会把一组点儿连成一条连续曲线的机器。那是我第一次设计机器，所以我有点儿害怕。

我去找另外那些家伙中的一个，说：“你是个机械工程师；怎么搞机械工程，我不懂，我刚接了这个活儿……”

“那没什么，”他说，“瞧，让我弄给你看。设计这些机器，有两个
原则，你得知道。第一，每个轴承上的摩擦力是多少多少，以及每个 103
齿轮接合处的摩擦力是多少多少。有了这个，你算得出来，你需要多大力量来驱动这玩意儿。第二，你有了齿轮齿数比，比方说2比1，你就琢磨了，是弄成10齿对5齿、24齿对12齿还是48齿对24齿，要决定这事儿，得这么办：你查查《波士顿齿轮目录》，从列表里选你要的齿轮。表上靠高的那一头儿，齿儿太多，难造得很。假如他们能把齿儿造得更精细一些的话，那列表还得更高。在列表低的那头儿，齿轮的齿数太少，很容易断的。因此，最好的设计，是用表中间的那些齿轮。”

我在设计那台机器的时候，得到了不少乐趣。仅仅从列表的中间部分挑选齿轮，再把他给我的那两个数据的转矩加起来，我就是个机

械工程师了！

那个夏天之后，军队不想让我回普林斯顿去读学位。他们不停地让我做这种爱国的事儿；如果我愿意留下来，他们会把一个项目整个给我，还让我管理。

这个问题是设计一台机器，像上一台那样——他们称之为指挥家——但这次我觉得这问题容易些，因为炮手将在同一高度咬住另一架飞机。炮手会把他的高度和他到被他咬着的飞机之间的大体距离，弄进我的机器里。我的机器将自动把炮昂到正确的角度，然后点燃信管。

作为这个项目的主任，我要旅行到阿伯丁市（Aberdeen）去拿射表。可是，他们已经有了一些初步的数据。我注意到，在飞机会飞到的比较高的高度上，大多数没有什么数据。于是我打电话想搞清楚为什么没有数据，原来他们用的信管不是定时信管，而是在那样的高度不管用的导火线信管——在稀薄的空气里，嘶地一声就灭了。

我想，我只好矫正一番，以适应不同高度的空气阻力。可我的工作是发明一种机器，让炮弹在该爆炸的时候爆炸，而那时信管是不着的！

我断定这事儿对我太难了，于是我回了普林斯顿大学。

考验猎犬 104

我在洛斯阿拉莫斯的时候，有点儿闲工夫，经常坐几小时的车，去看在阿尔伯克基（Albuquerque）住院的妻子阿琳（Arlene）。有一次我去看她，不能马上进病房，于是我就到医院图书馆看书。

在《科学》（*Science*）杂志上，我读到一篇关于猎犬的文章，说它们的嗅觉如何了得。作者说了他们做的好几个实验——猎犬能确定哪些物件被人动过，等等——我开始想：闻东西，猎犬确实是非同凡响，能追踪人留下的气味儿，诸如此类；可是，我们到底怎么样？

到可以看我妻子的时候，我就去看她了，说："我们做个实验。那里的那些可乐瓶子（她积了六捆空可乐瓶子，好一起送出去）。你好几天没动它们了，对吧？"

"对啊。"

我把六捆瓶子拿到她那儿，手没碰瓶子，说："好了。我现在出去，你拿一只瓶子，在手里摩挲大约两分钟，然后放回去。然后，我回来，看能不能说得上来是哪只瓶子。"

于是我就出去了，她拿起一只瓶子，摩挲了好长时间，因为我可不是猎狗啊！照那文章上的说法，你就触摸一下，猎狗也嗅得出来。

然后，我回来了，绝对明显！我甚至不必闻那破玩意儿，因为温度当然就不同。气味儿也很明显。你一把它凑近你脸边，你就闻得出 105
来它潮乎乎的，热乎乎的。因此，那个实验不算数儿，因为太明显了。

然后，我看了看书架，说：“那些书，你有日子没看了，是不是？这次，我出去的时候，你从架子上拿一本书，就那么一翻——别再干别的——再合上，放回去。”

我又出去了，她拿了一本书，翻开，合上，放回原处。我进来了——这也没什么！容易。你只要闻闻那些书就行了。这很难解释，因为我们通常不谈论这个。你把每本书凑近鼻子，嗅几次，你就认得出来。那是很不同的。一本书，在那里放了一阵子，有一种干燥无趣的味儿。但是有一只手动过它，就有湿度，就有一种明显的气味儿。

我们又另外做了几个实验，我发现，猎犬确实是能耐不小，可人类也不像自己想的那样无能：只是人的鼻子离地面太高罢了！

（我注意到，我的狗闻闻我的脚印，就能正确地认出我在家里走的路线，特别是在我赤脚的时候。因此，我也想试试这个：我手脚并用，在地上爬，一边还嗅着，想看看我能不能认得我走过的和没走过的地方有什么不同，而我发现不可能。因此，狗比我强得多。）

许多年后，在我初入加州理工学院的时候，在巴舍尔（Bacher）教授家里有个聚会，加州理工学院的许多人都在那儿。我不知道怎么提到了这事儿，但是我把闻瓶子、嗅书的故事告诉了他们。自然，他们一个字儿也不相信，因为他们总以为我弄虚作假。我就不得不演示一番了。

我们小心地从架子上取下八九本书，没直接用手动，然后我出去了。三个不同的人动了三本不同的书：他们各自拿起一本书，打开，合上，放回去。

然后，我回来了，闻闻每个人的手，然后把那几书都闻遍了——我忘记先闻的是哪一本——丝毫不差地找到了那三本书；但把一个人认错了。

他们仍然不相信我；他们以为我在变什么戏法。他们不停地琢
磨我是怎么弄的。这种把戏人尽皆知，人群里有个托儿，给你发暗号 106
儿，他们都在琢磨谁是托儿。从那以后，我经常想，这倒是一个不错的牌戏：拿一副纸牌，让一个人抽出一张，再放回去，而我在另一个房间里。你说："我会告诉你，你抽的是哪一张，因为我是一只猎犬：我要把每一张牌都嗅一嗅，然后告诉你抽的是哪一张。"当然，你这么喋喋不休的，大家就一时不会相信你实际上做的那件事！

人的手，其味殊异——所以狗能辨人；你可得试试！全部的手，都有一种潮乎乎的味儿。一个烟民的手，其味儿大不同于不抽烟的。女士所用的香水常常不同，诸如此类。如果有人碰巧口袋里装着硬币，碰巧他在口袋里玩弄那些硬币，你也闻得到。

107 从低处看洛斯阿拉莫斯*

当我说“从低处看洛斯阿拉莫斯”的时候，我是实话实说。在目前，在我的专业领域里，尽管我是个有点儿名气的人，可在当时，我完全不是个有名气的人。我开始参加“曼哈顿计划”的时候，甚至连个学位也没有。对你讲洛斯阿拉莫斯的故事的许多人——那些高高在上的人——对某些军国大计都忧心忡忡。没什么军国大计让我忧心忡忡。我总在下层扑腾。

有一天，我在普林斯顿大学我的房间里工作，鲍勃·威尔逊（Bob Wilson）进来了，说他已经得到资金，要做一项秘密工作。他本不该对任何人提起这个，但他要告诉我，因为他知道，一旦我知道他要干的是什么，我就会明白我非得入伙儿不可。因此，他告诉我，把铀的几种同位素分离开，最终为了造一个炸弹。他有一种办法，可以把铀的同位素分离开（和最终用来造炸弹的那一种不同），他想发展这种方法。他把这个告诉了我，说：“有个会……”

我说，我不想干这个。

---

* 根据1975年在圣巴巴拉市的加利福尼亚大学“关于科学与社会的第一次圣巴巴年度讲座”中的一次讲话改编。“从低处看洛斯阿拉莫斯”是《洛斯阿拉莫斯忆事》（*Reminiscence of Los Alamos*）中的九篇演讲中的一篇。（*Reminiscence of Los Alamos*，1943—1945，edited by L. Badash et al.，pp. 105～132. Copyright© 1980 by D. Reidel Publishing Company，Dordrecht，Holland.）——原注

他说："那好吧，三点有个会。会上见。"

我说："你把这个秘密告诉了我，没关系，因为我不会告诉任何人，但我不干。"

因此我就回头去忙我的学位论文了——忙了大约3分钟。然后，108
我在地板上来回踱步，想这事儿。德国人有希特勒，他发展原子弹的可能性是明摆着的。他们在我们之前发展起这东西，这种可能性是非常可怕的。因此，我决定三点去开会。

到四点，我已经在一个屋子里伏案工作了。我在忙着计算，看这个特别的办法，是不是会受到从离子束中得到的电流总量的牵制，等等。我就不说得过细了。但我得在那儿工作，我得写论文。我尽可能卖力地工作，尽可能快地工作，好让那些在那儿建造设备的人马上进行实验。

这像是那种电影，你看到一台设备在"嘟、嘟、嘟"地响。我每次去看这设备，它就变大了些。当然，实际上发生的事情，是所有的伙计都决定为此工作，都把他们的科研停了下来。在战争期间，全部的科研工作都停了，除了洛斯阿拉莫斯做的这一小块儿。这也不算什么科学；在很大程度上，它属于工程。

来自各种科研项目的全部设备，都凑一块儿，弄成了这么一个新设备，好做实验——分离铀的同位素。出于同样的原因，我也把自己的工作停了，尽管过了一阵子之后，我确实休了6个星期的假，把学位论文写完了，刚好在到洛斯阿拉莫斯之前，拿到了学位——因此，我的地位并不像我让你相信的那样，低到那么个程度。

我在普林斯顿见到了许多大人物，这是我参加这个项目较早时候的有趣经历之一。我以前没见过几个大人物。但是，有个评估委员会，不得不一直帮我们的忙，并且帮我们在最后决定我们将用什么办法来分离铀的同位素。这个委员会有像康普顿[1]、塔尔曼（Tolman）、史密斯（Smyth）、尤里[2]、拉比[3]、奥本海默[4]这些人。我参加这个委员会，是因为我懂分离铀同位素的方法的理论，因此他们要问我问题，跟我讨论。在这样的讨论中，一个人先提出一个论点。然后，比方说，康普顿会解释一个不同的论点。他会说，那个事儿会是这个样子，而
109 他完全对。另一个家伙会说，那好，也许吧，但存在另一种与它相左的可能性，我们不得不加以考虑。

因此，满桌子的人，意见不一，众说纷纭。康普顿不重复也不强调自己的论点，这叫我既吃惊，又不安。最后，塔尔曼，他是主席，会说："好了，听了这么多论点，我猜康普顿的论点是最好的，现在我们必须开始干了。"

委员们可以提出一大堆想法，每个人都考虑到了一个新的方面，还得记住别的伙计们说的是什么，因此，到最后，决定是根据最好的看法做出的——把一切做了归纳——不需要说上三遍。看到这么个

1　阿瑟·霍利·康普顿（Arthur Holly Compton，1892—1962），美国物理学家，因发现康普顿效应而与他人共获1927年诺贝尔物理学奖。

2　哈罗德·克莱顿·尤里（Harold Clayton Urey，1893—1981），美国化学家，因发现氘（重氢）获得1934年诺贝尔化学奖。

3　伊西多尔·伊萨克·拉比（Isidor Isaac Rabi，1898—1988），生于奥地利的美国物理学家，曾获1944年诺贝尔物理学奖。

4　尤里乌斯·罗伯特·奥本海默（Julius Robert Oppenheimer，1902—1967），美国物理学家，他于1942—1945年间在第一颗原子弹的研究过程中，指导了新墨西哥州的洛斯阿拉莫斯的实验室工作。

搞法，我深受震撼。这些人真是非常了不起。

最终的决定是：他们将用来分离铀的计划，不是这个计划。有人告诉我们，我们将停下来，因为，在新墨西哥州的洛斯阿拉莫斯，他们将启动一个真正用来制造那种炸弹的计划。将会有一些我们必须做的实验，也有理论上的工作要做。我做的是理论工作。其他伙计都做实验工作。

问题是——现在干什么？洛斯阿拉莫斯还没准备好。鲍勃·威尔逊想利用这段时间，除了其他的事情要办之外，派我到芝加哥去发现和这炸弹有关的任何东西和问题。接下来，在我们的实验室里，我们开始制造仪器、各种各样的计算器等东西。等我们到了洛斯阿拉莫斯，这些东西都会用得上。没时间可浪费了。

我受命到了芝加哥，到各个研究单位，告诉他们我会跟他们一起工作，让他们足够细致地为我解释某个问题，那样我才能真正坐下来开始解决这个问题。一到这个程度，我就去找另一个家伙，问另一个问题。这样我就理解了一切事情的细节。

这是个很好的主意，但我有点儿歉疚，因为他们都要卖力气为我解释事情，而我拍拍屁股就走了，也不帮他们一把。但我很幸运。有个家伙对我解释一个问题的时候，我说：“你为什么不在积分符号内
取微分？”半小时后，他就把这问题解决了，而他们已经为此忙活了3 110
个月。因此，利用我的“与众不同的工具箱”，我也做了一点事儿。然后，我从芝加哥返回，把情况交代了一番——释放出来的能量有多大，这炸弹会是什么样子，等等。

我记得和我一起工作的一个朋友，保罗·奥拉姆（Paul Olum），一个数学家，事后过来对我说：“等人家为这事儿拍部电影的时候，

他们会让那个从芝加哥回来的家伙，为普林斯顿那儿的人做一场关于这个炸弹的报告。他会穿一身西服，夹着公文包，如此这般——可现在，你袖子脏乎乎的，就跟我们讲这件惊天动地的事儿。”

似乎还得拖延，威尔逊赶到洛斯阿拉莫斯，看看到底什么事情扯了后腿。等他到了那儿，他发现，建筑公司很卖力气，剧院盖好了，几个他们明白的建筑也盖好了；可是，怎么盖实验室——需要几条煤气管道，供水量是多少，他们还没得到明确指示。威尔逊腾地一下就站起来了，当即告诉他们多少水、多少煤气等事情，告诉他们开始建造实验室。

等他回到我们这儿，大家都跃跃欲试，急不可待了。因此，他们都凑在了一起，决定我们无论如何该出发了，尽管那儿还没准备好。

顺便说一句，我们都是奥本海默和其他几个人招到这儿的。他可真沉得住气。每个人的困难，他都看在眼里。他为我妻子担心，她得了肺结核，那儿有没有医院，有没有这个那个。我这么亲密地跟他接触，这是第一次，他是个好人。

我们奉命要小心行事——比方说，不要在普林斯顿买火车票，因为普林斯顿是个小站，如果大家都在普林斯顿买票到新墨西哥州的阿尔伯克基，有人就会猜疑，有大事儿了。因此，大家都是从别的地方买的票，只有我是个例外，因为我琢磨着，如果人人都在别的地方买票……

因此，到了火车站，我说：“我要到新墨西哥州的阿尔伯克基。”
111 那人说：“哦，这么说，那么多东西，全都是给你准备的！”成箱成箱的仪器，我们已经托运了好几个星期，没指望他们会注意地址是阿尔伯克基。因此，我至少得解释我们为什么要托运那些箱子；是我要去阿尔伯克基啊。

好了，我们到的时候，房子、宿舍什么的，还没准备好。实际上，连实验室也差得远。我们提前来，是催他们。因此，他们急成了热锅上的蚂蚁，把附近农场的房子都租了下来。我们先是待在一所农场的房子里，早晨开车去基地。第一个早晨，我开车的时候，印象太深刻了。美丽的景色，对一个不怎么旅行的东边人来说，真是大饱眼福啊。那儿有你或许在画里才能看到的万丈悬崖。你是从下边开车上来的，可在山顶的平地上极目四望，真令人瞠目结舌。在我往上走的时候，给我印象最深刻的东西，我说，印第安人或许在那儿住过，开车的伙计把车停了，走过拐弯，指给我看你能看到的印第安人的一些洞穴。真令人兴奋。

等我第一次到了目的地，我看到有个技术区，那最后是应该用围栏围起来的，但仍然敞着。还应该有一个小镇子，也就得有大围栏把镇子围起来。但是，他们现在还在建造呢，我朋友保罗·奥拉姆，他是我的助手，手里拿着个写字夹板，站在门口，对出入的卡车进行检查，告诉他们该往哪边去，把材料卸在不同的地方。

走进实验室的时候，我见到了一些人，我在《物理评论》上看过他们的文章，那时是只闻其名，未见其人。“这是约翰·威廉姆斯（John Williams）。”他们说。其时有个家伙从铺着图纸的桌子后面站起来，挽着袖子，朝窗外喊，命令卡车和东西跟着建筑材料往不同的地方去。换句话说，在建筑和设备准备停当之前，实验物理学家无事可做，于是他们就去盖房子，或者到建筑工地上当小工。

另一方面，理论物理学家，可以马上开始工作，因此事情决定了，他们不住在农舍里，而住在基地。我们当即开始工作。没有黑板， 112

只有一个带轮子的黑板。当我们推着这个带轮子的黑板到处走的时候，罗伯特·瑟伯（Robert Serber）就告诉我们他们在加利福尼亚大学伯克利分校（Berkeley）对原子弹、核物理这类事情所做的思考。我对这些东西，知道得不很多；我以前干的是别的。因此，我要做的事情，太多。

我每天都研究、阅读、研究、阅读。那时流行肺结核。可我有点儿运气。全部的大腕儿，碰巧在那个时候都离开了，除了汉斯·贝特[5]。贝特需要个人跟他谈话，跟他唱唱对台戏。好了，他到办公室找到了我这个小碎嘴子，开始论证，解释他的看法。我说："不，不，不，你发疯啊。它是这么弄的。"他说："稍等。"解释为什么说他没疯，我疯了。我们就这么不停地吵吵。你瞧，我听到有人讲物理，我满脑子全是物理，我忘记我在跟谁讲话，所以我就说些傻话："不，不，不，你错了"或者"你疯了"之类。但结果证明，那正是他需要的。由于这个，我倒升了一级，在贝特手下当了个小组长，管着四个家伙。

当我第一次到那儿的时候，我已经说过，宿舍还没准备好。但理论物理学家无论如何必须待在那儿。他们先是把我们扔到了一所老旧的学校建筑里——有个小伙子以前在那儿上学。我住在一座名叫"力学山居"的什么玩意儿里边。我们全挤在那里的双层床上，而且那儿不那么有秩序，罗伯特·克里斯蒂（Robert Christy）跟他老婆到

5 汉斯·贝特（Hans Albrecht Bethe），1906年生于法国的美国物理学家，曾获1967年诺贝尔物理学奖。

浴室，必得经过我们的房间。因此，很不舒服。

宿舍终于盖好了。我就到分派房间的那地方，他们说，你可以挑房子了。你知道我怎么办的？我在看女孩儿们的宿舍在哪儿，然后我挑了一间正对着她们宿舍的房间——尽管我后来才发现，那个房间的窗户前边，正好有一棵大树。

他们告诉我，一个房间住两人，但那仅仅是暂时的。每两个房间共用一个洗澡间，每个房间有一张双层床。但我不想两人住一个房间。

我住在那儿的那天晚上，没别人，我就企图把这个房间据为己 113
有。我妻子在阿尔伯克基患着肺结核，但我有她的几箱子东西。于是我把一件小睡裙拿出来，把上床的被子扯开，把小睡裙漫不经心地放在那儿。我还拿出几双拖鞋，在洗澡间地上撒了一些扑面粉儿。我就是要弄得好像那儿有别人住似的。结果怎么样？哈，那本该是男宿舍，明白吧？因此，那天晚上我回来的时候，我的睡衣叠得好好的，放在枕头下，拖鞋整整齐齐地放在床下。女睡裙叠得好好的，放在枕头下，床都拾掇好了，整理好了，拖鞋放得整整齐齐。洗澡间地板上的扑面粉儿擦干净了，没人在上床上睡。

第二天晚上，照旧。起床的时候，我把上床弄乱，把睡衣邋里邋遢地扔在上面，在洗澡间撒了扑面粉儿，等等。我这么折腾了四个晚上，大家也都搬过来住了，没有往这房间再塞进一个人的危险了。每天晚上，每件东西都整理得整整齐齐，尽管这是一个男人的宿舍。

我当时不知道，这个小小的诡计把我卷进了政治。那儿有各种各样的小帮派，这是当然的——家庭妇女帮，机修工帮，技术人员帮，如此等等。好了，住在这宿舍的单身汉和单身女，觉得他们也得有个帮，因为公布了一条新规定：“妇女不得留宿男宿舍。”哈，这绝对是荒唐嘛！毕竟，咱都是成年人！这是扯的什么淡啊？我们一定要采取政治行动。于是我们对这事儿进行了辩论，大家推举我，在镇议会里做住宿舍的这些人的代表。

到我来这里大约一年半时，我对汉斯·贝特谈了点事儿。他一直在这个大议会里担当职务，我把我用我妻子的睡裙和拖鞋玩儿的那套把戏告诉了他。他哈哈大笑，“原来你是这么混到镇议会里的。”

事儿得从头说起。有个女人在宿舍里打扫卫生，一不留神，出了个麻烦：有个女的在跟一个男人睡觉！她把这事儿向女工长打了报
114 告，女工长又向中尉打了报告，中尉又向少校打了报告。就这么逐级上报，报告通过将军们，一直到了管理委员会那儿。

他们要干什么？他们会考虑这事儿，还能怎样！可是，与此同时，有指示通过总指挥，下达到少校，下达到中尉，下达到工长，下达到女工长。什么指示呢？“不要打草惊蛇，一切都照原样儿，把卫生收拾干净，静观其变。”第二天，还是同样的报告。过了四天，他们着急了，不知所措了。最后，他们宣布了一条规定：“妇女不得留宿男宿舍！”这使得下面的人大发牢骚，他们不得不推举一个人做代表……

我愿意告诉你一点儿关于那里的检查制度的事儿。他们决定做某种全然违法的事情，对美国人民的信件进行检查——他们是没权力这么办的。事情非常敏感，要立规矩，那也得出于自愿。大家往外发信的时候，都主动不把信封糊上；他们也可以随便检查发给我们的信。我们让信封敞着，如果信OK，他们就把信封糊上。如果在他们看来信不OK，他们就把信退给我们，还别上个纸条儿，说，根据我们的

“谅解”，信里有一段违反了什么什么。

就这么着，在这些特别在乎思想自由的科学家中间，检查制度终于建立起来了，条条杠杠多的是。我们可以对这种管理特色发表评论，因此我们也可以写信给我们的参议员，告诉他我们不喜欢这么个搞法。他们说，如果有什么不妥，他们会通知我们的。

规矩立起来了，检查制度执行的第一天到了：电话！丁零零零零！

我问：“什么事儿？”

“请过来一下儿。”

我过来了。

“这是什么？”

“家父书信。”

“那，这是什么？”

那是张印了横线的信纸，横线是小点点儿组成的——四个点儿
在下头、一个点儿在上头、两个点儿在下头、一个点儿在上头，点儿 115
在点儿下头——

“这是什么？”

我说：“密码。”

他们说：“是啊，是密码，可它说的是什么？”

我说：“我不知道它说的是什么。”

他们说：“那好，解码表呢？你怎么翻它？”

我说：“哈，我不知道。”

他们说：“这是什么？”

我说，“拙荆来函——它说TJXYWZ TW1X3。”

“那是什么。”

我说："另一套密码。"

"解码表呢？"

"我不知道。"

他们说："你收到了密码，却不知道解码表？"

我说："正是如此。我做了个游戏。我向他们挑战，任由他们给我发来什么密码，我都能破译，明白吧？所以呢，他们就在那边儿造密码，把密码发到这儿来，他们可不会把解码表告诉我。"

检查制度里有一条：要是你在信里写些一般的东西，他们一点儿也不会找你麻烦。因此，他们说："好吧，你一定得告诉他们，请把解码表和密码一块儿寄来。"

我说："我不想看解码表！"

他们说："那好，我们会把解码表拿出来。"

于是我们就达成了这么个协议。行不行？没问题。第二天，我收到了我妻子的一封信，信里说："给你写信可真难，因为我老感觉那个……在我肩膀头上偷看呢。"那个词儿所在的地方，是一片用橡皮擦出来的污迹。

我因此到局子里去了一趟，我说："要是你们不喜欢这信，你们也不该在信上动手动脚啊。你们可以看，但你们不该把信上的什么东西弄没了。"

他们说："不要无理取闹。你以为那是检查官的工作方式——用橡皮擦？他们是用剪刀把东西剪掉啊。"

我说，得。于是我给我妻子回了封信，说："你用橡皮擦过你
116 的信吗？"她回信说："没有啊，我没用橡皮擦过我的信啊，那一定是……"——纸上给剪了个窟窿。

于是我就去找少校大发牢骚，他得负责所有这类事儿。你知道，这得费点时间，但我觉得自己好歹也是个代表啊，是非曲直，得搞明白。上校跟我解释说，那些身为检查官的人，我们教过他们怎么办事，但他们理解不了这种新的工作方式，我们必须非常细致才成。

不管怎么样，他说："怎么样，你认为我心肠不坏吧？"

我说："是的，你心肠好得不得了，但我认为你没权力。"因为，你知道，他走马上任干这个工作已经三四天了。

他说："我倒要看看马王爷长了几只眼！"他抓起电话，一切都摆平了。没人再对信动剪刀了。

然而，还有另外许多麻烦。比方说，有一天我收到了我妻子的一封信，带着检查官的条子："里面的信是用密码写的，但没有解码表，因此我们把这封信保存在别处。"

那天我到阿尔伯克基去看我妻子的时候，她说："那，那东西都哪儿去了啊？"

我说："什么东西啊？"

她说："一氧化铅，丙三醇，热狗，换洗衣服。"

我说："稍等——是一个列表？"

她说："是的。"

"那是密码啊，"我说，"他们都以为那是密码——一氧化铅，丙三醇，等等。"（她要一氧化铅和丙三醇来制造一种黏合剂，好修补她的玛瑙盒子。）

头几个星期，总有这种事儿，然后我们才把事情摆平了。无论如何，有一天我在摆弄计算器，我注意到一件很奇异的事。如果你用1除以243，得数是0.004115226337…这很好玩儿。你要是把小数点后的数一直写下去，那么到559之后，那数就有点儿歪歪扭扭了，但它很快就又整齐了，好好地重复自己。我认为这是个乐事儿。

好吧，我就把这个东西塞在信封里，寄出去，信又回到我这儿。这信没过关，小纸条儿说：“看第17条B款。”我看了第17条B款，是这么说的：“信件要用英语、俄语、西班牙语、葡萄牙语、拉丁语等
117 语言来写。用任何其他语言来写信，必须得到许可。”然后，它还说：“不准用密码。”

于是我就给检查官写了一个小纸条儿，附上我的信，纸条儿说，我觉得这封信当然不可能是密码，因为如果你真的用1除以243，事实上你确实会得出那样的得数，因此，在0.004115226337…这个数中，难得有别的情报。如此等等。我因此就要求允许我在信里使用阿拉伯数字。我因此让那封信通过了。

来往信件总是遇到某种麻烦。比方说，我妻子老是提起她写信时的那种不自在劲儿，好像检查官老隔着她肩膀偷看。现在，作为一条规定，我们不准提检查制度的事儿。我们是不会提这个的，可他们怎么告诉她呢？因此，他们老是给我发条子：“你妻子提到了检查制度。”我妻子提到检查制度，那是肯定的。因此，他们最后给我发了个条子，说：“请通知你妻子，不要在她的信中提到检查制度。”于是我这么开始写信：“我得到了指示通知你，在你的信中不要提到检查制度。”哈，哈哈，这怎么又提啊！于是我写道：“我得到指示通知我妻子不要提到检查制度。可我怎么弄这个事儿？另外，我为什么必得指示她不要提到检查制度？你们有什么事儿瞒着我？”

有趣的是，那个检查官自己不得不告诉我让我告诉我妻子不要告诉我她……但是，我们早有应对。我们说，是的，他们担心信件在

从阿尔伯克基的来路上被截获，如果有个人看了信，他或许就会发现这里有检查制度，她能不能正常一点儿。

因此，我下次到阿尔伯克基，跟她说："注意了，我们别再提检查制度了。"但我们有过这么多麻烦，我们最后真的想出了一种密码，这可是违法的。如果我在我的署名后边加一个小点儿，那意味着我又遇到了麻烦，她就采取她早已炮制好了的下一个步骤。她一天到晚坐着无事，因为她病了，会想出怎么办的办法。她最后办的一件事，是给我寄了一张广告。她发现这广告完全合法。广告上说，"给您的男朋友寄一个拼字游戏。我们把空白组合卡卖给您，您在上面写信，118
然后打乱它，装进一个小袋子，寄出去。"我收到了这个，纸条上说："我们没有时间玩游戏。请告诉你妻子自我约束，按常规方式写信。"

我们还准备了两个点的密码，但他们及时改进了工作，我们也就不必用它了。我们为下一封信准备的东西是这样：信在开头说，"我希望你打开这信的时候小心点儿，因为我把给你的胃药粉末装在这信封里了。"那封信里会装满药粉儿。我猜他们在办公室拆信的时候会拆得很快，药粉儿会撒了一地，他们都会气坏了，因为你不想让任何人生气。他们还得把药粉儿收拾起来……但我们不必用那些药粉儿的。

有了这些和检查制度打交道的经验，我就完全知道什么信是通得过的，什么信是通不过的。没人比我知道得更清楚。我因此还为此打赌，赢了一点儿小钱。

有一天，我发现住在远处的工人，想进来的时候，懒得绕远路走正门，就在围栏上扯了一个洞。我就从大门口出去，从那个洞进来，再出去，再进来，直到那个中士感觉到什么事儿不对劲了。这家伙，只见人出去，不见人归来，这是怎么搞的？当然，他自然的反应，是把中尉喊了来，想为此把我扔到监狱里。我解释说，有个洞。

你看，我总是帮助人家改进工作，因此，我跟一个人打赌，我可以把围栏上有个洞这回事儿写在信里，我就把信寄出去了。我真的这么做了。我做的方式，正像这里说的。你应该看到他们是怎么管理这地方的（我们得到允许，可以说这样的话）。离什么什么地方71英尺的地方，围栏上有个洞，有多么多么大，你可以走过去。

现在，他们能干什么呢？他们没办法跟我说，没这么个洞。我的意思是，他们会做什么？有这么个洞，算他们倒霉。他们应该把洞补上。因此，这封信通过了。

119 还有一封信也通过了，信里说的是在我小组里工作的一个小伙子，约翰·肯马尼（John Kemeny）。军队里的几个白痴，半夜里把他弄醒，拿灯晃着审问他，因为他们发现了和他父亲有关的什么事儿，相信他父亲是个共产党什么的。肯马尼现在是个有名的人。

还有另外一些事儿。跟指出围栏上的洞相似，我总想旁敲侧击地指出这些事儿。在这些我想指出的事儿当中，有一件，是我们一开始就有一些极端重要的机密；我们已经得到了许多关于炸弹和铀的研究成果，这炸弹是怎么工作的，等等；所有这些东西都写在文件里，放在木头文件柜里，柜上锁着普通的小锁。当然，有好些东西都是车间里造的，比方说，一个可以放下来的铁杆儿，然后用一把锁把它扣住，但搞来搞去不过是一把锁。再说，不必把锁弄开，你也可以把东西拿出来。你只要把柜子向后倾斜就办得到。下层的抽屉里有一根小铁杆儿，指望用它来把文件拢在一起，但在下面的木头之间，有一道又长又宽的缝隙。你可以从下边把文件拖出来。

因此，我总是把锁开开，指出这很容易办到。每次我们全体开会的时候，我都站起来说，我们有非常重要的机密，我们不应该把它们放在这种玩意儿里；我们需要好一点儿的锁。一天，特勒（Teller）[6]在会上站起来，他对我说：“我没把我最重要的机密放在我的文件柜里；我把它保存在我的写字台的抽屉里。那该好些吧？”

我说：“我不知道。我还没见过你的写字台呢。”

他靠前坐着，我坐得很靠后。会议还在继续，我溜了出去，去见识一下他的写字台。

我甚至不需要把抽屉上的锁开开。结果是这样：如果你把手从下边把手伸进去，你可以像从圈儿上扯卫生纸那样把文件拿出来。你拖出一份儿，它又连着另一份儿，它再连着另外一份儿——我把这破抽屉弄个精光，把全部东西都放在一边，回到了楼上。

会快开完了，大家都往外走，我走进人群里，跑过去扯住特勒，说：“哦，让我顺便看看你的写字台。”

“没问题。”他说，让我看他的写字台。 120

我看了看，说：“看起来蛮不错。让我看看你藏了些什么宝贝。”

“我很高兴给你展览展览。”他说，把钥匙插进去，打开抽屉。“如果，”他说，“你自己没看过的话。”

跟像特勒这样有高度智力的人恶作剧，有个麻烦：从他琢磨出好像有什么事儿不对劲，到他明白了真正发生了什么事儿之间，时间太

6　爱德华·特勒（Edward Teller），生于1908年，匈牙利裔美籍物理学家，他协助开发了原子弹并提供了氢弹的理论框架。

短，你都来不及乐一下儿！

我在洛斯阿拉莫斯遇到的一些特别的麻烦，特别有趣。其中的一件事，是和田纳西州的“橡树岭实验室”的安全问题有关。洛斯阿拉莫斯在准备制造原子弹，但是橡树岭却在想办法分离铀的同位素——铀238和铀235（会爆炸的那种）。他们才刚刚从实验中提取了一丁点儿235，一边还要熟悉其中的化学原理。他们将要建造一个大厂子，生产出大桶大桶的东西，然后他们要把提炼过的东西再次提炼，好为下一阶段的工作做好准备。（你不得不经过好几个阶段来提炼它。）因此，他们一方面要熟悉程序，另一方面用一个实验设备提取了一丁点儿铀235。他们在努力学习怎么对它进行化验，搞清楚那东西里有多少铀235。尽管我们把技术指南发给了他们，他们还是理解不透。

因此，最后埃米利奥·塞格雷（Emilio Segrè）[7]说，把事情搞妥，唯一可能的办法，是他下去看看他们在捣鼓什么。军队里的人说：“不行，我们的政策，不允许把洛斯阿拉莫斯的任何情报传到别的地方。”

橡树岭的人不知道铀235要派什么用处；他们只知道努力埋头干他们的活儿。我的意思是，高层的人知道他们在分离铀，但他们不知道那种炸弹有多么厉害，也不知道它是个什么道理。下边儿的人完全不理解自己在干什么。军队希望的，就是这样。没有什么信息交流。但塞格雷竭力强调他们做不好化验，整个事情要泡汤的。因此，他到

7　埃米利奥·塞格雷（Emilio Segrè，1905—1989），意大利裔美国物理学家。他因证实了反质子的存在而获1959年诺贝尔物理学奖。

底是下去了，看他们在捣鼓什么。他在厂子里走的时候，看见他们用手推车在运大桶的水，绿色的水——那是硝酸铀溶液。 121

他说："啊啊，等到这东西再次提炼之后，你们也这么推来推去？你们准备这么个搞法？"

他们说："那是——不行吗？"

"不会爆炸吗？"他说。

啊！爆炸？

于是，军队里的人说："你看！我们什么也不该让他们知道！现在可好，他们都慌了神儿了。"

需要多少原料才够造炸弹，军方原来已经知道了——怎么也得20千克——他们也知道，这么多提炼好的原料，怎么也不会放在厂子里，因此不会有什么危险。但他们不知道的是，虽然中子在水里的运动速度会慢下来，但其效力会大大增加。在水里，它发生反应放出辐射所需要的原料，不到十分之一——不，不到百分之一。它会把周围的人和其他什么杀死。它十分危险，而他们对安全问题完全漫不经心。

因此，一封电报从奥本海默那儿发给了塞格雷："对整个工厂进行检查。根据他们设计的工作程序，注意材料集中在什么地方。我们同时要计算出，多少材料集中在一起才不会发生爆炸。"

两个小组为此展开工作。克里斯蒂小组调查水溶液，我的小组调查装在箱子里的干粉。我们在计算可以把多少原料集中在一起，才安全。克里斯蒂打算到橡树岭，把情况告诉他们，因为整个事情要失去控制了，我们必须去告诉他们。因此我高高兴兴地把全部数据交给了克里斯蒂，说，东西齐了，去吧。克里斯蒂得了肺炎，必得我去了。

我以前从来没坐飞机旅行。他们把机密放在一个小玩意儿里，绑在我背上！在那年头，飞机就跟公共汽车似的，只是站与站之间的距离要大些。遇到站，得落下来，停在那儿等人上来。

站在我后面的那家伙，手里甩着个链子，说了这么一种意思："这些日子，没优先权想坐飞机，难透了。"

他说得没错儿。我说："哦，我不知道。我有优先权。"

过了一会儿，他又忍不住了："要来些将军。他们会把咱们挤到
122 三等舱。"

"没关系，"我说，"我在二等舱。"

他多半会给他的众议员写信——如果他自己不是众议员的话，他说："在战争期间，他们干吗让这些小毛孩子到处乱转悠，还坐二等舱？"

无论如何，我是到了橡树岭。我让他们做的头一件事，是带我去工厂。我什么也不说，只是什么都看。我发现，情况比克里斯蒂的报告还糟糕，因为他注意到一个房间里摞着许多箱子，但没注意到在隔壁房间里，挨着同一面墙，还摞着许多箱子——以及诸如此类的事情。如果你把过多的原料放在一块儿，砰地一声，你明白吗?

我走遍了整个工厂。我记性很差，但我高强度工作的时候，短期记忆还不错。所以我记得从90～207号楼，以及多少多少号桶等各种各样的发疯的事情。

当晚我回到房间，把整个事情理了一遍，对他们解释，危险在哪儿，应该怎么补救。事情很简单。你把镉加在溶液里，把水里的中子吸收掉；按照规定，把箱子分开放置，别放得太密集。

第二天，要开个很大的会。我忘了说一件事儿：我离开洛斯阿拉

莫斯之前，奥本海默对我说：“听着，在橡树岭那边，如下人员是懂技术的：朱利安·韦伯（Julian Webb）先生、什么什么先生、什么什么先生。我希望你一定让这些人来开会，告诉他们，事情怎么办才安全，那样他们才真能听得明白。”

我说：“如果他们不能到会，那怎么办？我该怎么办？”

他说：“那你就说：洛斯阿拉莫斯方面将不为橡树岭工厂的安全问题负责，除非……！”

我说：“你的意思是，小小的费曼，到那儿去，对他们说……？”

他说：“是的，小小的费曼，你去，就这么办。”

我长得实在太快了！

等我到会场的时候，果不出所料，我想见到的公司里的大腕儿、
技术人员，都在。将军们，还有那些对这个非常严重的问题感兴趣的
人，都在。这很好，因为，如果没人注意这个问题的话，这工厂会被
炸上天。那儿有个赞姆沃尔特（Zumwalt）中尉，负责照顾我。他告诉 123
我，少校说我不应该告诉他们中子是怎么工作的，也不要说任何细节，
因为我们是想把东西分开，因此只告诉他们怎么保障安全，就行了。

我说：“照我看，除非他们理解它是怎么工作的，否则要他们遵守一大堆规则，那是不可能的。照我看，只有我告诉他们，他们才能知道怎么工作，洛斯阿拉莫斯方面将不为橡树岭工厂的安全问题负责，除非他们完全知道它是怎么工作的！”

这感觉不错。中尉把我领到上校那儿，对他重复了一遍我的看法。上校说：“给我5分钟。”然后他走到窗口那儿，站在那儿，思考。这是他们很拿手的事儿——决策。关于原子弹工作原理的信息，应该不应该传达到橡树岭的工厂这问题，必须而且也能够在5分钟内得

到决定，我觉得这很了不起。我因此对军队里的这些家伙们肃然起敬，因为要是让我来决定任何重大的事儿，无论给我多长时间，我也决定不了。

5分钟之后，他说："好吧，费曼先生，照你说的办吧。"

我坐下来，我把中子的事儿都告诉了他们，中子是怎么工作的，这个这个，那个那个，太多的中子都凑在一块儿了，你们一定得把原料分开放啊，用镉吸收啊，噼里啪啦讲了一通——在洛斯阿拉莫斯，这都是些基础的东西，他们可是闻所未闻，因此在他们看来，我跟个大天才似的。

结果，他们决定成立许多小组，自己计算，学习怎么弄。他们开始重新设计厂房，而且工厂的设计师在场，建筑设计师、机械师、化学工程师，都在忙活新工厂怎么把原料分开。

他们告诉我，过几个月再来；等工程师们完成了工厂的设计的时候，我就又来了。现在，我该看看工厂了。

这工厂还没盖呢，你怎么看啊？我不知道。赞姆沃尔特中尉，老
124 在我周围转悠，因为我在哪儿，都得有人跟着。他带我到一个屋子里，里头有两个工程师，和一张好长好长好长的桌子，上头放着一堆图纸，告诉拟建的工厂每层楼是什么样子。

我在学校里学过机械制图，但我不太会识图。于是他们就把那一堆图纸铺开，开始为我解释，以为我是个天才。在这个厂房中，他们应该避免的事情之一，是不要把原料堆积起来。他们有些麻烦，比方说，有干燥器在工作的地方，干燥器就趋向于把过多的原料积累起来；如果阀门卡住了什么的，过多的原料就积聚起来，那就会爆炸。于是他们对我解释说，这个厂房设计成这样：如果有一个阀门把原料

卡住了，什么事儿也不会发生。每个地方都需要两个阀门。

接着，他们解释这是怎么工作的。四氯化碳从这儿进来，硝酸铀从这儿进到这儿，它往上，再往下，它穿过地板上了楼，通过管道上来，是从二楼上来的，啪啦啪啦啪啦——一张一张地翻图纸，下去上来，下去上来，说得很快，解释这个非常非常非常复杂的化学工厂。

我整个晕了。更糟糕的是，我不知道图纸上的符号是什么意思！有个什么玩意儿，我开始还以为是窗户呢。那是小方框儿，中间打个叉儿，到处都画这鬼东西。我以为是窗户，但不是啊，不可能是窗户，因为它不总在边上。我想问他们那是什么东西。

想必你也曾经处境如此尴尬：后悔你不早问。不懂就问，早没事儿了。可现在，人家都讲了那么一大堆了。你也犹豫了老长时间。要是你现在才问，他们会说："你浪费我这么长时间，什么意思啊？"

我可该怎么办啊？我有了个主意。那或许是个阀门。我伸出一根手指头，把它压在第三页图纸中间的那个神秘的小叉儿上，说，"如果这个阀门给卡住了，那会怎么样？"——我心里盘算着他们会说："那不是个阀门，先生，是个窗户。"

于是，两个人面面相觑，说："那个，如果那个阀门卡住了——"
在图纸上，一个人上上下下地比画，另一个人上上下下、前前后后地 125
比画，他俩都看着对方。他们转过来，看着我，张着口，像受了惊吓的鱼，说："您完全正确，先生。"

于是，他们把图纸卷起来，离开了，我们也走了出来。赞姆沃尔特先生，一直跟着我，说："您是个天才。您在厂子里走一趟，第二天早晨就能跟他们讲90～207号楼里C－21干燥器的事儿，我当时就知道您是个天才。”他说：“您做得简直令人难以置信，我想知道，您是怎么办到的？”

我告诉他，搞清楚那玩意儿是不是个阀门，就行了。

我处理的另外一个问题是这样：我们不得不用玛珍（Marchant）计算机来进行大量计算。顺便插一句，让你对洛斯阿拉莫斯有个印象：这些玛珍计算机是手摇的，上头有许多数码儿。你拿手摇它，它就加减乘除什么的，但不像如今那么容易。它是机械的玩意儿，经常在关键时候掉链子，那就必得送回工厂修理。我们有几个人把计算机的外壳卸掉了。（我们不该这么干的。上头有警告写得明白：“如果把外壳拆除，我们便不负责……”）我们把外壳卸掉，就学会了怎么修它；因为修的部位越精细，我们就越来越熟悉它。我们遇到太复杂的问题的时候，就把它送回厂子；但容易修的，我们自己修，活儿也不耽误。结果，所有的计算机都由我来修，可车间里有个负责维修打字机的家伙。

无论如何，我们看得很准，那个大问题——就是精确地计算出原子弹爆炸时是个什么情况，就是说，你得精确地计算出有多少能量释放出来这类事儿——这需要很多计算，多得我们招架不过来。有个叫斯坦利·弗兰克（Stanley Frankel）的聪明伙计，意识到这事儿用IBM的机器或许能办得了。IBM有些商用机器，名叫制表机的加法机器；还有个乘法机，你可以把卡片放进去，它就能把一张卡上的两个数乘起来。还有校对机和分类机什么的。

126 弗兰克就琢磨出了一个很妙的方案。如果我们在一个房间里摆的这种机器足够多，我们转着圈儿地往机器里放卡片。搞计数的人都很清楚我说的是什么，但这在当初还是新生事物——用机器进行的大规模生产。我们在加法机上干过这样的事。你通常是一口气把一个步骤计算完，事儿都是你一个人做的。但这个方案有所不同——你先去用加法机，然后用乘法机，然后用加法机，等等。弗兰克因此就设计了这么一个系统，从IBM公司订了许多机器，因为我们意识到，这是个解决问题的好办法。

我们需要有个人来修理这些机器，别让这些机器停摆。军队总是把他们的一个人派来，而他总是姗姗来迟。现在，我们的活儿总是急的。我们做的每一样事儿，我们都得尽快地干。在这种特别的情况下，我们把打算让机器干的所有计算步骤都搞出来了——乘以这个，然后干这个，然后除以那个。我们把程序搞出来了，可没有机器来试验。于是，我们腾了一个屋子，弄了些女孩儿在里面。每个女孩儿都有一台玛珍：一个管乘法，另一个管加法。这一位是算立方——她只管把索引卡上的数的立方算出来，然后传给下一个女孩儿。

我们如此这般转圈儿地试验，最后把这个过程中的一些小瑕疵都去掉了。结果证明，其速度要比老方式，即每个人单独完成所有的计算步骤，快多了。我们这个系统的速度，赶得上IBM机器的设计速度。唯一的不同，是IBM机器不知疲倦，不用三班倒。可我们的女孩儿，过一阵子，都累倒了。

不管怎么样，我们把程序的毛病都克服了，最后机器到了，可维修工没到。这是那个时代技术最复杂的机器，都是些大家伙，得拆卸了，一块儿一块儿地运来，许多许多电线，还有图纸告诉你怎么做。斯坦利·弗兰克、我和另外一个伙计，我们自己动手，把机器组装起来，但我们遇到了麻烦。最大的麻烦，是那些大腕儿们总是过来说："要把东西搞坏的啊！"

127 我们把机器装起来了，有的时候，它运行正常，有的时候组装错了，不转了。最后我捣鼓乘法机，我看到它里面有个零件弯曲了，但我不敢把它弄直，因为它可能啪地一下子断了——人家一直对咱说，咱非得弄出点儿不可挽回的事儿不可。到修理工来了的时候，他把我们还没准备好的机器装了起来，一切正常。但那台让我遇到麻烦的机器，他也觉得麻烦。三天之后，他仍然在跟这最后一台机器忙活。

我凑过去，说："哎，我发现那个玩意儿弯了。"

他说："啊，可不是嘛，都是它惹的祸！"扳直了！一切正常了。这么说是它惹的祸啊。

哈，弗兰克先生，发起这个方案的，就是这主，得了计算机病，如今玩计算机的人，都知道这种病。这病很严重，会完全妨碍正经事儿。和计算机有关的麻烦，是你和它玩。计算机可太妙了。按钮都由你掌握着——你按这个，它就是个偶数，你按那个，它就是个奇数——如果你聪明，用这么一台机器，过不了多久，你就能干越来越老道的事儿。

过了一阵子，整个系统崩溃了。弗兰克心不在焉，没监督着大家。系统运行得很慢很慢——此时此刻，他却坐在另一个屋子里，琢磨怎么让一台制表机自动打印出角度X的反正切，那样机器就开始运行，打印纵表，然后，吱、吱、吱，一边打印，一边通过积分计算把反正切值计算出来。一次运行，就弄出一整套反正切表来。

绝对是吃饱了撑的。我们有反正切表嘛。但是，只要你曾经用计算机工作过，你就理解这种病——它能让你看看自己有多大能耐，这是一乐子！但他是第一个得这病的人，这个作茧自缚的可怜家伙。

领导要我把在小组里的工作放下，接管IBM小组。我竭力避免染上那种病。尽管在9个月里只解决了3个问题，但我这个小组还是很不错的。

真正的麻烦，是没人告诉这些伙计任何事情。军队从全国选了他们这帮人来，说是来做所谓“特遣工程”的事儿——都是些有工程能力的高中生。他们被派到洛斯阿拉莫斯来，住在兵营里，不知道要干什么。128

然后他们来工作了，他们用IBM机器工作——打孔，那是些他们不知何物的数字。没人告诉他们那是什么。事情做得很慢。我说，头一件应该做的事儿，是让这些懂技术的家伙，知道自己在干什么。奥本海默去跟安全部门谈了谈，得到了特别许可，这样我才去讲了很好的一堂课，告诉他们，我们在干什么。他们欢呼雀跃：“我们在打仗啊！我们明白那是什么！”他们知道了那些数字是什么意思。如果计算出的压力高，那就意味着释放出的能量大，等等。他们知道了自己在干什么。

他们整个变了！他们开始发明一些办法把事情做得更好。他们改善了程序。他们加夜班。在晚上也不必有人监督他们；他们什么也不需要。他们什么都理解；他们发明了我们需要的好几种程序。

因此，我的小伙子们出息了，只需要告诉他们那是什么，就成了。结果，尽管他们以前花费了9个月解决了3个问题，现在我们用3个月解决了9个问题，几乎快了10倍。

但我们解决问题的秘密方式之一，是这样：一捆卡片，都得走一圈儿。首先是加法，然后是乘法——这样，它得在这屋子里经过一圈儿机器，很慢的，因为它老这么转来转去。于是我们琢磨出了一个办法，把另一套不同颜色的卡片也加到转圈儿计算中，但时间和前一套不一致。我们一次就可以解决两三个问题。

但这让我们有了另外一个麻烦。比方说，接近战争结束的时候，就在我们在阿尔伯克基试爆之前，来了问题：释放的能量有多少？我们已经计算过好几种设计不同的炸弹的能量释放，但还没计算过最终用来试爆的这一种。因此，克里斯蒂来跟我们说："我们在1个月之内，想知道这东西炸起来有什么结果"——这么说吧，很短的时间，比方说3个星期。

我说："不可能。"

他说："什么呀，你们1个月解决了两个问题。每个问题，只需要
129 2个星期，或者3个星期。"

我说："我知道。解决问题，实际上需要更长的时间，但我们是平行地解决问题。整个过程，需要很长的时间，没办法更快了。"

他出去了，我开始想。有没有办法让它转得更快？没有别的事情来占着机器，没别的事情来打岔儿，办得到吗？我在黑板上写了"我们办得到吗？"向小伙子们挑战。他们全喊起来，"办得到，我们干两班儿，我们加班加点。"都这么个说法。"办了！办了！"

有了规定：别的问题都放下。只有一个问题，全力以赴解决这一个。于是他们开始投入工作。

我妻子阿琳患了肺结核——病得确实厉害。好像任何时候都会出事儿，因此我提前做了准备，借了宿舍里的一个朋友的汽车，以便到

时候好紧急赶往阿尔伯克基。他名叫克劳斯·富克斯（Klaus Fuchs）[8]。他是个间谍，用他的汽车把原子弹机密从洛斯阿拉莫斯送到了圣达菲（Santa Fe）[9]。但当时没人知道这个。

阿琳病危的时刻来临了。我借了富克斯的车，捎带了两个搭便车的，以免这车在往阿尔伯克基的路上出问题。不出所料，我们一到圣达菲，就爆了胎。那两个家伙帮我换胎，正当我们准备离开圣达菲的时候，另一个轮子又爆了。我们就把车推到了附近的一家加油站。

加油站的家伙在修另一个人的车，我们得等上一阵子，才能轮到他来帮我们的忙。我甚至不想说什么，倒是那两个搭便车的，到加油站那里跟他说明了情况。我们很快就有了一个新轮胎（但没有备用的了——在战时，轮胎很难搞到）。

大约离阿尔伯克基50千米的地方，第三个轮子瘪了。我就把车扔在路上，搭便车走完余下的路。我给一家修车行打了电话，让他们过来把车弄走，与此同时，我去了医院看我妻子。

我赶到之后才几小时，阿琳死了。一个护士进来填写死亡证明书，又出去了。我和我妻子多待了一会儿。我看了看我7年前送给她
的那个钟，那时她刚刚患了肺结核。在那年头，这算是个好东西：那 130
是个用数码显示的电子钟；随着机械部分的运转，数码会变化。这钟很娇气，经常因为这样那样的原因停摆——我必须时不时地修修

8 克劳斯·艾米尔·尤利乌斯·富克斯（Klaus Emil Julius Fuchs，1911—1988），出生于德国的物理学家，致力于英美核武器发展的研究，曾因向苏联提供科学机密被监禁。

9 新墨西哥州首府，位于该州中北部，阿尔伯克基东北方。

它——但在那些年月中，我没让它停过。现在，它又停了——停在9：22，死亡证明书上写的就是这个时间！

我记得，有一次我在麻省理工学院兄弟会的房子里，冷不丁地，脑子里出现了一个想法：我祖母死了。接着就来了电话，事儿是这种事儿，却是打给彼得·伯内斯(Pete Bernays)的——我的祖母还活着。我记得这事儿，万一这电话就是打给我的呢？我琢磨着，这种事儿，有时候碰巧会发生——我祖母毕竟也是风烛残年了——尽管大家或许相信，这种事儿的发生，是某种超自然的现象。

阿琳在生病期间，一直把这钟放在她的床头柜上；现在，它停在她死去的那一刻。有的人，对这种事情的可能性，将信将疑，没有善于怀疑的头脑——尤其身在那样的情势之下——一时搞不明白发生了什么事，是会这样解释的：没人动过那个钟，把它解释成寻常现象，是不可能的。我很能理解他们这种想法。但钟不过是停了而已。这就成了那些匪夷所思的现象的一个很有戏剧性的例证。

我看到房间里光线很暗，我记得当时那个护士把钟拿起来，转到灯光这边儿，看钟面好看得清楚些。这就很容易把钟弄停。

我到外边走走。或许我在自欺欺人，但让我惊讶的是，我没有人们在这种情况下该有的那种感觉。我没有高兴，但也没觉得特别难过，这或许是因为，7年来，我已经知道这事儿是免不了的了。

我不知道我如何面对我在洛斯阿拉莫斯的朋友们。我不希望大家拉长着脸跟我谈这事儿。当我返回的时候（在路上又爆了一个胎），他们都来问我发生了什么事儿。

“她死了。工作进行得怎么样？”

他们立刻明白了，我不想为此终日哀伤。

（我显然为自己做了一些心理安慰的事：现实是重要的——我一 131
定要理解，从生理学上说，阿琳究竟是怎么了；我没哭，直到几个月之后。当时我在橡树岭，我正走过一家百货商店的橱窗，里头挂着女式服装，我想阿琳或许喜欢其中的一件。此时此刻，我不胜悲戚。）

等我回去进行计算工作时，我发现那里一团糟。有白色的卡，有蓝色的卡，有黄色的卡，我开始说："没人要你们解决另外的问题——只有一个问题嘛！"他们说："出去、出去、出去。少安毋躁——我们会把一切解释清楚。"

那我就少安毋躁，事情是这样的：当卡片在里面走的时候，这机器有时会出错儿，或者他们也可能把卡片塞错了。在发生这样的事情时，我们以前通常的搞法，是返回去，从头再来。但他们注意到，在一圈儿计算的某一点上发生的一个错误，仅仅影响附近的几个数，下一圈儿也影响附近的几个数，如此等等。它是论每包卡片计算的。如果你有50张卡，你在39号卡那儿出了个错误，它会影响37、38、39号卡。下一圈儿受影响的，是36、37、38、39和40号卡。下一次，这错误就像一种病那样蔓延开来。

他们往回走一段儿，发现了一个错误，于是就得到一个主意。他们只计算那个错误周围的一小叠卡片。因为往机器里塞10张卡，要比塞50张的一叠卡，快得多，所以他们在继续计算那传播疾病的50张卡的同时，快速地计算10张卡的那一叠。因为10张卡的那一叠计算得很快，他们就把它封起来，并纠正它的错误。好聪明啊。

这帮家伙干得如此神速，靠的就是这办法。假如他们停下来从头再来，我们就损失了时间。我不一定能想出这法子啊。他们却在做这不一定的事儿。

当然，正当他们在忙活的时候，发生了个事儿。他们在蓝色的那叠卡里发现了一个错误。于是他们弄了张数少一些的黄色的一叠卡；这黄的一叠比蓝的一叠走得快。正当他们为此疯魔的时候——因为在他们把这个弄好了之后，他们不得不去纠正那一叠白卡里的错误——我这当老板的踱进来了。

“别来烦我们。”他们说。我不去烦他们了，一切都搞妥了。我们
132 及时解决了问题。事儿就是这么办成的。

起初我是个小卒子。过了一阵子，我当了小组长。我见到了一些大人物。见到那些魅力四射的物理学家，是我一生中最棒的经历之一。

其中当然有恩里科·费米[10]。他曾经从芝加哥来了一趟，稍微问了问情况；如果我们有问题，他就帮我们。我们曾经和他开了个会，我一直在搞计算，也取得了一些结果。那些计算太精细了，非常难。在这方面，我通常是专家；我总是能告诉你结果会是怎么个样子；在我得到结果的时候，我也能解释为什么会有这么个结果。但是，现在的事情太复杂，结果为什么是那个样子，我解释不了了。

因此，我告诉费米我正在解决这么一个问题，开始解释那些结果。他说：“等一下，在你告诉我结果之前，让我想想。结果会是这个样子（他说对了），结果之所以会是这个样子，那是因为这个这个那个那个。这太明显了，我们可以这样解释……”

10　恩里科·费米（Enrico Fermi，1901—1954），意大利裔的美国物理学家，因研究中子人工引发原子衰变而获1938年诺贝尔物理学奖，1942年他在芝加哥大学拥挤的球场上第一次实现了受控连锁核反应。

他这一招儿，本该是我的拿手好戏，可他比我强十倍。真是山外有山啊。

接着是约翰·冯·诺伊曼，大数学家。我们通常在星期天一起散步。我们在峡谷里走，贝特和鲍勃·巴舍尔也经常入伙儿。那真是一乐子。冯·诺伊曼给了我一个很有意思的想法：你不必为你身在其中的这个世界负责。由于冯·诺伊曼的这个建议，我形成了对社会强烈的不负责任感。这使我从此以后成了一个很快乐的人。是冯·诺伊曼播下了这颗种子，这种子在我的思想里长成了活跃的不负责任感！

我还见到了尼尔斯·玻尔[11]。他那时名叫尼古拉斯·贝克（Nicholas Baker），他是和他儿子吉米·贝克（Jim Baker），他的名字实际上叫亚奇·玻尔（Aage Bohr），一起来到洛斯阿拉莫斯的。他们是从丹麦来的，父子俩都是非常著名的物理学家，这个你都知道。即使对那些大腕的家伙来说，玻尔也是一尊大神。

我们一起开过会，他第一次来的时候，人人都想一睹伟大的玻尔的风采。因此那儿人很多，当时我们在讨论原子弹的问题。我坐在后边哪个角落里。他来也匆匆，去也匆匆，我只能从大家脑袋之间的缝隙看他。

在他第二次来的那天早晨，我接到了个电话。 133

"喂——费曼吗？"

"是我。"

---

11 尼尔斯·亨利克·戴维·玻尔（Niels Henrik David Bohr，1885—1962），丹麦物理学家。因对原子结构和放射的研究获1922年诺贝尔物理学奖。他的儿子亚奇·尼尔斯·玻尔（Aage Niels Bohr，生于1922年）也是一个物理学家，因发现原子核的非对称性而获1975年的诺贝尔物理学奖。

“我是吉米·贝克，”是他儿子，“我父亲和我想跟你说说话。”

“和我？我是费曼。我只是个……”

“好了，好了。八点可以吗？”

因此，在早晨八点，在大家醒来之前，我去了那地方。我们进了技术区的一个办公室，他说：“我们一直在考虑怎么让这炸弹更有威力，我们考虑的是下面这个看法。”

我说：“不成，那不管用。那没威力……叽里呱啦、叽里呱啦。”

于是他说：“如此这般，怎么样？”

我说：“那听上去好那么一点儿，但透着点儿蠢劲。”

就这么谈了大约两小时，来来往往地说了很多想法，还发生了争论呢。伟大的玻尔，不断拿火点他的烟斗，烟斗总是灭。他讲话的方式，不大好懂，嘟嘟囔囔，嘟嘟囔囔，很难听明白。他儿子的话，我听得比较清楚。

“好吧，”他最后点着烟斗说，“现在，我猜我们可以把那些大腕们招呼来了。”于是他们把别的家伙们都叫来了，和他们讨论。

后来，他儿子把事情的来龙去脉告诉了我。上次他来的时候，玻尔对他儿子说：“还记得坐在后边那个小家伙叫什么名字吗？就他这么一个家伙，不怕我。我想法走火入魔的时候，他敢直言。因此，下次咱们想讨论的时候，不能和那些张口闭口是的、是的玻尔博士的家伙们说了。把那小子找来，咱们先跟他聊聊。”

我总是这么傻乎乎的。我从来不知道自己在跟谁讲话。我总是为物理学操心。如果那个想法看起来糟糕，我就说它看起来糟糕。如果它看起来好，我就说它看起来好。我不会拐弯抹角。

我总像这样过日子。这很好，很快乐——但愿你也能这么办。在我的一生中，我很幸运，可以这么办。

我们把计算搞出来了，下一件事儿，当然，就是试爆。那个时候，134
我实际上在家里休了一个很短的假期，那是在我妻子去世不久，传来消息说："小宝宝在哪天哪天要降生了。"

我飞了回去，我到的时候，大巴刚刚要开，所以我就直接去了现场。我们在那儿等着，在30千米开外。我们有个收音机，他们该告诉我们这东西什么时候爆炸之类的，可收音机坏了，因此我们根本不知道下面会发生什么事儿。但是，就在它应该爆炸的前几分钟，收音机好了，那边告诉我们还有20来秒，这是对我们这些站在远处的人而言的。另一些人，靠得比较近，在10千米的地方。

大家发了墨镜，好戴着墨镜看。墨镜啊！30千米之外，透过墨镜，你啥玩意儿也看不到。我琢磨着，真对你眼有害的（亮光怎么也伤不了眼），只有紫外线。我坐在一辆卡车的挡风玻璃的后边儿，因为紫外线穿不透玻璃，这该安全吧，这样我才好看那个鬼东西。

时候到了，那边一团巨大的闪光，晃得我猫下腰去，我却在卡车的底板上看到一片紫色。我说："不对劲。这是视觉残留的余像。"我于是抬起头，看到白光变成了黄的，又变成了橘红的。云朵形成又消散——这是冲击波压缩和膨胀的结果。

最后，一个橘红的大球，中心明亮异常，它变成了一个橘红的球，开始升腾，稍作汹涌状，边缘稍微黑了一点儿，然后你看到它成了一个闪闪发光的大烟团，内部的火突突窜出，还有热。

这一切持续了大约1分钟。那是一个由明到暗的序列，我都看见了。或许我是看清楚了这鬼东西的唯一的一个人——第一次"三合一"试爆。别人都戴着墨镜；10千米处的人，什么也没看到，因为他们按照指示趴在地上。我多半是用肉眼看它的唯一的家伙。

最后，大约一分半钟，突然，一声巨响——嘣，然后作隆隆之
135 声，犹如滚雷一般——这声音让我心里有底了。在这整个过程中，没人说一句话。我们只是默默地看。但这声音，让大家如释重负——特别让我如释重负，因为，这声音，从那么远传来，厚实，这意味着，事儿真的成了。

站在我旁边的那人，说："那什么玩意儿？"

我说："那就是那炸弹了。"

那人是威廉·劳伦斯（William Laurence）。他在那儿，是为了写一篇文章来讲述整个情况。我本是负责带他到各处看的。后来发现，事情对他来说，太技术性了，因此后来来了个史密斯（H. D. Smyth），我就带他到处看。我们做过的一件事，是我们到了一个房间，在一个窄窄的基座的顶上，有一个镀银的小球。你可以把手放在这球上。它热乎乎的。它有放射性。它是钚。我们站在这房间的门口，在谈论它。这是一种人造的新元素，在地球上是前所未有的，或许它只在地球刚形成的时候，存在了非常短暂的一段时间。此时此地，它被分离了出来，有放射性等性质。我们把它造出来了，因此，它是个无价之宝。

与此同时，你知道大家在谈话的时候，都是个什么德性——浑身乱动什么的。他在踢那个制门器，我说，你明白吧。"没错，这制门器和这门可真是太般配了。"这个制门器是个直径25厘米的黄灿灿的金属半球——金的，真的。

话得从头说起：我们需要做一个实验，看看不同的材料能把多少中子反射回来，这为的是节约中子，那样我们就不必用掉那么多材料了。我们试过许多不同的材料。我们试过白金，我们试过锌，我们试

过黄铜，我们试过金。因此，在用金做实验的时候，我们有了一些碎金子。某人出了这么个聪明的点子，用这个大金球当存放钚的那房间的制门器。

这玩意儿爆炸了以后，洛斯阿拉莫斯一片兴奋。大家都在聚会，我们到处乱跑。我还坐在吉普车后座打鼓什么的。只有一个人，罗伯特·威尔逊，坐在那儿，闷闷不乐。

我说："怎么闷闷不乐的呀？"

他说："那是个可怕的东西，我们造的。" 136

我说："这可是你挑头儿的。你把我们大伙都扯了进来。"

你瞧：我都干了什么——这其余的人都干了什么——我们蛮有理由，就动手干了，然后你卖劲干活儿，弄成了一个东西，这很快乐，很刺激。你知道，你停止思想了；你就是停止思想了嘛。此时此刻，只有罗伯特·威尔逊一个人，还在那儿思考这事儿。

此后不久，我返回了文明世界，到康奈尔大学教书。我的第一感觉很奇怪。我不理解那种感觉，但当时是很强烈的。我坐在纽约的一家饭店里，比方说，看着窗外的建筑物，开始想，你知道，广岛原子弹的破坏半径有多大……第34大街离这儿多远……所有那些建筑物，全部夷为平地——等等。我一边走，一边看有人在造大桥，或者在铺新路，我想，他们都疯了，他们就是不明白，他们不明白啊。我们为什么要造新东西？都在瞎忙活。

但幸运的是，这种瞎忙活的日子，已经过去了将近40年，不是吗？因此，说造大桥是瞎忙活，可见是错了；别人有勇往直前的勇气，我很欣慰。

137 # 撬锁贼碰到了撬锁贼

我跟一个名叫列奥·拉法特里（Leo Lavatelli）的家伙学会了开锁。我发现，一般的旋转弹簧锁——如耶鲁锁——容易开。你把螺丝刀插在锁眼儿里（你得贴着一边往里插，好让锁眼儿留出空隙），试着转动。这么转，是转不动的，因为里头有一些栓子，一定得把栓子抬到一定的高度（用钥匙）。因为锁造得不那么地道，因此经常只有一个栓子在吃力，其他栓子不起作用。现在，如果你把一段铁丝——或许是一个曲别针，头上有个小凸起的最好——插进去，然后再在锁里前后哆嗦着，你最后就能把那个吃大部分力的栓子，撬到合适的高度。锁就松动了，但只松动了一点儿，第一根栓子在上面待着，卡在边上。现在，大部分的力，是第二根栓子吃着，你再花几分钟重复刚才这个随意的过程，直到把全部的栓子都拉起来。

经常发生的事儿，是螺丝刀打滑，你听到吱啦、吱啦、吱啦，这让你急得发疯。在钥匙拔出来的时候，有一些小弹簧就把栓子推到下边了；把螺丝刀一拔出来，你就听得见栓子啪啦一下掉下去了。（有时你故意把螺丝刀拔出来，为的是看看你插的地方对不对——比方说，你可能插错地方了。）这过程有点儿像西西弗斯（Sisyphus）[1]：你

1　古希腊神话中残暴的科林斯国王，被判将一块巨石推上海蒂斯的一座小山，而每当接近山顶时，石头又会滚下来。

总是从山顶上滚下来。

过程是简单的，熟才能生巧。你得学会怎么紧紧把东西压住——压得足够紧，栓子才会待在那儿，但也不能太紧，否则栓子就不往上
走了。大家经常把自己锁了起来，把锁开开不那么难，而大多数人其 138
实都不知道这个。

在我们开始在洛斯阿拉莫斯搞原子弹项目的时候，一切都是匆匆上马，实际上没准备好。这项目的全部机密——所有和原子弹有关的东西——都放在文件柜里。要是文件柜锁了的话，也是用的挂锁，这种锁或许只有三个栓子：开这种锁，跟掰开饼似的容易。

为了加强保密工作，车间为每个文件柜加了一根挺长的铁棍儿，把抽屉把手串起来，再用挂锁绊住铁棍儿。

有个家伙对我说：“瞧车间弄出的这个新生事物——现在你能把柜子打开吗？”

我看了看柜子背面，看到抽屉底不结实。每个抽屉上都有了狭缝，狭缝里有一根铁棍，铁棍绊着一个可以滑动的板（它在抽屉里边把文件拢住）。我从后边把手伸进去，把那个板往后推，然后从狭缝往外扯文件。“瞧！”我说，“连锁都不用撬。”

在洛斯阿拉莫斯，大家都很合作，我们觉得指出应该得到改善的事儿，是我们的责任。我一直在发牢骚，说文件不安全，可别人都认为那很安全，因为有钢棍儿，有挂锁，可那顶个什么用啊。

为了证明那些锁不顶用，每当我需要一个人的报告而他又不在旁边的话，我就径直到他们的办公室，打开文件柜，把东西拿走。我把事情做完了，就把东西还给那个家伙：“谢谢你的报告。”

“你从哪儿弄的？”

“从你文件柜里拿的。”

“但我把它锁了啊！”

“我知道你锁了。锁不顶用。”

终于来了一些文件柜，装了“莫斯勒锁业公司”造的密码锁。柜
子上有三个抽屉。把最上边的抽屉拉开，挂钩就开了，另外两个抽屉
也就跟着开了。最上边的那个抽屉是这么开的：按照密码，转动密码
139 轮，往左，往右，再往左，然后往右转到10，这就把里边的一个闩挑
开了。整个文件柜是这么关的：首先关上底下的两个抽屉，然后关最
上边的那个抽屉，转动密码轮离开10，这就把那个闩扣上了。

自然，这种新文件柜立刻成了我的挑战。我喜欢难题。一个家伙搞出个东西，来为难另一个家伙；可是，道高一尺，魔高一丈！

我必须首先理解这种锁是怎么工作的，所以我就把我办公室的那个拆了。它工作的道理是这样的：一根杆上有三个圆盘，一个挨着一个，每一个圆盘都在不同的地方有凹槽。这个想法，是把三个凹槽排成一条线，这样，当你把密码轮转到10的时候，一点点摩擦力会把那个闩带进由那三个圆盘组成的狭缝里。

现在，转动三个圆盘，就有一个栓子从密码轮的后面伸出来，还有一个同样半径的栓子是从第一个圆盘上竖起来的。把密码轮转一圈，你就会把第一个圆盘带起来。

第一个圆盘背后有一个栓子，其半径和第二个圆盘前边的那个栓子的半径一样，因此，等到你把密码轮扭到第二圈的时候，你也把第二个圆盘带起来了。

继续转动密码轮，第二个圆盘背后的栓子，会连动第三个圆盘前面的那个栓子，现在你就把第三个圆盘弄到了跟密码轮的第一个数

字相符合的合适位置上了。

现在，你必须向相反的方向转动密码轮一整圈，以便从另一边连动第二个圆盘，然后继续按照密码轮的第二个数字转动。以便把第二个圆盘弄到合适的位置上。

你再次反转方向，把第一个圆盘弄到合适的位置上，现在，三个凹槽在一条直线上，把密码轮转到10，柜子开了。

我折腾了一番，没有进展。我买了两本开锁的书，都是大同小异的。书开头讲关于这位开锁匠非凡业绩的几个故事，比方说，一个女人把自己锁在了藏肉的冰箱里，快要冻死了，这位开锁的，把自己倒挂在房梁上，两分钟就把它打开了。或者海底下有一些昂贵的皮毛和金条，他潜到水下，把箱子打开了。

书的第二部分，告诉你怎么开保险柜。书里有各种各样的傻里傻 140
气的东西，比方说“把某个日子当密码试试，或许是个好主意，因为许多人喜欢把日期当密码”，或者“考虑一下保险柜主人的心理，他可能把什么数字当作密码”，以及“秘书常常担心把保险柜的密码忘了，所以她或许把密码写在如下这些地方——写字台的边上、通讯录里……”等等。

怎么打开一般的保险柜，这些书确实告诉了我某些有意思的东西，而且也很容易理解。一般的保险柜，有一个多余的把手，因此，如果在你转动密码轮的时候，往下压那个把手，事情就不公平了（对锁不公平）。把手上的力，试图把闩推到凹槽里（并没有排成一条线），而一个圆盘受的力会比另外一个多。当那个圆盘上凹槽走到闩的下面的时候，会有一声轻微的啪啦，用听诊器是可以听到的，或者你手上可以感觉到摩擦力增加了一点儿（要感到摩擦力，你不必用砂纸来擦你的指尖)，你知道，“找到一个数码了”！

你不知道那是第一、第二还是第三个数码。但是，你很可能猜得出是哪一个，只要你看看你需要反转密码轮多少次才又能听到那声啪啦就行了。如果不需要转一圈儿，那就是第一个圆盘；如果少于两圈儿，那就是第二个圆盘(你必须根据栓子的粗细做相应的矫正)。

这一有用的手法，只能对付有把手的一般的保险柜，所以我又没辙了。

我在文件柜上把各种各样的辅助手段都试过了，诸如不打开顶上那个抽屉，把前面的螺丝钉卸掉一个，然后插进一段晒衣服用的铁丝，想把下面的两个抽屉的插销弄开。

我试过快速转动密码轮，然后转到10，这样会增加一点儿摩擦力，我指望这会使一个圆盘以某种方式停住。我把什么东西都试过了。我都急眼了。

我还进行了不少系统的研究。比方说，一种典型的密码组合是69－32－21。在你想把保险柜打开的时候，密码允许多大的误差？假
141 如密码是69，那么68也管用吗？67也管用吗？就我们的这种特别的锁而言，答案是：68和67都管用，但66不管用。在两个方向上，允许的误差都是2。这意味着，每五个数码，你就得试其中的一个，所以你可以试0、5、10、15，等等。在一个有100个刻度的密码轮上，就有20个这样的数码，这样就有8000种可能的数码组合；如果你想试遍全部数码的话，那么就有100万种可能的数码组合。

现在的问题是，试完8000种数码组合，要花我多长时间？假定我们已经得到了我想得到的前两个正确的数码组合，比方说，是69-32。但是我并不知道，我得到的数码组合是70－30。我可以试20种可

能的第三个数码组合，而不必每次都确定前两个数码组合。现在，假定只有第三个数码组合是对的。在第三个圆盘上把20个数码试完了之后，我就稍微转动一下第二个圆盘，然后在第三个圆盘上试另外20个数码。

我一直在我自己的保险柜上练习，所以我能以我最快的速度进行这个过程，而且脑子不乱，不会忘记该试的数码到了哪一个，从而把前一个数码搞乱。就像练习变戏法似的，我在试数码的时候，绝对有节奏，不到半小时，就能试遍后面的400个可能的数码组合。这意味着我最多只需要8小时开一个保险柜——平均4小时开一个。

洛斯阿拉莫斯还有另一个家伙，叫斯塔雷（Staley），也对锁感兴趣。我们时不时地谈开锁的事儿，但没谈出个什么。等我琢磨出怎么在平均4小时内打开保险柜的时候，我想向斯塔雷显示一番这是怎么弄的，所以我走进计算部的一个家伙的办公室，问道："用一下你的保险柜，介意吗？我想让斯塔雷长点儿见识。"

与此同时，计算部的几个家伙过来看热闹，一个家伙说："嗨，各位；费曼想让斯塔雷见识见识怎么开保险柜，哈、哈、哈！"我本来没真的打算开保险柜；我只是想向斯塔雷显示怎么快速地试后两个数码，却又不会忘记试到哪儿了，以至于不得不再确定第一个数码。

演示开始。"让我们假定第一个数码是40，我们把15作为第二数字来试。我们往前和往后转到刻度10；再往后多转5个刻度，再往前转到刻度10；如此这般。现在，我们已经试过了可能的第三个数码。现在，我们把20当作第二个数码来试；我们往后转到刻度10，往前转 142
到刻度10；再往后多转5个刻度，往前转到刻度10；往后再转5个刻度，往前，咔嚓！"我下巴都掉下来了：第一和第二个数码碰巧对了！

没人看到我什么表情，因为我背对着他们。斯塔雷看来吃惊不小，但我们俩都很快知道是怎么回事儿，于是我兴高采烈地把顶上的抽屉拉了出来，说："搞定了！"

斯塔雷说："我看明白了你什么意思；这办法非常棒。"——我们俩迈步出门。大家都傻了眼。那纯粹是瞎猫碰到了死耗子。但我确实名声大噪，我会开保险柜。

花了我大约一年半的时间，我才有这造诣。（当然，我也在搞原子弹！）我觉得我已经把保险柜打败了，这意思是说，如果确实真出了麻烦——如果有人失踪了或者死了，没其他人知道密码，但我们急着要文件柜里的东西——我是能把它打开的。在读过了开锁匠书里的那些华而不实的东西之后，我觉得我这一次堪称壮举。

我们在洛斯阿拉莫斯没什么娱乐，我们得为自己找点儿乐子，因此摆弄我文件柜上的莫斯勒锁，成了我的一项娱乐活动。有一天，我观察到了一个有趣的事儿：当锁开着的时候，抽屉也拉出来了，密码轮停在刻度10（人在打开文件柜往外拿文件的时候，就是这么干的），锁闩还扣着呢。锁闩还扣着，这什么意思？这意思是：锁闩仍然在排成一条直线的三个圆盘形成的凹槽里啊。哇噻！

现在，假如我把密码轮稍微转离刻度10，锁闩就从凹槽里抬起来了；如果我们立刻返回刻度10，锁闩就又掉进了凹槽，因为我还没把凹槽搞乱。如果我每次转5格转动密码轮离开刻度10，那么到某一个刻度，即使我再返回刻度10，锁闩也不会掉在凹槽里了：凹槽已经搞乱了。紧前面那个数，即仍然允许锁闩掉到凹槽的那个数，就是密码组合的最后一组数！

我意识到，我可以依照此法发现第二组数：一旦我知道了最后一组数，我就可以朝另一个方向，还是每次转5格，一点一点地转第二个圆盘，直转到锁闩掉下去，而紧前面那个数就是第二组数码。

如果我很有耐心，我会把三组数都这样搞出来，但用那种很细致的办法弄到第一组数码组合需要的劳动，要比在文件柜关着的时候 143
并且在你已经知道后两组数码的前提下去试那20个可能的第一组数码所需要的劳动多得多。

我练啊练啊，练到我连密码轮都不怎么看，就能从开着的文件柜上搞到后两组数码。然后，等我在某个家伙的办公室里讨论物理问题的时候，我就倚着他打开的文件柜，就跟人在谈话的时候，漫不经心地摆弄钥匙似的。我不过是在前前后后、来来回回地扭密码轮而已。有时我用手指头去摸锁闩，所以我也不需要看看它是不是从凹槽里出来了。用这种办法，我搞来了好些文件柜的后两组数码。我回到自己的办公室，就把这些数字写在一张纸上，藏在我的文件柜里。每次我要看那张纸的时候，都要把锁拆开——我觉得把它藏在这地方，是安全的。

过了一阵子，我的名声传扬开了，因为下面这种事儿是会发生的。有人会说："费曼，克里斯蒂出城了，我们需要他保险柜里的一份文件——你可以打开吗？"

如果我知道我没有那个保险柜的后两组数码，我就敷衍道："抱歉，可我眼下腾不出身啊；我得把这个工作做完。"如果我有那两组数，我就说："好的，可我得去找工具。"我不需要什么工具，但我要回我办公室，把我的文件柜打开，把那张纸拿出来："克里斯蒂——35，60。"然后，我带着把螺丝刀，到克里斯蒂办公室里，顺手把门带上。很明显，不是每个人都可以看我是怎么弄的！

我一个人待在那儿，几分钟就把保险柜打开了。我要干的，仅仅是最多需要20分钟搞到第一组数码，然后坐下来看杂志什么的。让人看出这事儿很容易办，那又何必；有人会琢磨出这其中必定有窍门！过一阵子，我开了门，说："开了。"

大家以为我能把保险柜打开，每次都要摸索。我能把锁打开，是碰巧了，让他们那样想好了，那都是因为和斯塔雷的那次偶然的事儿。没人琢磨出我把他们保险柜的后两组数码搞了去，尽管我一直这
144 么搞，或许正是因为我一直这么搞，他们才不知道，就像一个靠玩扑克骗钱的骗子一样，走哪儿都带着一副扑克。

我经常到橡树岭检查铀工厂的保密工作。一切都是匆匆上马，因为那是战时。有一次，我非得在周末去不可。那是个星期天，我们在那个家伙的办公室里——一个将军，一个头儿，或者某个公司的副总裁，几个大人物什么的，还有我。我们聚在那儿讨论一份报告，这报告在这家伙的保险柜里——一个机密保险柜——他那时突然意识到他不知道密码。知道密码的，只有他秘书一个人，于是他给她家里打电话，结果她到山上野餐去了。

正当这么折腾着的时候，我说："要是我来摆弄一下这保险柜，你不介意吧？"

"哈、哈、哈——一点也不介意！"我就走到保险柜那儿，开始捣鼓。

他们开始商量，从哪儿弄辆车去找找那个秘书。那家伙越来越尴尬，因为他让大家在这儿空等，他是这么一头蠢驴，连自己的保险柜都打不开。在场的每个人都烦了，都跟他急眼，正在此时，啪啦！——保险柜开了。

在10分钟之内，我就把这个装着和工厂有关的全部机密文件的保险柜给打开了。他们目瞪口呆。这保险柜显然不怎么保险啊。这可是沉重的打击啊：所有这些"只可阅读、不可带走"的东西，这些绝密文件，锁在这么一个美妙的机密柜里，而这个家伙，10分钟就把它打开了！

我当然能把这个保险柜打开，因为我搞走人家保险柜的后两组密码，都成了习惯。我在前一个月来橡树岭的时候，来过这个办公室，其时这个保险柜开着呢，我呢，就漫不经心地把它的两组数码弄出来了——我总在操演我的这个嗜好。尽管我没把数码写下来，但我还能模模糊糊地记得。第一次，我试了40－15，然后试了15－40，但这都不管用。然后我试了10－45，和可能的第一组数码一起试，于是就打开了。

在另一个周末，还是在橡树岭，发生了一件相似的事儿。我写好了一份报告，这报告必须让一个上校认可，而报告放在他的保险柜里。这里的每个人都把文件放在像洛斯阿拉莫斯那样的文件柜里，但他是个上校啊，所以他的柜子花花儿得多：两扇门，装了两个把手，
把手把四个2厘米粗的钢制锁闩从构架上拉了回来。大黄铜门晃开 145
了，他把我的报告拿出来读。

我还没有机会见识一下这么好的保险柜呢。我对他说："在你读报告的时候，我看看你的保险柜，介意吗？"

"随你看。"他说，确信我做不了什么事。我看了看一扇厚重的黄铜门的背后，发现那个密码轮连着一个小锁，这小锁就跟我在洛斯阿拉莫斯的文件柜上的那个小部件一模一样。同一个公司，同样的小闩子，不同的仅仅是：这里的锁闩下来的时候，保险柜上的大把手能把

一些钢棍拨到侧路上，而且借助一串杠杆，你可以把那些2厘米粗的钢棍拉回原处。这整个的杠杆系统，依靠的仍然是把我的文件柜锁住的那样一些小闩子。

仅仅是出于职业完美主义的原因，为了确定这个保险柜实在没什么两样，我把它的两组密码弄到手了，方法和我从其他文件柜上搞密码一样。

与此同时，他在那里读报告呢。读完了，他说："行，不错。"他把文件放在保险柜里，抓着那两大把手，把两扇大黄铜门晃上。关门的声音，铿然悦耳，但我知道那全是心理战术，因为它除了是同样的破锁之外，什么也不是。

我禁不住想刺挠刺挠他（我对军队里的家伙总有看法，瞧这身神气活现的军装），我就说："从你关这保险柜的派头来看，我猜，你觉得东西放那儿，挺安全。"

"那还用说。"

"你觉得东西放那儿挺安全，唯一的理由，是因为老百姓把那玩意儿叫作'保险'柜。"（我在这节骨眼儿上用了"老百姓"这词儿，听起来好像他已经被老百姓愚弄了似的。）

他非常恼火。"什么意思啊，你——它不保险？"

"开锁的好手，30分钟就弄开它。"

"你能30分钟把它弄开吗？"

"我说的是开锁好手嘛。我来开，大约需要45分钟。"

"也罢！"他说，"俺老婆在家等俺吃晚饭来着，可俺打算待在这
146 儿看看热闹。你给我坐那儿，弄那倒霉玩意儿弄上45分钟，要是弄不
开的话……"他坐在他的大皮椅子上，把脚翘在写字台上，看起报

纸来。

我信心十足，拉了把椅子，坐在保险柜前头。我开始随机转动密码轮儿，这是故作姿态而已。

约莫5分钟之后，当你坐着等的时候，5分钟显得好长，他有点儿不耐烦了："我说，进展如何？"

"对付这么个东西，开就彻底开了，否则就是开不了。"

我琢磨着，再过一两分钟，也就差不多了，于是我就真用心地开它，两分钟之后，啪啦——开了。

上校的下巴掉下来了，眼珠子爆出来了。

"上校，"我说，语气严肃，"让我跟你说点儿这些锁的事儿。在保险柜的门敞着的时候，或者顶上的那个抽屉拉开的时候，把密码弄到手，易如反掌。就在你读报告的时候，我正弄这事儿呢，仅仅是为了表明这种危险。你应该坚决要求大家在工作的时候，把抽屉锁上，因为抽屉敞着，这柜子真是不堪一击呀。"

"敢情！我明白你什么意思。这事儿好玩哈！"从此，我们站在了同一立场上。

下次我到橡树岭的时候，那儿的秘书，那儿的人，知道我是何许人也，老对我说："别打这儿过！别打这儿过！"

原来，上校已经给工厂的每个人发了通知，通知说："在费曼先生上次来访期间，在任何时间，他是否进过你的办公室，是否靠近过你的办公室，或者是否穿过你的办公室？"有些人说是，另一些说否。那些说是的，又得到了个通知："请更改你保险柜的密码。"

那就是他的解决方案：我成了危险。因此，由于我，他们全体都不得不更改密码。更改密码，再记住新密码，这事儿真是可恼啊，因

此他们全体都跟我急了眼了，不想让我靠近他们：他们或许还得再次
147 更换密码。当然，在他们工作的时候，抽屉仍然敞着！洛斯阿拉莫斯有个图书馆，藏着我们工作的全部文件：那里有一个坚固的水泥房间，有一扇漂亮的大门，门上有个能转的轮子——跟银行金库似的。在战争期间，我曾想凑近看看。我认识在那儿当图书馆员的那个女孩儿，我求她让我玩玩那门。我对这门着了迷：它是我见过的最大的锁！我发现，我要想进去，用搞到两组密码的那老办法，不灵了。在门敞着的时候，我一扭把手，实际上是把锁锁上了，锁头伸出来了，没办法再把门关上，偏得等那女孩儿来再打开锁才成。我就此罢手，不再玩那锁了。我没工夫琢磨这锁是怎么工作的；它大大超过了我的本事。

在战后的那个夏天，我有一些文件要写，有些工作要扫尾，所以我从康奈尔大学回到了洛斯阿拉莫斯（那年我在康奈尔大学教书）。我工作到中间，必得引用我以前写的一个文件，但我记不得了。那文件就在那个图书馆里。

我到那儿去找那个文件，那儿有个当兵的，走来走去的，还有枪呢。那是个星期六。在战后，这图书馆星期六不开门。

于是我记起了我很要好的一个朋友，弗里德里克·德·霍夫曼（Frederic de Hoffman）做的事儿。他是“解密部”的。战争之后，军队考虑着把某些文件解密，他不得不来来回回跑那个图书馆——看看这个文件，看看那个文件，检查这个，检查那个——简直快要发疯！他于是就把每一份文件——关于原子弹的全部文件——都拷贝了，放在他办公室里的九个文件柜里。

我到了他办公室，灯亮着呢。看来那儿有人——或许是他的秘

书——刚出去几分钟，于是我就等。我一边等，一边开始捣鼓一个文件柜上的密码轮。（插一句，我不知道德·霍夫曼文件柜后两组密码。这些文件柜是在战后、在我离开后送来的。）

我开始玩其中的一个密码轮儿，开始想那几本开锁的书。我心里想：“我从来没把书里写的那些招数放在眼里，因此我也没试过，那就让咱们试试，照书上的点子，看咱能不能打开霍夫曼的保险柜。” 148

第一招，秘书：她担心把密码忘了，就把密码写在什么地方。我开始踅摸书里提到的几个地方。写字台抽屉锁着，但那锁是列奥·拉法特里教我开的那种普通锁——啪地一声就开了！我看了抽屉边儿：什么没有。

然后，我翻看秘书的文件。我找到了一张纸，所有秘书都有这种纸，整整齐齐地写着希腊字母——以便她们能在数学公式里能认出这些字母——还注了音。就在那儿，沿着纸的上缘，漫不经心地写着 $\pi = 3.14159$。好了，六位数，那么为什么秘书必得知道圆周率的数值呢？明摆着的；没别的理由！

我走到文件柜那儿，试第一个：31－41－59。没开。然后，我试59－41－31。也不灵。然后，95－14－13。往前，往后，头朝下，这么摆，那么放——都不管用！

我把写字台抽屉关了，走到门外，又想到了开锁的书；其次，试试心理法。我对自己说：“弗里迪·德·霍夫曼，铁定是那种用数学常数当保险柜密码的家伙。”

我回到第一个文件柜那里，试27－18－28——啪啦！开了啊！（在重要性上仅次于圆周率的数学常数，是自然对数的底，$e=2.71828\cdots$）有九个文件柜，我已经把第一个开了，但我要的文件

不在里面 —— 柜子是按作者名字的字母顺序排的。我试着开第二个柜子：27 – 18 – 28，啪啦！密码相同，也开了。我想，“妙哉！我已经打开了关于原子弹的机密文件，但是，如果我在将来要讲这故事的话，那我一定得拿准全部密码真的一个样儿！”有几个文件柜在下一个房间里，于是我就在其中的一个柜子上试27 – 18 – 28，开了。现在，我已经开了三个保险柜 —— 全是一样。

我心里想：“现在，我现在可以写一本开锁的书了，管保打遍天
下无敌手，因为，在开头，我会讲我是怎么打开那些内容更牛、更有
价值的保险柜的，任何地方的任何开锁匠开过的保险柜，里头的东西
149 都没办法跟这个比 —— 柜子里关的是人，就另当别论了 —— 比毛皮
或者金砖厉害。我把他们都比下去了，我开的保险柜，装着和原子弹
有关的全部机密：钚的生产程序，纯化工序，需要多少材料，原子弹
是怎么工作的，中子是怎么发生的，原子弹是怎么设计的，尺寸是多
大 —— 洛斯阿拉莫斯那地方所知道的全部情报：一应俱全！”

我返回第二个文件柜，拿出了我需要的那份文件。然后，我拿了一支红铅笔，在办公室里到处都是那种黄纸片上写道：“借用编号LA 4312文件一份 —— 撬锁贼费曼。”我把这纸片放在一摞文件顶上，把柜门关上。

然后，我到我打开的第一个柜子那儿，写了另一张纸条：“这个柜子也并不比另一个难开 —— 聪明的家伙”，把柜子关上了。

然后，在另一个房间里的另一个柜子里，我写道：“要是密码全都一样，那就全都容易开 —— 同一个家伙。”我也把这个柜子关了。我返回我的办公室，写我的报告。

那天晚上，我去了咖啡馆吃晚饭。弗里迪 · 德 · 霍夫曼在那儿。

他说他要到办公室去工作，所以我就跟他去了，仅仅是为了好玩。

他开始工作了，不一会儿他就到了另一个房间去开那里的一个文件柜——这事儿，我倒没想到——他先开的柜子，碰巧是我放第三张纸条的那个。他开了抽屉，看到了那个异物——那个黄灿灿的纸条，上头还用鲜红的铅笔涂鸦了什么玩意儿。

我在书上看到过，说是受了惊吓的人，脸会变成菜色，但我以前还没见识过。敢情，绝对是真的。他脸发灰了，接着变成了黄绿色——他那样子，真是可怕。他拿着这个纸片，手在哆嗦，“看……看……看这是什么啊！”他说，浑身筛糠。

纸条上说：“要是密码全都一样，那就全都容易开——同一个家伙。”

“这是什么意思啊？”我说。

“我保险柜的密……密啊……密码，全是一……一……一样的！”他连话都说不成个儿了。

“那可不是个好主意哦。”

“现……现在我……我知道了。”他说，抖作一团。 150

血液从脸上流走的另外一个效果，一定是脑子不灵。“他还签了名，还签了名啊！”他说。

“什么？”（我名字没在这张上面啊。）

“没错，”他说，“和那个一直企图闯入欧米伽大楼（Omega Building）的家伙，是同一个人！”

在整个战争期间，甚至在战后，总有传言说：“有人一直企图闯入欧米伽大楼！”你知道，在战争期间，他们为了原子弹在做实验，想得到足够的材料，以便把材料聚拢起来发生连锁反应。他们把一块儿材料，扔到另一块儿上，让它从另一块儿中间穿过，当它穿过去的时候，反应就会发生，他们就测量得到了多少中子。那一块材料从另一块材料中间落得太快，因此没什么东西能够聚集起来，也不会爆炸。但，他们需要足够强烈的反应，那样他们才能知道事情真的以正确的方式发生了，才能知道一切都按预期的那样进行——这实验太危险！

他们自然不会在洛斯阿拉莫斯镇中心做这个实验，而是在好几英里开外、翻过好几个台地的一个峡谷里，一切都封锁了。这座欧米伽大楼也围着栅栏，还有岗楼呢。在夜半时分万籁俱寂的时候，兔子会从草丛中窜出来，闯到栅栏上，弄出一些动静来。卫兵开枪。执勤的中尉走过来了。卫兵能怎么说——不过是只兔子？那不成。“有人一直企图闯进欧米伽大楼，我把他吓跑了！”

所以呢，德·霍夫曼面如死灰、浑身发抖，他没意识到他的逻辑里有漏洞：那个一直企图闯进欧米伽大楼的家伙，和站在他身边的这个家伙，究竟是不是同一个家伙，这事儿还不清楚呢。

他问我，这该如何是好。

“得，看看少没少文件。”

“看样子没事儿，”他说，“我看不出少了什么。”

我设法把他领到我从里面取了文件的那个柜子那儿。“哦对了，如果全部密码是相同的，备不住他会从另外一个抽屉里拿点儿什么。”

151 “是啊！”他说，他回到自己的办公室，把第一个文件柜打开，发现了我写的第二个条子：“这个柜子也并不比另一个难开——聪明的家伙。”

到那时候，作孽的究竟是“同一个家伙”还是“聪明的家伙”，并无区别：他完全明白，就是那个一直企图闯进欧米伽大楼的家伙。因此，要说服他把我放第一张纸条儿的那个文件柜打开，还真费劲。我记不得我说了什么，把他说动了。

他打开那柜子，于是我就往门厅那儿溜，因为我有点儿害怕了。等他发现是谁给他搞的这一套，他会割断我喉咙！

不出所料，他把我追到了门厅。他倒没发怒，却是实实在在地搂住了我，因为他心里完完全全地一块石头落了地：原子弹机密失窃，不过是我的一场恶作剧啊。

几天后，德·霍夫曼告诉我，他需要从克斯特的保险柜里取个东西。唐纳德·克斯特（Donald Kerst）回伊利诺伊州去了，很难找到他。“如果你用心理方法能打开我全部的保险柜，”德·霍夫曼说（我已经告诉过他我是怎么弄的），“或许你也能这样把克斯特的保险柜弄开。”

到那个时候，这故事已经到处传扬了，因此好几个人都过来看热闹，看我打开克斯特的保险柜的这一匪夷所思的过程——我对这柜子是陌生的。没必要避着人了。我没有克斯特保险柜的后两组密码；要运用心理方法，我需要周围认识克斯特的人。

我们大家都到了克斯特的办公室，我检查了抽屉，希望能发现线索：什么也没有。然后，我问他们，“克斯特会用哪种密码——数学常数吗？”

“啊，不！”德·霍夫曼说，“克斯特干的事儿，非常简单。”

我试了10－20－30，20－40－60，60－40－20，30－20－10。不灵。

然后，我说：“你们觉得他会用什么日期吗？” 152

“没错儿！”他们说，“他这种家伙，就是用日期的主儿。”

我们试了若干日期：8－6－45，原子弹爆炸的日子：86－19－45；这个日期；那个日期；原子弹项目的启动日期。什么也不管用。

到这个时候，大多数人都溜了。他们没耐心看我捣鼓这一套，但解决这类事儿，唯一的办法就是耐心！

然后，我决定把大约1900年以来到现在所有特别的日期都试一遍。这听起来不老少，但没多少，第一组数是月份，1～12，我只试3个数，10、5和0。第二组数是日，1～31，我可以试其中的6个数。第三组数是年，到当时只有47个数，我可以试其中的9个数。因此，8000个可能的密码被缩减为162个，我在15～20分钟之内就可以试完。

幸运的是，我是从12月份这头开始的，因为到最后我把柜子打开的时候，密码是0－5－35。

我转过头问德·霍夫曼："1935年1月5号前后，对克斯特有什么特别的？"

"他女儿是在1936年出生的，"德·霍夫曼说，"那想必是她的出生日了。"

现在，我已经把两个陌生的保险柜打开了。我越发老练了。现在，我到专业水平了。

还是战争结束后的那个夏天，资产部的那个家伙，打算把政府买的一些东西收回去，再当剩余物资卖掉。其中有一件是上尉的保险柜。我们都认识这个保险柜。这位上尉，是在战争期间来的，断定那些文件柜对他将要搞到的那些机密文件是不够安全的，因此他必得要一个特别的保险柜。

我们的办公室都在一些稀松的木头楼里，上尉的办公室在一个木头楼的二楼上，他订购的那个保险柜是个钢造的、很重的保险柜。

工人不得不先搞了木头底座，再用特别的起重机把它弄上台阶。因为我们没什么娱乐活动，大家都在看热闹，看这个大保险柜，费那么大劲，移往他的办公室，大伙儿都在开玩笑，说他会把什么机密藏在这个保险柜里啊。有个伙计说，倒不如把我们的东西放在他的保险柜里，让他把他的东西放在我们的保险柜里。因此，大家都知道这个保险柜。

资产部这主儿，想把它卖掉，但首先得把里头的东西拿出来。知道密码的人，那位上尉是一个，可他在比基尼（Bikini）[2]；阿尔瓦雷茨（Alvarez）[3]也知道，可他忘了。那主儿就求我打开这个保险柜。

我到了他办公室，对那个秘书说：“为什么不给那个上尉打个电 153
话，问他密码啊？”

“我不想打扰他。”她说。

“哦，你倒要打扰我打扰八小时。除非你打打电话，否则本人不伺候。”

“行啊，行啊！”她说，她拿起电话，我进了另一个房间，看那个保险柜。就是这玩意儿，那个巨大的、钢制的保险柜，它的门大开着呢。

我回到秘书那儿：“开了。”

“神了喂！”她一边放电话，一边说。

2　岛拉塔克群岛中的一个环状珊瑚岛，位于太平洋中西部的马绍尔群岛，美国1946年和1958年的核实验基地，第一颗氢弹的空中爆炸（1956年5月21日）在此进行。——译者

3　路易斯·沃尔特·阿尔瓦雷茨（Luis Walter Alvarez，1911—1988），美国物理学家，因其对亚原子粒子的研究而获1968年诺贝尔物理学奖。——译者

“没什么神的，”我说，“本来就是开着的。”

“哦！我猜呀，资产部毕竟也能把它打开。”

我跑到资产部找那主儿。“我去看了那柜，本来就开着嘛。”

“啊对，”他说，“抱歉我忘告诉你了。我们把我们的固定锁匠叫到那儿，打算钻开它；但在开钻之前，他想试试能不能打开，他把它打开了。”

原来如此！第一项情报：洛斯阿拉莫斯现在有固定锁匠啊。第二项情报：这人知道怎么钻保险柜，我对此倒一无所知。第三项情报：他能打开陌生的保险柜——在几分钟之内。这是个货真价实的职业选手，一个货真价实的情报来源啊。这家伙，我得会会。

我发现他是个锁匠，战后他们雇了他来处理这种事儿（战后他们不怎么担心安全问题了）。原来他没多少开锁的活儿，所以他也修理我们用过的那些计算器。在战争期间，我一直在修那些玩意儿——所以我有门路去会会他。

我去见人，从来不会鬼鬼祟祟、拐弯抹角的；我径直走过去，自我介绍。但目前这档子事儿，会会这主儿蛮重要的。我也知道，我要是不向他显显本事，他是不会告诉我开保险柜的秘诀的。

我找到了他的房间在什么地方——在理论物理学部的地下室里，我就在那儿工作——我还知道他在晚上工作，没人在晚上用那些机器。因此，首先，我在晚上经过他门口到我的办公室。如此而已；我不过是打那儿走过去罢了。

几个晚上之后，都不过是“嗨”，打个招呼。过了一阵子，他认出
154 打这儿走过的，是同一个家伙，他说“嗨”，或者“晚上好”。

这过程太慢，持续了几个星期，然后我看到他在修玛珍计算器。

关于计算器，我什么也没说；还不到说话的时候。

我们之间话逐渐多了一点儿：“嗨！我看你干活，蛮卖力气的！”

“敢情，蛮卖力气！”——如此而已。

最后，出现了一个突破：他请我喝汤。现在我们相处融洽。天天晚上我们都在一块儿喝汤。现在，我开始说了一点儿加法机的事儿，他说他遇到了个麻烦。他一直想把一组带弹簧的轮子装回到那个轴上，可他没有顺手的工具什么的；他已经为这事儿忙了一个星期了。我告诉他，在战争期间，我就是用这些机器工作的。“我会告诉你是怎么回事儿：今天晚上，你把这机器放那儿就成了，我明天瞧瞧它。”

“好。”他说，因为他已经没辙了。

第二天，我看了这个鬼东西，想用手抓着那些轮子把它们安回去。它总是啪啦一声跳回来。我心里想：“如果他试同样的办法试了都一个星期了，我也试了，可办不到，那就不是个正确的搞法！”我停下来，仔细看它，我注意到，每个轮子上都有个小洞——仅仅是个小洞。我恍然大悟：我把第一个轮子弹了上去；然后，我把一段铁丝穿在那个小洞里；然后，我把第二个轮子弹上去，再在它的小洞里穿铁丝。然后，下一个，下一个——跟往线上穿珠子相似——我试了头一次，就把整个东西装上去了，装得整整齐齐，把铁丝抽出来，一切都办妥了。

那天晚上，我让他看那个小洞，让他看我是怎么弄的。打那儿以后，我们谈机器谈得多了去了；我们成了好朋友。他办公室里有许多小格架，里头都是拆到一半儿的锁，还有保险柜锁的零件。哇，漂亮啊！但我仍然没提锁和保险柜的事儿。

最后，我琢磨着，日子到了，于是我决定抛出个诱饵，关于保险柜的：关于保险柜，我会告诉他一桩让他瞧得上眼的事儿——当保险柜开着的时候，你是能把它后两组密码搞到手的。“嗨！”我看着那些小格架说。“你在捣鼓摩勒斯保险柜啊。”

“是啊。”

155 “你知道，这些锁啊，不堪一击。

如果保险柜开着，你是能把它后两组密码搞到手的……”

“你能？”他说，终于表现出一点儿兴趣来了。

“是啊。”

“让我看看怎么弄。”他说，我给他演示怎么弄，他把头转朝我。“尊姓大名？”到那时候，我们还没互相通名报姓呢。

“迪克·费曼。”我说。

“我的个老天爷！”他颇为敬畏地说，“开锁大家啊！久闻大名，如雷贯耳；真是相见恨晚啊！我想向您请教，怎么开保险柜。”

“这话儿怎么说的？你知道怎么开保险柜。”

“不知道。”

“听着，上尉的那个保险柜的事儿，我听说过。这一次，我动了这么大心思，因为我想跟你会面。你可倒好，告诉我你不知道怎么开保险柜。”

“真不会。”

“得，那你必定知道怎么钻保险柜。”

“那个我也不知道啊。”

“什么？”我叫起来，“资产部那主儿说，你带着家伙，去钻上尉的那个保险柜来着。”

“假定您是吃开锁匠这碗饭的，”他说，“一个家伙过来让你去钻个保险柜。你怎么办？”

“我嘛，”我回答，“我就装模作样地把我的家伙备齐了，带着家伙去找那保险柜。然后呢，在保险柜上随便找个地方，呜呜呜呜呜呜呜呜呜，一通乱钻，饭碗就保住了。”

“确确实实，我就这么干的。”

“但你把它打开了啊！你必定知道怎么开保险柜。”

“哦，是啊。我知道那些锁，在出厂的时候，设置的密码是25－50－25或者50－25－50，我就想啦，‘谁知道，或许那家伙懒得换密码呢’，第二个密码果然管用。”

因此，我确实从他那儿学到了东西——他开保险柜，和我用的是相同的妙法。但更好玩儿的是，那个牛气冲天的上尉，必得要一个超级保险柜，兴师动众，费那么大劲，把这玩意儿吊到他办公室，可他自己却懒得重设密码。

我一个接一个地走访我们楼里的办公室，试那两个出厂密码，五个保险柜，我就能打开一个！

156 山姆大叔不要你了

战争之后，军队千方百计让大伙儿去充当在德国的占领军。在那之前，军队还考虑大家身体之外的原因而准予延缓服役（我可以延缓服役，因为我为原子弹工作过），可是现在他们翻云覆雨，要每个人都首先接受体检。

那个夏天，我在纽约州斯卡奈塔第市（Schenectady）的“通用电器公司”（General Electric）为汉斯·贝特工作。我记得，我不得不走老远的路——我想是到奥尔巴尼（Albany）[1]——去体检。

我到了征兵的那地方，得填许多表格，然后我到各个不同的体检棚子去。他们在一个棚子里查视力，在另一个棚子里查听力，又在别的一个棚子里采血样，等等。

说着说着，最后你来到了第十三号棚子：精神病医生的棚子。你等在那儿，坐在长条椅上。我在那儿等的时候，可以看到他们都在干什么。有三张桌子，每张桌子后边都坐着个精神病医生。“犯人”呢，只穿着裤衩儿，坐在精神病医生对面，回答各式各样的问题。

那时，有许多讲精神病医生的电影。比方说，有一部《爱德华大

1 美国纽约州首府（自1797年以来），位于纽约州东部哈得孙河西岸，是哈得孙深水航道的起点。1664年英国人控制了17世纪早期建立的荷兰定居地奥兰治要塞，并将其改名为奥尔巴尼。

夫》(*Spellbound*)，里头有个女的，曾经是个伟大的钢琴家，现在呢，双手五指张开，动弹不得，家人就找了个精神病医生来帮她的忙，那个精神病医生和她一块儿到了楼上，进了一个房间，你看到他随手把门关上了，楼下呢，一家人在吵吵会出什么事儿，然后，她从那房间里出来了，手还是那样怪可怕地张着，颇为戏剧性地走下楼梯，走 157
到钢琴那儿，坐下，把手举到琴键上，突然之间——可叮当叮，当、当、当——她又能弹了。嚯，我受不了这些聊斋故事，我拿得准，精神病医生都是骗子，我可不和这些人打交道。因此，轮到我和那个精神病医生谈话的时候，我就这心态。

我靠桌子坐下来，那个精神病医生开始浏览我的文件。“哈喽，迪克！”他用一种挺愉快的语调说，“哪儿工作呀？”

我在想：“他以为自己是个什么东西，我的昵称，也能是他乱喊的？”我呢，冷冷说道：“斯卡奈塔第。”

“哪个单位的呀，迪克？”精神病医生说，又挂着三分笑。

“通用电器。”

“喜欢你的工作吗，迪克？”他说，脸上仍然是腻味人的笑容。

“一般般吧。”我就是不想跟他套词儿。

三个可爱的问题，接着，第四个问题，彻底变味儿了。“你认为大家都在谈论你吗？”他问，声调儿低沉，严肃。

这我倒来了精神，说：“可不是咋的！我回家的时候，我妈经常告诉我，她是怎么怎么跟她的朋友们讲我的事儿来着。”他不听我解释，却在我的文件上写下了什么东西。

然后，又来了，声调儿低沉，严肃，他说：“你认为大家都盯着你吗？”

我刚要说不认为，他却说：“比方说，你认为那些坐在那边儿长条椅上的小伙子，现在都在盯着你吗？”

刚才我坐着等和这个精神病医生谈话的时候，我注意到长条椅上坐着大约12个家伙在等这仨精神病医生检查，他们也没什么别的东西可看的嘛。我就用12除以3，每个医生检查4个，可我保守着点儿，所以我说：“是啊，或许他们当中有两个人在看着我们。”

他说：“那你转过头去看看。”——他自己却懒得看看！

于是我就转过头去，果然，两个家伙在看。所以我就指着他们，说：“是啊——那个家伙，还有那边儿那个家伙，在看我们呢。”当我转过头的时候，那个样子拿手指着人家，其他人当然就开始看我们，
158 所以我说：“现在，他，那边儿还有两个——现在椅子上的人都在看啊。”他仍然不抬头看看我说的对不对。他忙着在我的文件上写下了更多的东西。

然后，他说：“你在你脑袋里听到有人说话吗？”

“很少。”我正要告诉他，有那么两次，确有这样的事儿，可他说：“你自言自语吗？”

“是啊，有的时候，我在刮脸的时候，或者在想问题的时候；偶尔吧。”他又写了更多的东西。

“我知道你妻子去世了——你和她说话吗？”

这问题真把我惹恼了，但我耐住性子，说：“有的时候吧，我到山上去的时候，就想她。”

他又写。然后，他问：“你有没有家庭成员住在精神病院？”

“我有个姨妈，在疯人院里。”

“你为什么把那个叫作疯人院？”他说，怫然不悦，“你为什么不

把那个叫作精神病院？”

“我觉得那是同一个玩意儿。”

“那你认为精神错乱是怎么回事？”他生气地说。

“那是人类的一种怪异的疾病。”我说得很真诚。

“它比盲肠炎也没什么怪异的！”他反驳。

“我不这么认为。就盲肠炎而言，我们理解它的起因，理解得好得多，理解它的机理是怎么回事儿。可说到精神错乱，事情就复杂得多，也神秘得多。”我不必在这里把这整个的辩论讲一遍；我的意思是，精神错乱在心理学上是怪异的，他却以为我是说，社会认为精神错乱是怪异的。

直到那时，尽管我对那个精神病医生一直不友好，但我说的一切，还是认真的。但是，当他要我把两只手伸出来的时候，我就忍不住要耍花招了。这个花招，是我在排队“抽血”的时候，有个家伙告诉我的。我琢磨着，没人能得着个机会玩这个把戏。我呢，索性破罐子破摔，我准备玩儿它一玩儿。于是，我就把两只手伸出来，一只掌心向上，一只掌心朝下。

那个精神病医生没注意到这个，他说：“把手翻过来。”

我把两只手都翻过来了。掌心向上的那只，变成了掌心朝下；掌心朝下的那只，变成了掌心向上。他还是没注意到，因为他一直都在
专注地看着一只手，看它是不是发抖。因此，这把戏没玩儿成。 159

最后，问题都问完了，他又变得友好了。他有兴致，说：“我看到你有博士学位，迪克。你是在哪儿上的学？”

“麻省理工和普林斯顿。你是在哪儿上的学？”

“耶鲁和伦敦。你学的是什么，迪克？”

"物理。你学的是什么?"

"医学。"

"这是医学?"

"怎么,是啊。那你以为它是什么?你到那边去坐了,等几分钟。"

我于是又坐在长条椅上,在那儿等着的一个家伙,凑过来说:"嚯!你在那儿磨蹭了25分钟!别的家伙也就5分钟!"

"是啊。"

"嗨,"他说,"你知道怎么涮那些精神病医生吗?你只需要咬指甲就可以了,像这样。"

"那你为什么不像那样咬你的指甲?"

"哦,"他说,"我真想参军呢!"

"你想涮那几个精神病医生吗?"我说,"你只要把你刚才说的告诉他就行了。"

过了一阵子,有人把我招呼到一个不同的桌子那儿去见另外一个精神病医生。头一个精神病医生很年轻,天真无邪的样子;这一位,头发灰白,神态不凡——显然是老资格的精神病医生。我琢磨着,这一切该到了摆平的时候了,但无论会发生什么事儿,我是不打算待见他们的。

这第二个精神病医生看了我的文件,满脸绽笑,说:"哈喽,迪克。我知道,在战争期间,你在洛斯阿拉莫斯工作。"

"没错儿。"

"以前那儿有一所男子中学,对不对?"

"对。"

"那学校里有很多建筑?"

“只有几座。”

三个问题——一个技巧——下个问题，完全变味儿了。“你说，你在你脑袋里听到人说话。请说说看。”

“这种事儿，不常见。在我很注意一个说话带外国味儿的人说话 160
的时候，到我入睡的时候，我听见他的声音，听得很清楚。第一次发生的时候，我还在麻省理工学院念书。我听见一个老教授法拉塔（Vallarta）说，‘则个则个电场啊。’另一次是在芝加哥，在战争期间，那时特勒教授在跟我解释那个炸弹是怎么工作的。因为我对各种各样的现象都感兴趣，我就纳闷啊，我听这些带外国口音的声音，怎么能听得这么真切，可我模仿他们却模仿得不那么好……人人都会有这样的事儿吗？”

这个精神病医生把手捂在脸上，在他的指头缝儿之间，我看到了那么一丝笑容（他不回答这个问题）。

然后呢，这个精神病医生检查了别的什么东西。“你说你和你去世的妻子说话。你对她说什么？”

我火了，我琢磨着，我说什么，关你个屁事儿，我说：“我告诉她我爱她，希望这没碍着你什么事儿！”

一来一往地互相说了几句刻薄话之后，他说：“你相信超正常现象吗？”

我说：“我不知道什么是‘超正常’现象。”

“什么？你，一个博士，学物理的，不知道什么是超正常现象？”

“不知道。”

“那就是奥利弗·洛奇（Oliver Lodge）爵士[2]和他的学派所相信的那个东西嘛。”

这不算什么提示，但这事儿，我知道。“你说的是超自然现象？”

“你愿意那么叫它，就那么叫呗。”

“那好，我愿意那么叫它。”

“你相信心灵感应吗？”

“不相信。你信吗？”

“我嘛，我总是宽容而无偏见。”

“什么？你，一个精神病医生，总是宽容而无偏见？哈！”就这么彼此较劲，折腾了好一阵子。

然后，到将近结束的时候，“你觉得生命值多少？”

“64。”

“为什么说是‘64’？”

“你要我说出个数来，为生命定价，又有什么道理？”

“不是这样！我的意思是，为什么你说‘64’，而不是‘73’，比方说？”

161 “如果我说了‘73’，你还不是问同样的问题！”

这个精神病医生用三个友好的问题收场，别的精神病医生也是这么做的，把我的文件递给我，我就到了下个棚子去。

在我排队等着的时候，我在看文件，上面写着到目前为止我接受

2 奥利弗·洛奇（Sir Oliver Joseph Lodge，1851—1940），英国物理学家和作家，以其对无线电报的发展所做出的贡献而知名。他晚年相信超自然现象。

的所有检查的结论。完全是为了恶作剧，我把我的文件给我后边的那家伙看，我用一种愚蠢的声调儿问他："嗨！你的'精神病科'得了什么？哦！你得了个'N'。我别的东西都得'N'，但'精神病科'得了个'D'。那什么意思啊？"我知道那什么意思："N"是正常，"D"是有缺陷。

那家伙拍着我的肩膀说："哥们儿，挺不错的。那说明不了什么。别为那个操心！"然后，他走到这房间的另一个角落里，吓坏了：这是个疯子啊！

我开始看那几个精神病医生写了字的文件，看起来情况颇为严重！第一个家伙写道：

以为人们谈论他。

以为别人盯他。

睡前幻听。

自言自语。

与去世的妻子谈话。

姨母在精神病院。

眼神非常怪异。（我知道这是什么意思——当我说"这是医学？"的时候，眼神确实怪异。）

第二个精神病医生显然更重要，因为他字如蟹腿，更难辨认。他写了些"确定有睡前幻听现象"之类的话。（"睡前"这个词儿，意思是你正在沉沉入睡的时候，你有幻听。）

他写了许多听起来很专业的东西，看起来颇为糟糕。我琢磨着，我一定得想想办法，得跟军队澄清这些事儿。

到整个体检结束的时候，有个军官来决定你是参军还是淘汰。比方说，如果你听觉有毛病，他来决定那是不是真严重到不能参军的程度。因为军队是不遗余力地要扩充兵员，这个军官是不会轻易放过你的。他像根钉子似的不肯通融。比方说，我前边的那伙计，脖子后头有
162 两块儿骨头凸出来——脊椎移位什么的——这军官不得不从桌子后头站起来，拿手去摸那两块儿骨头——他得搞清楚那是不是真的！

我琢磨着，这是我澄清误解的地方了。轮到我的时候，我把文件递给军官，正要跟他把一切解释清楚，可这军官，头也不抬。他一眼就看到了“精神病科”后面的那个“D”，伸手就去摸“拒收”的大印，连问题都不问，什么也不说；利利索索地在我的文件上盖了“拒收”的戳子，然后把我那4－F（征兵体检不合格）的文件递给我，眼却还是盯着桌子。

所以呢，我就出去了，上了去斯卡奈塔第的公共汽车。我坐着车，琢磨刚才发生的这些荒唐事儿，不禁失笑——都笑出声了——我对自己说：“我的老天爷！要是他们看见我现在这副样子，那就更确信无疑了！”

等我最后到了斯卡奈塔第的时候，就去看汉斯·贝特。他在写字台后头坐着，他开玩笑地对我说：“怎么样，迪克，通过了？”

我拉长个脸，慢慢地摇摇头：“没通过。”

他突然很紧张，以为他们发现我有什么重病，他就以关切的口吻问我：“怎么回事儿，迪克？”

我拿手支着我脑门子。

他说：“没那么严重吧！”

“就那么严重！”

他叫起来：“没……那……么……严……重！！！”他笑得山

响，通用电器公司的屋顶差点儿给震塌下来。

我把这故事讲给许多人听，人人都笑，但有几个例外的。

我回纽约的时候，我爸爸、妈妈和妹妹都到机场接我，坐车回家的路上，我把这故事整个讲给他们听了。末了，我妈妈说：“嗨哟，这可该怎么办啊，迈尔（Mel）？”

我爸爸说：“你别犯蠢，露西尔（Lucille）。简直是胡闹嘛！”

事儿就这样了，可后来我妹妹告诉我，等我们到家，我不在场的时候，我爸爸说：“听着，露西尔，你不该当着他的面儿说那些个。现在，这可该怎么办？”

但到那个时候，我妈妈已经冷静下来了，她说：“你别犯蠢，迈尔！”

还有一个人，这故事让他闹心。事情是在“物理学会”的会议饭 163
桌上，斯莱特（Slater）教授，就是我在麻省理工学院的老教授，说：“嗨，费曼！给我们讲讲我听过的那个征兵的故事。”

我为全体物理学家们讲了整个故事——除了斯莱特，别人我都不认识——他们从头到尾一直笑个不停，但是故事完了，一个家伙说：“呵，那个精神病医生，或许还是有些想法的。”

我率尔说道：“你干哪行的，先生？”当然，这是个叫人摸不着头脑的问题，因为大家都是参加专业会议的物理学家。但一个物理学家会冒出这么一句，我很惊讶。

他说：“那个，呃，我本来实在不应该坐在这儿，我是受我兄弟的邀请，到这儿做客的，他是个物理学家。鄙人呢，精神病医生。”我和尚面前骂秃子，把他给骂出来了！

过了一阵子，我开始担心。他们会说，这里的这个家伙，在战争期间，一直免服兵役，因为他在造原子弹。征兵委员会一直接到信，说他是个重要人物，可他在“精神病科”得了个“D”——结果他是个疯子！显然，他不是个疯子；他是变着法儿地让我们相信他是个疯子——我们得把他抓回来！

形势看来对我不利啊，因此我必须想个出路。几天之后，我琢磨出了个解决办法。我给征兵委员会写了封信，信是这么写的：

> 亲爱的先生们：
>
> 我认为我不应该去当兵，因为我在给科学学生教书。我们国家的福祉，部分地依赖于我们未来的科学家兵力强不强。然而，根据我的体检报告，也就是说，从精神病学的角度看，我是不合格的，各位或许会决定免除我的兵役。我觉得，那份报告不应该得到任何重视，因为我认为它满篇都是低级的错误。
>
> 我之所以敦请诸位注意这个错误，乃是因为我脑子太疯了，疯得都不想占这个错误的便宜。
>
> 理查德·费曼 谨上

结果：“缓服兵役。征兵体检不合格。健康原因。”

第 4 部分　从康奈尔大学到加州工学院，接触巴西

讲派头的教授

有问题吗?

我要我的一块钱!

你就这样问她们?

幸运数字

又是这个美国人!

什么话都会说

照您吩咐的，老大!

盛情难承

讲派头的教授

我相信，若不教书，我就活不下去。究其原因，是我必得干点儿事儿，那样的话，在我想不出什么东西的时候，在我没什么作为的时候，我可以对自己说："至少我还活着；至少我也在干着什么事儿；我在做着贡献嘛。"——心理安慰而已。

20世纪40年代，我在麻省理工学院的时候，亲眼看到了"高等研究所"那些伟大头脑的遭遇。那些人，大脑了不得，被特选出来，给他们机会，坐在树林边儿那座可爱的房子里，不用上课，没有任何硬派的任务。这些可怜的倒霉蛋儿，现在可以坐着，心无牵挂地思考问题了，这不很好吗？过了一阵子，他们什么也没想出来：要搞出东西，他们什么机会都有，可他们脑袋空空如也。我相信，人处于这么一种境况中，内疚或者郁闷，会跟小虫儿似的往你心里乱钻，你会为自己无所作为而心情焦虑。焦虑也白搭。

脑子空了，是因为没有足够真实的活动，没有挑战：你不跟做实验的那帮家伙接触，你不必思考怎么回答学生的问题。你什么也没有！

在任何思想过程中，都有这样一些时刻：一切都进行得顺顺利利，奇思妙想纷至沓来。教学的确扰乱清神，因此它是世界上最讨厌的事儿。然后呢，有更长一段时间，你思路断绝，惘然若失，无所事事，这会把你逼疯！你连"我在教书啊"这话都说不得。

166 如果你在教学，你可以思考那些你了然于心的基本的东西。这些东西是一种乐趣，爽人心神。再思再想，并无害处嘛。有没有更好的方式来介绍它们？有没有新问题与它们相关？你对它们有没有新想法？基本的东西，易于思考；如果你想不起来一个新思想，也不妨事；你以前对它们做的思考，足可应付讲课之用。如果你确实想到了某种新东西，能以新方式来看它，你心甚慰啊。

学生质疑问难，常常是新的研究之源。他们经常问一些深刻的问题，我有时也想到过那些问题，可后来可以说是暂时放弃了。重新思考这些问题，看我现在有没有更好的想法，这对我没有害处。学生们或许看不到我想回答的是什么问题，或者也看不到我想思考的那些问题的精妙之处，但他们问了一些和那个问题邻近的问题，这使我恍然而有所悟。自己面壁苦思，是不大容易悟到这些事儿的。

因此，我发现教学和学生使我生气盎然。若是有人为我制造了一个安安乐乐的条件，用不着教学，哪怕在其中为我准备了高位，我也断不接受。永远不。

但是，曾几何时，有人真为我准备了这么个位置。

在战争期间，我还在洛斯阿拉莫斯的时候，汉斯·贝特在康奈尔大学为我找了这么个活儿，年薪3700美元。另外一个地方也给了我一个位置，钱更多，但我喜欢贝特，我决定到康奈尔了，我也不挂念着钱了。但贝特对我总是照顾周到，当他发现别人给的钱多时，他就让康奈尔大学把我的薪金增加到4000美元，那时我还没上班儿呢。

康奈尔大学告诉我，我要讲的是物理数学方法，他们告诉我什么日子我该到——我想是11月6日。这听起来好玩儿，那时候不是一年将尽了吗。我在洛斯阿拉莫斯坐上火车到伊萨卡（Ithaca）[1]，一路上大部分时间都在写“曼哈顿计划”的最终报告。我还记得，那天晚上在火车从布法罗（Buffalo）开往伊萨卡的时候，我才开始备课。

你一定得知道洛斯阿拉莫斯的工作压力有多大。你做什么事儿，都是尽可能地快；大家干活儿都非常非常卖力气；每件事儿都是在最 167
后一刻完成的。因此，在开课之前，在火车上用一两天时间编排好课程，在我看来很自然。

我教物理数学方法这课，善莫大焉。在战争期间，我做的就是这事儿——把数学运用到物理上去。我知道什么方法真有用，什么方法没用。运用数学窍门卖力干了四年，那时我已经有了很多经验。所以，我把数学中的许多题目以及教法都列了出来。我至今还留着那些教案——在火车上做的。

我在伊萨卡下了车，跟平时那样，扛着我那沉重的手提箱。一个家伙喊：“要出租车吧，先生？”

我从来不想打出租车；我年轻，囊中羞涩，我行我素。但我心里想：“我都当教授了——得有派头啊。”于是我就把手提箱从肩膀上卸下来，用手提着，说：“要。”

“到哪儿？”

“旅馆。”

“哪个旅馆？”

1　纽约中部偏西南的一座城市，位于卡育加河沿岸、锡拉丘兹西南偏南，是康奈尔大学的所在地（1865年特许建立）。

“伊萨卡的旅馆，随便哪个。”

“预定房间了吗？”

“没呢。”

“找到个房间，不容易哦。”

“我们就挨家找。待着等我。”

我问了“伊萨卡旅馆”：没房间。我们去了“旅人旅馆”：他们也没房间。我对司机说：“带着我满城乱转，没用了；这得花不少钱。我还是拿腿挨家串旅馆吧。”我把手提箱放在旅人旅馆那儿，然后周游各处，找房间。你该看到，我做的准备有多充分，新教授啊。

我碰到了个家伙，也在到处乱转找房间。事儿明白了，找个旅馆房间，是不可能的了。过了一阵子，我们逛到了个小山包上，逐渐意识到，我们离大学校园近了。

我们看到了个房子，有点儿像寄宿馆，一扇窗敞着，你可以看到
168 里头有些双层床。眼下是夜里，于是我们决定去问问能不能宿在那儿。门开了，里头连个人影儿也不见。我们进了一个房间，另外那个家伙说：“来吧，就睡这儿了！”

我觉得不合适。我觉得这跟做贼差不多。有人已经把那床铺好了；他们或许会回来，发现我们睡在他们床上，那就麻烦了。

于是我们就出去了。我们又走了几步，在路灯下，我们看到谁收拾的一大堆树叶子——当时是秋天——是从草坪上耙到这儿的。我说：“嗨！我们可以钻到树叶子里睡！”我试了试，松松软软的。我懒得到处走了。要是这堆树叶子不是刚巧在路灯底下的话，那就尽善尽美了。但我不想上任伊始，就闹出麻烦。还在洛斯阿拉莫斯的时候，大家就拿我打趣儿，当时我在那儿又打鼓又怎么的，说是康奈尔大学

这是请了个什么“教授”啊。他们说，我一定会立刻搞出点儿傻事儿而声名远播，所以我就努力讲点儿派头。打消在树叶子里睡觉这念头，我好不情愿。

我们又瞎逛了一阵子，走到一座大房子跟前，是校园里的一个重要建筑。我们进去了，走廊里有两张睡椅。另外那家伙说：“我在这儿睡了！”说着就瘫在睡椅上。

我不想闹出麻烦，所以我在地下室里找到了看门人，问他我能不能睡在睡椅上，他说：“没问题。”

第二天早晨我醒了，找了个地方吃了早饭，然后开始到处跑，想尽快找到我上第一节课的地方。我跑进了物理系：“我第一节课在哪儿上？我晚了吗？”

那家伙说：“你没什么好担心的。8天后才开课。”

我大吃一惊！我说的头一句话是，“可好了，你为什么让我提前一个星期到这儿？”

“我还以为你愿意来熟悉熟悉呢，你得找个地方安顿下来再上课不是？”

我返回了文明世界，却不知道文明世界是个什么东西了！

吉布斯教授叫我到“学生会”那儿找个地方待着。那是个大地方，许多学生在那儿乱转悠。我走到一张写着“住宿”的大桌子那儿，169
说：“我是新来的，我在找个房间。”

那家伙说：“哥们儿，伊萨卡的住房状况十分紧张。到底紧张到怎么个程度呢？信不信由你，昨天晚上，一个教授不得不睡在这大厅的睡椅上！”

我四下看了看，还是那个大厅啊！我转向他说：“那个，我就是那个教授，那个教授不想再睡大厅了！”

我最初在康奈尔大学当教授的那些日子，有趣儿，有时候，好玩儿。我到那儿几天之后，吉布斯教授来到我办公室，对我解释说，学期都这么晚了，我们通常不接学生，但有几个例外的情况，就是学生非常、非常好的时候，我们也接受。他递给我一张申请表，让我看看。

他转回来问：“怎么样，你有什么看法？”

“我认为他属于一流学生，我认为我们应该接受他。我认为他在这儿是我们的荣幸。”

“是啊，但你看过他的照片没有？”

“看看照片，我主意就变了吗？”我叫起来。

“绝对变不了，先生！很高兴你这么说。我想看看我们的新教授是怎样一个人。”吉布斯喜欢我这种方式，有话直说，却不为自己想想。“他是系主任啊，我初来乍到，还是出言谨慎为妙。”我没这么机灵，我的第一反应是直来直去的，我说的就是第一个冒到我脑子里的想法。

然后，另一个家伙到了我办公室。他想跟我谈谈哲学。我真记不得他说了什么，但他希望我参加什么教授俱乐部。这个俱乐部是那种反犹太俱乐部，认为纳粹不那么坏。他试图跟我解释，为什么有那么多犹太人做这个、做那个——都是些发疯的事儿。我就等他把话说完，然后对他说：“你知道，你大错特错：我就是在犹太家庭里长大的。”他出去了。我就是这么开始对康奈尔大学人文学科领域和其他几个领域的一些教授失去敬意的。

170 我妻子死后，生活得重新开始，我希望结交几个女孩儿。在那年头儿，交际舞很流行。因此在康奈尔大学有许多舞会，以便把大家搅和在一块儿，特别是为了把新生和战后返校的老生搅和在一块儿。

我记得我第一次去的那个舞会。我在洛斯阿拉莫斯的时候，三四年没跳舞了；我甚至不喜欢扎堆儿。所以，我到了这个舞会，尽我所能，跳啊跳啊，我想我跳得还算说得过去。要是跟你跳舞的那些人感觉良好，你通常会知道你自己跳得还算说得过去。

在我们跳舞的时候，我会跟女孩儿说几句话。她问我几个个人问题，我也问她几个问题。但是，每当我想和那个我已经和她跳过舞的女孩儿再跳一个的时候，我就不得不到处找她。

“你还想跳吗？”

“不了，真抱歉；我得喘口气。”或者，“那个，我得去洗手间了。”——这样那样的借口罢了，一连两三个女孩儿，都这说法！我这是怎么了？我跳得蹩脚？或者我人品蹩脚？

我又跟另外一个女孩儿跳，又来了那些别人问过的问题：“你是本科生，还是研究生？”（那时有许多老相的学生，因为他们是退役的。）

“都不是，我是个教授。”

“哟？什么教授啊？”

“理论物理。”

“敢情你还造原子弹。”

“没错儿。战时我在洛斯阿拉莫斯工作。”

她说：“骗你姑奶奶去！”——扬长而去。

这让我恍然大悟。事儿都明白了。我也把这个头脑简单的愚蠢事实告诉了所有的女孩儿，我呢，一直不知道毛病出在哪儿。我举止得体，落落大方，彬彬有礼，有问必答；可是，非常明显的是，女孩儿一个跟着一个把我晒到了一边儿。一切看来都称心如意，可是嗖地一下子——事不谐矣。幸运的是，这女的让我“骗我姑奶奶去”，我这才如梦方醒。

所以呢，以后我就避开那些问题，效果却相反了：“是新生吧？”

171 “那个，不是。”

“那就研究生啦？”

“不是。”

“那你是什么呀？”

“我不想说。”

“干吗不想告诉俺你是个啥呢？”

“我不想……”——她们还是一个劲跟我说话！

末了，我带了两个女孩儿到我住处来，其中一个告诉我说，作为新生，真的不必觉得不自在；像我这岁数才开始上大学的，大有人在啊，这实在没什么不合适的。她们是大二的，跟母亲一样知道疼人，两个都是这样。她们很是体谅我的心理，但我不想把事情搞得这么走样儿，不想有这么多误会，所以我让她们知道我是个教授。我愚弄了人家半天，芳心大为不悦。在康奈尔大学当个年轻的教授，麻烦多了去了。

长话短说，我的物理数学方法开课了，我认为我也许还教了另一门课——电学和磁学。我也想做研究。在战前，我在读学位的时候，我有的是想法：我发明了一些新方法，用路径积分来做量子力学，我想做的事儿，多着呢。

在康奈尔大学，我得备课，我还要经常跑图书馆去看《天方夜谭》，捎带着向从旁边走过的女孩儿抛媚眼。但是，到了做研究的时候，我工作不了了。我有点儿累，提不起兴趣了，我搞不了研究了！我觉得这情形持续了好几年。可我回头算算那有多长时间的时候，觉得不可能有那么长时间啊。也许如今我不会觉得那时间很长，但人在当时，那好像持续了很长时间。我干脆不能开始思考任何问题了：我记得我写关于伽马射线的一个问题，写了一两行，就写不下去了。我相信，由于战争，还有别的事儿（我妻子的死），我是把自己烧干了。

现在，我比较能看得明白这种情况。首先，一个年轻人，没意识到把课备好，得花多少时间，特别是——讲课、出考题，还得看看考
题出得是不是有意思。我课讲得不赖，我在每节课中都投入了很多想 172
法。但我没意识到，这可是好多工作啊！所以，“油尽灯枯”了，我在这儿坐着读《天方夜谭》，内心郁郁不乐。

在这段时间，几个不同的地方（大学和工厂）都让我过去工作——薪金比现在的高。每有这样的事儿，我更觉得压抑。我对自己说：“瞧，他们给我这么好的条件，但他们不知道我已经油尽灯枯了。我当然不能接受。他们期望我做出成绩，但我做不了什么成绩！我可真是没辙了……”

最后，来了封信，里头是“高等研究院”的一封邀请信：爱因斯坦……冯·诺伊曼……哎哟喂……所有那些伟大的头脑！他们给我写信，邀请我在那儿当教授！而且还不是一般的教授哪。不知怎么搞的，他们明白我对这个研究院的感受：它是怎么怎么太理论化了；它是怎么怎么缺乏真正的活动和挑战。所以，他们写道：“我们理解您对实验和教学有相当的兴趣，因此我们做了特别安排，设立了一种特别的教授职位，如果您愿意的话：一半在普林斯顿大学，一半在本研究院。”

“高等研究院”啊！特殊安排！甚至比爱因斯坦的职位还好！理想、完美、荒唐啊！

确实荒唐。别的邀请，已经让我自羞自惭了，但还有个限度。他们指望我有所成就。但这个邀请，太离谱儿，太不可能，我肯定要辜负人家，荒唐得出了格。别的邀请，不过是把事情搞错了；这个邀请，荒谬绝伦！我刮脸的时候，一想到这个，就禁不住笑。

后来，我想：“你知道，他们把你看得神乎其神，但你必定难乎众望，但你没责任满足他们的期望！”

这想头儿，实在是高：别人认为你应该达到什么造诣，但你没有责任来满足他们的想当然。我没有责任成为他们指望我成为的东西。错误是他们犯下的；我无能，与此无关。

“高等研究院”以为我有那么好，就我这方面而言，这和我无能
没关系；这事儿是异想天开，明摆着是个错误——从我意识到这事
173 儿可能是他们搞错了的那一刻起，我意识到别的地方，包括我自己所
在的这所大学，也是能把事儿搞错的。我就是我，如果他们想当然地
以为我很好，主动给我一些钱，那活该他们倒霉。

就在同一天，简直是鬼使神差——兴许是他风闻到我在跟大家说这件事儿，也兴许是他真的理解我——鲍勃·威尔逊[2]，康奈尔大学的实验室主管，把我叫到他办公室去见他。他说（语调严肃）：“费曼，你课上得很好；你工作出色，我们很满意。我们或许有些别的期

2 罗伯特·伍德罗·威尔逊（Robert Woodrow Wilson），生于1936年的美国物理学家和辐射天文学家，因研究宇宙微波辐射而与他人共获1978年诺贝尔物理学奖。

望，可那是个碰运气的事儿。我们聘请一个教授来，所有的风险，应该由我们来承担。如果事情结果很好，善莫大焉。要是不好了，那很糟糕。但你是不必对自己干什么、没干什么这类事情担心的。”他说得比这个还精彩，我如释重负，不必内疚了。

然后，我又有了个想法：现在，我有点儿恶心物理了，但我以前乐于搞物理。为什么我乐于搞物理？我以前是玩儿它。我以前是兴之所至，喜欢干什么就干什么——我干的事儿对核物理的发展，有没有重要意义，我是不必挂心的。我上高中的时候，我看到从水龙头流出的水越来越细，我就想琢磨出是什么玩意儿决定这种曲线。我发现这事儿很容易搞。我不一定要搞这个；它对物理的未来也不重要；别人已经做过这事儿。别人做过了，情况也是一样：东西是我发明的，我和那些东西玩儿，我自得其乐。

于是我就有了这么一种新态度。既然我确实油尽灯枯，永远也不会有所成就，既然我已经在大学里得到了这么一个不错的教学职位，而我非常乐于教学，正如我读《天方夜谭》纯为乐趣一样，那么我在想玩儿物理的时候，就玩玩它，用不着为什么重要性操心了。

就在那个星期的某一天，我在食堂里，有个家伙在那儿胡闹，往空中扔了一个盘子。盘子在空中往上飞的时候，我看到盘子在旋转，我注意到盘子上康奈尔大学的红徽章也在旋转。我看得很清楚，那个徽章转得比盘子快。

我闲着也是闲着，于是就开始琢磨这旋转着的盘子的运动。我发 174
现，在角度很小的时候，徽章的转速是盘子的两倍——2比1。这展现了一个很复杂的方程式！然后，我想：“有没有一种方式，一种让我更能看出门道的方式，通过考察一下它的力或者它的动力学原则，看出它为什么是2比1？”

我记不得我是怎么弄的，但我最后算出了盘子上各质点的运动是怎么样的，各加速度是怎么平衡的，使得速度比是2比1。

我仍然还记得我去找汉斯·贝特，说：“嗨，汉斯！我看到了个有意思的事儿。瞧，这盘子是这么转的，速度比是2比1，其原因是……”然后给他看各个加速度。

他说：“费曼，那很有趣，但它重要吗？干吗弄这个？”

“啊哈！”我说，“没什么重要的。我弄这个，仅仅是它好玩儿。”他的反应没让我泄气。我已经拿定了主意，我要享受物理，为所欲为。

我继续推导盘子乱转的方程式。然后，我想，在相对论中，电子轨道是怎么开始运动的。然后，有电动力学的狄拉克方程式。然后，是量子电动力学。我还来得及意识到（事儿来得太快）我在“玩儿”（实际上在工作嘛），我如此热衷的相同的一些老问题，那都是我在去洛斯阿拉莫斯的时候耽搁下来的工作：我的那些命题级的问题；所有那些老式的奇妙东西。

这不费什么事儿。和那些东西玩儿，容易。就跟开瓶塞子似的：一切都毫不费力就流出来了。我简直不想让它流出来！我做的事儿，没重要性；可到最后，有的。让我得了诺贝尔奖的那些图表以及整个事情，都来自跟那个旋转着的盘子玩的那些鸡毛蒜皮的事儿。*

---

* 新泽西州的劳维尔·特林（Lowell C. Thelin）感觉到费曼把那个速度比弄颠倒了——或许是故意的，为的是刺激读者自己去做这个实验。特林经不住诱惑，为一个旋转的盘子拍了录像，证实盘子转速和徽章转速的比是2比1，刚好和费曼说的相反。实际上费曼没发现这个错误，甚至在稿件校对后都没发现。让费曼焦躁不堪的，是这么一个简单的比值竟然隐藏在这么复杂的运动中。——拉尔夫·莱顿

有问题吗?

我在康奈尔大学的时候，每星期都要到水牛城的一个航空实验室，去搞系列讲座。康奈尔跟这个实验室搞了个协议，其中就包括康奈尔的人在晚上来讲物理。早先有个家伙已经来讲了，但人家不喜欢听，所以物理系就来找我。那时我还是个年轻教授，不好一口拒绝，因此我同意去讲。

他们让我坐一个小航空公司的飞机，这公司只有一架飞机。公司名叫“罗宾逊航空公司”（这就是后来的“莫霍克航空公司”）。我记得我第一次飞往水牛城的时候，罗宾逊先生就是飞行员。把机翼上的冰敲掉，我们就飞走了。

总而言之，每星期四晚上都到水牛城，这主意我不喜欢。大学除了报销费用之外，还另给35美元。我是在“大萧条”中长大的苦孩子，琢磨着把这35美元攒起来。在那年头，这是一笔不小的钱呢。

突然，我有了个主意：我意识到这35美元的目的，是让水牛城之行更有吸引力；让水牛城之行更有吸引力的方法，是把这钱花了。因此，我决定每次到水牛城的时候，都把这35美元花了，为自己找点儿乐子，我想看看我能不能不虚此行。

在大学之外，我就不怎么老道了。连钱都不知道从哪儿花起，我就让那个在机场接我的出租车司机，给我当向导，在水牛城的大街小巷找乐子。他帮了大忙，我仍然记得他的名字——马库索

176 （Marcuso），开169号车。我星期四晚上一到水牛城机场，总向他请教。

我讲第一堂课之前，问马库索："哪儿有个有意思的酒吧，就是有好些热闹事儿的那种？"我还以为那些事儿是在酒吧里搞的呢。

"阿里比小舍，"他说，"那是个很热闹的地方，在那儿你可以看到好些人。下了课，我就带你去。"

下课后，马库索来接我，开车送我到阿里比小舍。在路上，我说："听着，我一定得要点喝的。好的威士忌，叫什么名儿？"

"就要黑白威士忌，外加一杯水。"他这么建议。

阿里比小舍是个很雅致的地方，人很多，活动很多。女人穿着毛皮大衣，人人和气，电话一直响个不停。

我走到吧台那儿，要了我的黑白威士忌，外加一杯水。酒吧招待很和气，很快就把坐在我旁边的一位女士介绍给我。我给她买了喝的。我喜欢这地方，拿定主意下星期还来。

每星期四晚上，我都来水牛城，169号车把我送去上课，然后到阿里比小舍。我走进这个酒吧，要我的黑白威士忌，外加一杯水。这么搞了几个星期之后，竟到了这么一种程度：我一进来，一杯黑白威士忌，外加一杯水，就给我预备停当了。"照您的老规矩，先生"都成了酒吧招待跟我打招呼的方式。

我把酒端在手，一饮而尽，表示我是条硬汉子，跟我看过的电影里的相似，然后我坐20来分钟，把水喝完。过了一些时候，我连水也不用喝了。

酒吧招待总是留意我旁边的空椅子，他很快找来一个漂亮的女人把椅子填上，一切都进行得很顺利；但就在酒吧打烊之前，她们都不知跑哪儿去了。我想这大概是因为那时我已经醉得不成样子。

有一次，阿里比小舍快关门了，那天晚上我给她买酒的那个女孩儿，建议我们另找个地方，她认识那儿的许多人。那是另一个房子的二楼，外表看不出楼上还有个酒吧。水牛城的酒吧在两点必须关门，
酒吧里的人都被吸引到二楼的这个大厅里，一切继续进行——这是 177
违法的，当然。

我想琢磨出个办法，怎么待在酒吧里看看都搞些什么名堂，而不至于醉倒。一天晚上，我注意到，有个经常光临这个酒吧的家伙，要了一杯牛奶。大家都知道他什么毛病：他有胃溃疡，这可怜的伙计。我就有了个主意。

下次我到阿里比小舍，招待说："照老规矩，先生？"

"不了。可乐。就是普通的可乐。"我说，满脸失意之色。

别的家伙围拢过来，都表示同情："是啊，三个星期以前，我就戒这马尿了。"一个家伙说。"真得忍着，迪克，真得忍着啊。"另一个家伙说。

大家都为我感到光荣，我现在"戒马尿"了，而且还有勇气来酒吧，面对所有的"诱惑"，仅仅要了个可乐——当然，不喝，也得跟朋友们见面啊。我这么坚持了一个月！我是个真正硬的王八蛋啊。

有一次，我在酒吧的厕所里，那儿有个家伙正在小便。他有那么一点儿醉了，用一种发坏的声音对我说："我不喜欢你这张脸。我觉得，我会把你这脸，按扁了。"

我吓得脸发绿。用同样发坏的声音，我回敬他："别挡着我路，要不我会尿在你身上！"

他说了点儿别的什么，我琢磨着，这就快动手了。我从来没打过架。我不知道怎么办了，老实说，我也害怕受伤。我确实想到了一件

事儿：离墙站得远些，因为我琢磨着，要是我挨了打，后头会撞到墙上。

然后，我一只眼咔嚓一下子，感觉好怪——我伤得不厉害——下面的事儿，我知道，我伺候了那龟儿子一重拳，我发现，我连想都不想，就出拳，我觉得这挺怪；这“机器”知道该怎么做。

“这下好了。一比一平，”我说，“还想接茬儿练？”

那小子退后几步，走了。要是那小子跟我一样傻的话，我们会要了对方的命！

我去洗脸，手在哆嗦，牙龈渗出血来——我牙龈本来就不硬——眼也疼。等我安静下来，我回到酒吧，大摇大摆走到招待那
178 儿：“黑白威士忌，外加一杯水。”我说。我琢磨着，这玩意儿能镇静
我的神经。

我没注意到，在厕所里让我给修理了一顿的那家伙，在酒吧的另一边儿，正跟另外三个家伙说话呢。转眼之间，这三个家伙——大块头儿的硬汉子——到我坐的这地方来，在我头顶上，朝我倾轧过来。他们居高临下，虎视眈眈，说：“挑头儿跟我们朋友打架，什么意思？”

我太傻，浑然不知自己大祸临头；我只知道是非曲直。我干脆也飞扬跋扈起来，反唇相讥：“是谁先挑事儿的，你把这事儿弄清楚了，再来给我添乱！”

他们的威胁没起作用，这事儿让几个大块头着实吃惊，退后几步，走了。

过了一阵子，其中一个家伙又回来了，对我说：“你说对了，克里总这么干。他总是跟人家打架，再让我们给他摆平。”

“你他妈知道我没错儿！”我说，这家伙索性跟我坐一块儿了。

克里和另外两个伙计也过来了，在我斜对面坐了下来，错着两把椅子。克里说了点什么，意思是我的眼不大好看，我说他形状也不堪恭维。

我继续这么嘴硬，因为我琢磨着，一个在酒吧里混的真正的汉子，就得这做派。

局势越来越紧张，越来越紧张，酒吧里的人，心都提到嗓子眼儿了。招待说：“伙计们，这不是打架的地方！冷静点儿！”

克里嗤之以鼻：“那好吧；等他出去，我们再跟他算账。”

接下来，一个天才从旁走过。每个领域中都有一流的专家。这伙计走到我这儿，说：“嗨，丹！我不知道你在城里啊！见到你很高兴！”

然后，他对克里说：“我说，克里！来会会我的一个朋友，丹，就这位。我想，你们两个家伙，会投缘的。干吗不握握手啊？”

我们握了手。克里说：“啊，幸会。”

然后，这位天才俯在我身上，凑在我耳朵边儿，悄悄说：“快快开溜！”

“可他们说要……”

“走吧你！”他说。 179

我拿了外套，匆匆出去。我顺着这房子的墙根儿往前走，以免他们找到我。没人出来，我去了我的旅馆。碰巧课在那天晚上讲完了，因此我再也没去阿里比小舍，起码有几年没去。

（10年之后，我确实又去了阿里比小舍，已经面目全非了。它不像以前那样优雅而光洁，破破烂烂的；里头的人，衣衫褴褛。我跟招待聊，不是原来那位，给他讲过去的事儿。“哦对！”他说。“以前哪，赌赛马的和他们的马子，都在这酒吧逍遥。”我这才明白，为什么当年这儿有那么多和和气气、相貌优雅的人，为什么电话响个不停。）

第二天早晨，我起床照镜子的时候，我发现，黑眼圈儿需要经过几小时才能充分形成。那天，等我回到伊萨卡的时候，我有些东西要交给系主任办公室。一个哲学教授看到了我的黑眼圈儿，咋咋呼呼的，“哦，费曼先生！为什么不告诉我，你是撞到门上才撞成那样儿的！”

“干吗撞门，”我说，“我在水牛城的酒吧厕所里，跟人干了一架，搞成这样。”

“哈哈哈！”他大笑起来。

接下来，上我的正常课的时候，麻烦了。我走进讲座大厅，低着头，研究我的备课本。准备开讲的时候，我昂然直视；以前的开场白，总是那一套——但这次，口气凶悍：“有问题吗？”

我要我的一块钱！ 180

我在康奈尔大学的时候，常常回老家法洛克维看看。有次我碰巧在家，电话响了：是从加利福尼亚来的长途。在那年头，长途电话意味着事情非常重要，何况这长途电话是从远在百万千米之外的加利福尼亚这么一个神奇的地方打来的。

那边儿那家伙说："是费曼教授吗，康奈尔大学的？"

"没错儿。"

"我是某某飞行器公司的某某先生。"他说的是加利福尼亚的一家大飞机公司；很不幸，我记不得是哪个了。这家伙继续说："我们正在筹建一个实验室，研究核动力推进的火箭飞机。这个项目的年度预算是多少多少百万美元……"

我说："稍等，先生；我不明白，你干吗跟我说这个。"

"让我告诉你呀，"他说，"让我把一切解释清楚。请让我按我的方式说话吧。"他又说了一些话，说有多少人要来这个实验室，多少多少人是这个水平，多少多少博士是那个水平……

"抱歉，先生，"我说，"我想你是找错人了。"

"我不是在跟理查德·费曼说话吗？"

"是的，但你……"

"好不好您让我把话说完嘛，先生；然后，我们再来讨论这事。"

"那好吧！"我坐下来，把眼闭上，听他絮叨，讲的都是这个大项

181 目的细节，可他为什么为我提供这些信息，我还是丝毫不明白。

最后，事儿都说完了，他说："我之所以把我们的计划告诉您，是因为我们想知道，您是否愿意出任该实验室的主任。"

"你找的这个人，真合适？"我说，"我是个理论物理教授。我不是个火箭工程师，不是飞机工程师，也不是任何那类东西。"

"我们确信，我们找的人合适。"

"那你是从哪儿知道我名字的？你为什么决定给我打电话？"

"先生，您的大名在核动力火箭推进飞机的专利书上。"

"哦，"我说，我这才意识到为什么我的名字会在专利书上，待会儿我一定给你讲讲这故事。我对那个人说："对不起，但我想在康奈尔大学继续当个教授。"

原来，在战争期间，在洛斯阿拉莫斯，那儿有个挺不错的伙计，为政府负责专利局的事儿，他就是史密斯上尉。史密斯给大家都发了一个通知，通知上说，"我们专利局将为您为美国政府贡献的每一个构想申请专利。您关于核能源或者核利用的构想，无论您认为那是人人都知道的，还是人人都不知道的：即请光临我局，将该构想告诉我。"

我在吃午饭的时候看见了史密斯，在我们溜达回技术区的时候，我对他说："你到处发的那个通知，要我们把每一个构想都告诉你，是有点儿发疯啊。"

我们反反复复讨论了这事儿——等我们到了他办公室的时候——我说："关于核能源的许许多多构想，我都再清楚不过，我会在这儿待上一整天，统统告诉你。"

"都什么呀？"

“别大惊小怪的！”我说，“举例：核反应堆……在水底下……水进到这儿……蒸汽从另一边出来……刷——这是个潜水艇。或者：核反应堆……空气从前边涌进来……核反应把它加热……从后窍喷出……嗡地一声穿过大气——这是飞机。或者：核反应堆……你让氢气流过这玩意儿……嗵！——这是火箭。或者：核反应堆……用的不是一般的铀，而是在高温下添加了氧化铍的铀，为 182
的是让它更有效……这是个发电厂。构想嘛，有100万个！”我说着，走出了办公室。

什么动静也没有。

大约3个月后，史密斯叫我到那个专利局去，说：“费曼，潜水艇已经让人家弄了去。但另外三个，是你的。”所以，加利福尼亚的那个飞机公司的那些家伙，在筹建实验室的时候，就想火箭推进什么的专家是何许人也，直截了当去看谁申请了这方面的专利！

无论如何，史密斯让我在一些文件上签字，表示我准备把那三个构想贡献出来，作为政府的专利。这在法律上是冒傻气的：你把这个专利权给了政府，那么你签的那个文件就不是有效的法律文件，除非这其中有某种交易，所以嘛，我签的那份文件上说：“我，理查德·费曼，愿意以一块钱作为回报，将该构想转让给政府……”

我在文件上签了字。

“我那一块钱呢？”

“那不过是个形式嘛，”他说，“我们没有设立这么一项专款，来支付这一块钱啊。”

“肯定有这款子，为这一块钱，字我也签了，”我说，“我要我那一块钱！”

“这也太可笑了。”史密斯抗议。

“不，不可笑，”我说，“这是个法律文件嘛。是你让我签字的，而我这人很老实。如果我在什么东西上签了字，说给我一块钱，那我非得要那一块钱不可。这可不是无理取闹。”

“得得得！”他说，气急败坏了，“我给你这一块钱，我自己掏腰包！”

“成。”

我拿了那一块钱，冒出个主意。我跑到杂货店，买了值一块钱的饼干和糖果，那种里头有果酱软糖的巧克力糖果，买了一大堆——那时钱很值钱。

我回到理论物理部，遍施小惠于天下：“我得奖了，各位！吃饼干！我得奖了！一块钱就拿走了我的专利！我的专利为我换了一块钱！”

183 每个有专利的人——许多人都签过字——都跑去找史密斯：要他们那一块钱！

他开始掏自己的钱包，但很快就明白，自己出血出得要破产！他急疯了，想去设立一项专款，好支付那些一味儿坚持要一块钱的主儿。我也不知道他是怎么把这事儿摆平的。

你就这样问她们? 184

我刚到康奈尔大学的时候，还跟我在新墨西哥州认识的一个女孩儿通信，当时我在为原子弹工作嘛。每当她提起她认识的一个伙计的时候，我就想，不行，在学期结束的时候，我得过去看看，免得事儿黄了。但是，等我去了的时候，我发现黄花菜都凉了，最后我待在阿尔伯克基的一家汽车旅馆里，盛暑炎炎，百无聊赖。

我住的这地方，叫“广厦汽车旅馆”（Casa Grande Motel），在66号公路边儿上，这是一条横贯这镇子的干线公路。沿着这路往下走过三个地方，有个小夜总会，有娱乐活动。因为我百无聊赖嘛，也因为我喜欢在酒吧里看人、认识人，我就经常到这个小夜总会。

第一次到那儿的时候，我和在酒吧里的一个家伙聊上了，我们瞄上了一张桌子，满桌子都是年轻漂亮的女士——环球航空公司（TWA）的空姐吧，我心里琢磨——在搞什么生日晚会呢。那家伙说：“来吧，咱俩硬着头皮，请她们跳舞。”

于是我们就请她们中的两个人来跳舞，跳完了，她俩邀请我俩跟一桌的别的女孩儿坐坐。几杯之后，服务员过来了：“有没有人要点儿什么？”

我喜欢装醉，尽管我完全清醒，转朝跟我跳舞的那女孩儿，短着舌头说：“你要什么？”

“我可以点什么呀？”

“什什什什什什什什什什什什么都行——随便!”

“那好啦!俺要香槟!”她兴高采烈地说。

185 我那嗓门儿，酒吧里人人都听得见，我说:“成!香……香……香槟，人啊人人有份儿!”

然后呢，我听到我那朋友对我那女孩儿说，“他醉了，就敲他银子”，这招数真不体面。我这才想到，我或许犯了个错误。

这下可好，服务员走到我跟前，俯下身来，低声说道:“先生，十六块钱一瓶，可以吗?”

我决定不要人人都来香槟啦，所以呢，我嗓门比上次还响，“别问这个!”

可让我大吃一惊的是，过了一会儿，服务员带着他的那些花里胡哨的玩意儿回到这桌子——胳膊上搭着白毛巾，一满托盘杯子，一满桶冰块儿，还有一瓶香槟。他以为我的意思是“别问价钱”，而我的意思是“别问香槟”!

服务员为每个人倒酒，我花了十六块，我朋友跟我那个女孩儿都急眼了，因为他以为她是打算什么账都由我来付。在我看来，事儿就到这儿了——尽管后来才知道，这仅仅是一次新的冒险的开始。

我去那个夜总会去得很频繁，过了几个星期，娱乐节目变了。表演的人是巡回演出的，路经阿玛里洛(Amarillo)[1]，跑过得克萨斯州的许多地方，老天爷知道她们还到过哪儿。夜总会里还有一个常驻歌手，叫塔玛拉。每有一拨到夜总会来表演的，塔玛拉就把我引荐给那

1 美国得克萨斯州的一座城市。

群女孩儿当中的一个。那女孩儿就过来挨着我坐在桌边儿，我给她买杯酒，跟她聊聊天儿。当然，我想跟她不仅仅是聊天儿，但每到最后一刻，总有什么事儿不对劲儿了。因此呢，我从来也没搞明白，为什么塔玛拉总是费事把我介绍给那些漂亮女孩儿，而且，接下来，尽管事情开始得蛮顺利，我却总是落得个买酒、一晚上空聊，如此而已。我朋友，得不到塔玛拉的照顾，也是无功而返——我们俩都是冤大头啊。

不同的表演，不同的女孩儿，你方唱罢我登场，这么搞了几个星期之后，又有新表演团来了。跟往常一样，塔玛拉把我介绍给这团里的一个女孩儿，我们还是那一套——我给她买酒，我们聊天儿，她还挺漂亮。她先过去表演，演完了就回来跟我坐一块儿，我感觉良 186
好。大家都脑袋朝我这边儿乱转，心里想："他有什么法术，能把这女孩儿弄到他那儿？"

但是，然后呢，到了本晚的活动将近收场的时候，她说了一个意思，到那时为止，这意思我在以前听到过好几遍了："我好想让你今儿晚上到我房间来，可我们有个聚会，或许明儿晚上……"——我明白了这种"或许明儿晚上"是个什么意思：别想入非非的了。

呵，整个晚上，我注意到这女孩儿——她名叫格洛瑞娅——和节目主持人说话颇多，表演的时候说，去化妆室的路上说，回来的时候还说。因此，有那么一次，她在化妆室里的时候，节目主持人碰巧从我这桌子旁边走过，我禁不住想知道我猜得对不对，对他说："你妻子，人不错啊。"

他说："是啊，谢谢。"我们开始聊了几句。他琢磨着，是她这么告诉我的。格洛瑞娅回来的时候，她琢磨着，是他这么告诉我的。所以他们俩都跟我聊，还邀请我在酒吧关门的时候，当天晚上就访问他们的住处。

下半夜两点，我跟他们一起到了他们的汽车旅馆。当然没什么聚会，我们聊天儿聊了好一阵子。他们给我看一个相册，是格洛瑞娅的照片，其时她丈夫在爱荷华州第一次遇到了她，一个啃玉米棒子长大的、有点儿稍胖的女人而已；然后，她的另一些照片，瘦了，到眼下，她模样实在是靓丽！他什么都教给她，但他目不识丁，不会写字。特别有趣的是，因为他干节目主持人这行当，是需要把业余选手进行比赛的剧目和演员名字读出来的，可我甚至没注意到他不会读他正在“读”的东西！（第二天晚上，我看清楚了他们是怎么弄的。在她把一个人领到台上或者领到台下的时候，她瞥一眼他手里的节目单，再悄悄告诉他下一个演员的名字和剧目，飘然而去，若无其事。）

这两口子，很风趣，很友好，我们谈了很多有意思的事儿。我想起了我们是怎么认识的，就问他们，为什么塔玛拉总是把新来的女孩儿介绍给我。

格洛瑞娅回答：“在塔玛拉打算把我介绍给你的时候，她说，‘现
187 在我要把这一带一位真正的阔佬介绍给你！’”

我不得不想了一阵子，这才意识到，一声气壮声宏却被人误会了的“别问这个”，让我花了十六块钱买的那瓶香槟，结果成了一笔很合算的投资。我显然赢得了某种名士风度的美名，穿戴随意，不修边幅，可为女孩儿们花起钱来，那是一掷千金啊。

最后，我告诉他们，有个事儿，挺让我吃惊：“我算是个挺聪明的人，”我说，“但多半只在物理方面。可在那个酒吧里，聪明的主儿多的是——采油的、开矿的、做大买卖的，诸如此类——他们总为女

孩儿们买喝的，可到头来都是竹篮打水一场空！”（直到那时，我还是推断人人都是白买酒。）“这怎么可能呢，”我问，“一个‘聪明的’主儿，一进酒吧，怎么可能沦落成这么一个倒霉的傻瓜呢？”

主持人说：“这个嘛，我全明白。这事儿怎么操作，我最清楚不过。我给你上堂课，好让你以后在酒吧里从小妞儿那儿占点儿便宜。但在开课之前，我得向你展示展示，对我说的这档子事儿，我还真明白。为了做个示范，格洛瑞娅会让一个男人给你买杯香槟鸡尾酒。”

我说：“敢情好。”但我心里想，“他们怎么弄成这事儿啊？”

主持人接茬儿说：“现在，你必须亦步亦趋，照我说的办。明儿晚上，在酒吧里，你坐得应该离格洛瑞娅远一点儿，等她给你发个暗号儿，你做的仅仅是从她旁边儿走过去。”

“没错儿，”格洛瑞娅说，“小菜一碟。”

第二天晚上，我到了酒吧，坐在个角落里，在那儿我可以远远地看着格洛瑞娅。过了一阵子，果不其然，一个家伙和她坐一块儿了，又稍微过了一阵子，那主儿乐不可支了，格洛瑞娅朝我眨了眨眼。我站起来，若无其事地信步荡过去。就在我经过的时候，格洛瑞娅转过身来，亲切的口气，跟银铃儿似的：“嚯，哎哟喂，迪克！什么风儿把你吹回城里的？最近死哪儿去了呀？”

此时此刻，那主儿乱转脑袋，想看看这位“迪克”是何许人也；从他的眼里，我看到了某种我完全理解的东西，因为我自己就常常身陷此种境地。 188

第一眼：“噢喔，半路杀出个程咬金。我给她买了酒，他却要把她弄走！会出什么事儿？”

第二眼：“不妨事儿，仅仅是个一般的朋友。他们好像以前彼此认识。”这些，我都看得明白。我从他脸上读得出来。我很明白他脑子里转什么念头。

格洛瑞娅朝他说：“吉姆，我想让你会会我的一个老朋友，迪克·费曼。”

第三眼：“我知道怎么对付：对这家伙，我客气着点儿，那样她会对我更好。”

吉姆朝我说：“嗨，迪克。来一杯如何？”

“好极了！”我说。

“喝点啥？”

“就她喝的那玩意儿。”

“招待，请再来杯香槟鸡尾。”

果然容易，简直不算回事儿。那天晚上，酒吧关门之后，我又去了主持人和格洛瑞娅的汽车旅馆。他们笑得前仰后合，高兴事儿弄成了。“好了，”我说，“我彻底服了，你们俩都真明白你们讲的那一套。现在，上课怎么样？”

“好吧，”他说，“总的原则是这样：那主儿，想当绅士。他不希望别人把他看成个不懂礼数的粗汉子，特别不希望人家觉得他小气。只要这妞儿明白这主儿转着什么花花肠子，那么牵着他的鼻子，想往哪儿牵，就往哪儿牵，就是小菜一碟儿了。”

“因此，”他接茬儿说，“在任何情况下，都不要假充绅士！你千万不要把那些妞儿当盘菜。另外，首要的规则是，不要给妞儿买任何东西——连包烟都不给她买——这事儿，等到你问她是不是愿意跟你睡觉的时候，再说不迟；等到你确信她愿意，才知道她没撒谎。”

“呃……你的意思是……你不……呃……你就这样问她们？”

“好了，”他说，“我知道，这是你的第一堂课，这么直奔主题，你或许觉得难。那么你倒也可以给她买个什么玩意儿——就是小恩小惠什么的——然后再开口问。可话说回来，这只能把事情搞得更不顺手。”

妥了，人家只需要给我个原则，我就能把事儿领会透。第二天一整天，我进行了完全不同的心理建设。我采取了这么一种态度：酒吧
里的妞儿，全是婊子，她们一分钱不值；她们在那儿，全是为了让你 189
给她们买杯喝的，然后呢，她们半点儿好处不让你占；在这些一分钱不值的婊子面前，我才不当绅士呢，等等。我学而习之，习而成自然。

然后呢，那天晚上我做好了准备，想以身试法。我跟平常那样进了酒吧，我的那位朋友立刻说：“嗨，迪克！等下让你见识见识我今儿晚上泡上的妞儿！她换衣服去了，马上就来。”

“行了，行了。”我说，一副不把这当回事儿的神态；然后，我坐在另一张桌子那儿，看表演。就在表演开始的时候，我朋友的妞儿来了，我心里想：“她就是天仙，我也一个大子儿不出；她能办的，是让他给她买喝的去，她呢，会让他空忙一场！”

第一场演完了，我朋友说：“嗨，迪克！我想让你见见安。安，这是我的一个好朋友，迪克·费曼。”

我说“嗨”，继续看表演。

过了一会儿，安对我说：“干吗不过来跟我们坐一块儿啊？”

我心里想：“典型的婊子；给她买酒的，是他；可她接着就邀请别人往这桌上凑合。”我说：“我在这儿，看得清楚。”

过了一阵子，从附近军事基地来了一个中尉，军装笔挺。转眼之间，在酒吧的另一边儿，安就和那个中尉坐一块儿了！

那天晚上晚些时候，我还坐在酒吧里。安在和中尉跳舞。在中尉背对着我，而她面对着我的时候，她就相当愉快地朝我微笑。我又想了："婊子！现在，她甚至对中尉又玩起了这套把戏！"

接下来，我有了个好主意：我等到中尉也能看到我的时候，才看她，接着报以微笑，这样，中尉就明白了这闹着什么妖蛾子。因此，她的把戏玩不长了。

几分钟之后，她不再和中尉在一块儿了，却要酒吧招待把她的大衣和手提包拿给她，明显地提高嗓门儿说："我想去散散步。有人愿意陪我去散步吗？"

我心里想："你可以一个劲说不，让他们这么走掉，但你不能永远说不，否则你就不会有所进展。现在，时候到了，你得将就着了。"
190 于是，我就镇定自若地说："我来陪你。"我们就这样出去了。我们在街上走过了几个街区，看到了个咖啡馆儿，她说："我有个主意——咱买点儿咖啡和三明治，到我那儿去吃。"

主意不错，我们就进了咖啡馆儿。她要了三杯咖啡，外加三个三明治，我付账。

在我们从咖啡馆儿往外走的时候，我心里想："事儿搞错了：三明治太多了！"

往她的汽车旅馆走的时候，她说："你知道，我没时间吃这些三明治了，因为一位中尉要过来……"

我心里想："瞧，没及格不是。主持人给我上了课，告诉我怎么做，而我没及格。我给她买了价值1.1元的三明治，却没向她提任何要求，现在我明白了，又要鸡飞蛋打！我得缓过神儿来，好歹要为我老师挽回面子。"

我当即站住，对她说：“你…… 还不如个婊子！”

“什么意思啊，你？”

“是你让我买这些三明治，我得到了什么？啥也没有！”

“哼，小气鬼！”她说，“要是你那么想，我就把三明治的钱还你就是！”

她这是虚张声势，我说：“那就还钱。”

她被将了一军。她伸手去摸钱包儿，掏出了她仅有的那么一丁点儿钱，交给我。我拿了三明治、咖啡，走人。

我吃完了，就回酒吧，向主持人汇报。我一五一十把事情讲了一遍，告诉他，很对不起，没及格，但我要努力东山再起。

他心平气和地说：“没事儿，迪克；挺好嘛。因为你到最后也没给她买东西，今儿晚上，她一准跟你睡觉。”

“什么啊？”

“挺好，”他胸有成竹地说，“她一准跟你睡觉，我有数儿。”

“可她人都不在这儿！她在她的住处，和那个中……”

“没事儿。”

大约两点，酒吧关门了，安还是没出现。我问主持人和他妻子，
我是不是该到她那儿去一趟。他们说，可以去。 191

我们正从酒吧往外走，安来了，穿过66号公路朝我跑过来。她一下子投在我怀里，说：“快，到我那儿。”

主持人说得不差啊。可见他课上得棒！

等我到秋天返回康奈尔大学的时候，我和一个毕业生的妹妹跳舞，她是从弗吉尼亚州来看她哥的。她很漂亮，突然我脑子里冒出个念头儿。“找个酒吧，我们去喝一杯。”我说。

在去酒吧的路上，我硬着头皮想在一个正常女孩儿身上试试主持人的课程。毕竟，酒吧里的妞儿，一个心眼儿想让你为她买喝的，你不把她当盘菜，并不内疚——但是，一个漂亮的、正常的、南方的女孩儿呢？

我们进了酒吧，我还没坐下，就说："听着，在我给你买喝的之前，我只想知道一件事儿：今儿晚上，愿意跟我睡觉吗？"

"愿意。"

因此，他的课程对正常女孩儿也灵！但是，无论这课程多么灵验，我在那之后真的不曾再用过。像那么个搞法，我不喜欢。但是，知道事情的运作方式，和我小时候得到的那一套教育，大大地不同，这也有趣。

幸运数字

在普林斯顿大学，有一天，我在休息室坐着，无意听到几个数学家在讨论e^x的级数，把它展开就是$1 + x + x^2/2! + x^3/3!$ 。每一项，都是通过把前一项乘以x并除以下一项的项数的阶乘来得到的。比方说，为了得到$x^4/4!$后面的那一项，你就把它乘以x并除以5！。这很简单。

在我还是个小孩儿的时候，就对级数着了迷。我已经用那个级数计算过e的值，看到新的那些项是如何很快变小的。

我喃喃自语，用那个级数来计算e的无论多少次幂，是多么容易（只要你用幂次来代替x即可）。

“哦，是吗？”他们说，“那好，e的3.3次方是多少？”有个玩笑大王说——我想那是涂基（Tukey）。

我说：“那容易，是27.11。”

涂基知道把它心算出来并不容易。“嗨！你怎么算的？”

另一个家伙说：“你们知道费曼，他信口雌黄。那数，实际上不对。”

他们去找数学用表，就在他们找的时候，我又加上了几位小数：“27.1126。”我说。

他们在表上找到了。“对啊！可你是怎么弄出来的？”

“我只是把级数逐项加起来。”

“没人能那么快就把这个级数加起来。你必定是碰巧知道了那个数。e的3次方是多少？”

“干吗呀，”我说，“这活儿很累！一天只算一个！”

“哈！弄虚作假！”他们得意地说。

“那好吧，”我说，“是20.085。”

193 在他们查表的时候，我又加上了几位小数，现在他们可就兴奋起来了，因为我又说对了。

在场的都是当年的几个大数学家，茫然不知我是怎么算出e的任意次幂的！其中的一个说：“他绝不可能只是在进行代换和加法运算——那太难了。有窍门的。你不可能随便算出像e的1.4次方这样的数。”

我说：“这活儿很累，但我给你面子，是4.05。”

在他们查表的时候，我又加上了几位小数，说：“今天到此为止！”出去了。

其实是这样：我碰巧知道三个数——以e为底的10的对数（用来把数字从以10为底换为以e为底），值是2.3026（因此我知道e的2.3次方非常接近于10）。因为放射现象（半衰期），我知道以e为底的2的对数是0.69315（因此，我也知道e的0.7次方差不多等于2）。我还知道e（它的1次方）是2.71828。

他们要我计算的第一个数，是e的3.3次方，它等于e的2.3次方（等于10）乘以e，得27.18。在他们忙着瞎猜我是怎么算出来的时候，我在修正我的答案，减去了多出的0.026——因为以e为底的10的对数2.3026，是稍微多了一点儿。

我知道，再要我算一个数，那就算不出来了；刚才完全是碰运气。但是，那家伙接着问的却是e的3次方：那就是e的2.3次方乘以e的0.7次方嘛，或者说是10乘以2。所以我知道得数是20多一点儿。

在他们怎么想也想不出我是怎么算的当口儿，我又对答案做了0.693的调整。

现在，我真的知道再一再二，不能再三了，因为上一个数仍然是纯粹碰运气。但是，那个家伙说的是e的1.4次方是多少。那是e的0.7次方乘以它自身。因此，我只需要在4上面稍微加一点儿而已！

他们怎么也琢磨不出我是怎么算的。

我在洛斯阿拉莫斯时，我发现汉斯·贝特绝对是计算高手。比方说，有一次，我们要把几个数代入公式，最后算到48的平方。我就找玛珍计算器，他说："是2300。"我开始按按钮，他说："如果你要精确的数字，那就是2304。"

机器的得数是2304。"嚯！这可太神啊！"

"怎么计算接近50的数的平方，你不知道吗？"他说，"你先算出50的平方——是2500——再从2500里减去100乘以你的数和50之间的差（在这个例子里是2）。如果你要的是精确的数，那就把那个差 194
数的平方加上去，那就是2304嘛。"

几分钟后，我们需要算出$2\frac{1}{2}$的立方根。用玛珍计算器算立方根，得先查数学用表，查出一个近似值。我开了抽屉找表——这次花的时间长些——他说："大约是1.35。"

我用玛珍一试，对了。"你怎么算出这个的啊？"我问，"你知道求立方根的秘诀吗？"

"啊，"他说，"$2\frac{1}{2}$的对数是多少多少。这个对数的三分之一在1.3的对数多少多少和1.4的对数多少多少之间，那我就在这两者之间内插了一个数。"

因此，我发现了一点儿东西：第一，他背得下来对数表；第二，光是他做的内插计算量，我找数学用表、拿计算机敲键，也要花费更长的时间。这给我的印象，太深刻了。

此后，我也想干这样的事儿。我记住了几个对数，开始注意事儿。比方说，如果有个人说，“28的平方是多少？”你会注意到2的平方根是1.4，而28是20乘以1.4，因此28的平方必定大约是400乘以2，或者说800。

如果有个人过来想算1除以1.73，你可以张口就来，是0.577，因为1.73近似于3的平方根，因此1/1.73必定是3的平方根的三分之一。如果要算1/1.75，那它刚好是7/4的倒数即4/7，而你记得1/7的循环小数0.142857142857…，于是得数就是0.571428…。

和汉斯用窍门儿快速计算，我得到了很多乐趣。我知道答案而他不知道，这种情况很少；等我答对了一个，他就开怀大笑。他几乎总能回答任何问题，误差不超过百分之一。每个数都接近他知道的一个数——对他而言，这很容易。

有一天，我不知道天高地厚了。午饭的时候，在技术区，也不知道我从哪儿冒出个念头儿，反正我宣布：“任何人在10秒之内能说完的任何问题，我都能在60秒内答出来，误差10%！”

大家开始把他们认为可能算难的问题说给我，例如，计算$1/(1+x^4)$的函数的积分，在他们给我的x的范围内，这东西几乎
195 是不变的。有人给了我一个最难的问题，是算出$(1+x)^{20}$中的x^{10}的二项式系数，我刚好在时间快到的时候答出来了。

他们都给我出难题，我得意扬扬，那时保罗·奥伦（Paul Olum）刚好从大厅走过。在来洛斯阿拉莫斯之前，保罗和我在普林斯顿一起

工作了一段时间。他总是比我聪明。比方说，有一天，我正心不在焉地玩一个卷尺，就是你一按按钮，就啪地一下子缩回去的那种。尺子总是缩过头，打在我的手背上，真有点儿疼呢。“哎呀！”我叫起来。“我真是个呆子。老是玩这玩意儿，每次都打疼了我的手。”

他说：“你拿得不对劲。”他把这鬼东西拿过去，把尺子拉出来，按按钮，它好好地就缩回去了。不伤人的。

“哇！你是怎么弄的啊？”我喊道。

“自己琢磨！”

此后几个星期，我在普林斯顿大学，无论到哪儿，手里总在玩卷尺，手都打破皮了。最后，我受不了了。“保罗！我作罢了！你到底是怎么握的，让它打不着你？”

“谁说它打不着我？它打我也打得怪疼啊！”

我觉得自己怎么这么蠢啊。他愚弄我到处拿着个卷尺打自己的手，直打了两个星期！

刚才说到奥伦正走过吃午饭的地方，这帮家伙都兴奋不已。“嗨，保罗！”他们大声叫。“费曼可了不得！我们在10秒钟内给他出题目，可他一分钟就给得数，误差10%。你干吗不给他出个题目？”

他几乎连脚步也没停，说：“10的100次方的正切函数值。”

我的嚣张气焰下去了：你必须把一个一百位数除以π！这可没指望了。

我有一次吹牛说：“任何人都得用路径积分来解决的问题，我就能用别的办法来得出答案。”

奥伦就给了我一个罪该万死的积分：他从一个他知道答案的复杂函数开始，把它的实部去掉，只把虚部留下，就得到了这么个积

196 分。他已经把它展开了，所以它非得用路径积分法不可！他总是让我这样泄气。他是个非常聪明的伙计。

那是我头一次到巴西的事儿。我在我也不知道的什么时间吃午饭——我来饭店，总是来得不是时候——那地方只我一个顾客。我就着牛排（我喜欢）吃米饭，周围站着四个服务员。

一个日本人进了饭店。我以前见过他，看到他到处兜售算盘。他开始和服务员说话，向他们挑战：他说他算加法比他们谁都算得快。

服务员不想丢面子，他们就说："是啊，是啊。你为什么不到那边，向那位顾客挑战呢？"

这人过来了。我抗议道："可我葡萄牙语说得不好！"

服务员笑了。"数目字儿，容易。"他们说。

他们给我找来一支铅笔和纸。

这人让服务员喊出数字好加起来。他把我赢得好惨，因为在我把数写下来的当口，他却在拨弄算盘珠子的同时，得数已经出来了。

我建议服务员，在两张纸上写下相同的一些数，然后同时交给我们俩。这没造成多大变化。他还是胜过我许多。

可是，这人得意忘形了：他想显显别的本事。"*Multiplicaa~o*！"他说，要比乘法。

有个人写了个题，他又打败了我，但只是险胜，因为我乘法是相当好的。

然后呢，这人犯了个错误：他建议我们接着比除法。他有所不知的是，题越难，我胜算越大。

我们俩都做了一道很长的除法题。平了。

这让这个日本人坐立不安，因为他的珠算显然训练有素，可在这儿，差点儿败在饭店里吃饭的一个家伙手里。

“*Raios cubicos*！”他说，想报仇。立方根啊！他要用算术法求立方根！在算术中，再也找不到比这更难的题了。在他的算盘国度中，这想必是他的拿手好戏。

他在纸上写了个数——随便写的——我至今还记得：1729.03。
他拨开了算盘，满嘴叽里咕噜，叽里咕噜——跟魔鬼似的忙个不亦 197
乐乎。他挥汗如雨，跟这个立方根干上了。

与此同时，我在那儿闲坐呢。

一个服务员说：“你干吗呢？”

我指了指脑袋。“想呢！”我说。我在纸上写了12。沉吟片刻，我有了得数12.002。

使算盘的这主儿，抹掉脑门子上的汗：“12！”他说。

“啊，不对！”我说，“再加几位数！再加几位数！”我知道，用算术法求立方根，每一位数都比前头那位数更费工。这活儿累得很。

他又埋头干开了，嘟嘟囔囔的。趁这工夫，我又加上了两位数。他最后抬起头来说：“12.0！”

服务员们兴高采烈，乐不可支。他们告诉这主儿：“瞅瞅！人家寻思寻思就成，你呢，还得用算盘！人家还多好几位数呢！”

他一败涂地，满面羞赧，溜之乎也。服务员们额手称庆。

这顾客怎么打败算盘的？题目是1729.03。我碰巧知道1立方英尺有1728立方英寸，因此答案比12大一丁点儿。多出的1.03，大约只有1/2000。我在微分课上学过，对小分数而言，立方根超出的部分是数字超出部分的1/3。因此，我只需要算出1/1728是多少，再乘以4

（即除以3再乘以12）。所以，我的得数就有那么多位数。

几个星期之后，那个人来到了我住的宾馆的鸡尾酒休息室，当时我坐在那儿。他认出我来，就过来了。“告诉我，”他说，“你怎么能那么快算出立方根？”

我就开始解释，说那是一种求近似值的方法，跟误差的百分比有关。“假设你给我的数是28。现在这么想，27的立方根是3……”

他抓起算盘：噼里啪啦、噼里啪啦——“哦，是啊。”他说。

我发现，他不懂数字。靠着个算盘，你是不必记住一大堆算术组合的；你只需要学会怎么上上下下拨弄小珠子就成。你不必记住9 +
198 7 = 16；你只需要知道，在你加9的时候，你只要把十位上的珠子推上去、把个位上的珠子拉一个下来。弄起基本算术来，我们慢些。但我们懂数。

另外，近似值方法的整个观念，他是理解不了的；在大多数情况下，用任何方法都求不出立方根的精确得数，他连这一点也不知道。因此，我跟他解释不清我是怎么求立方根的，也解释不清在他碰巧选了1729.03这个数的时候，我有多么幸运。

又是这个美国人! 199

有一次，我捎带了一个搭便车的，他告诉我南美多么有意思，还说我一定得到那儿去一趟。我发牢骚，说语言不通，但他说，去学就是——问题不大。我就想了，主意不错：我要到南美。

康奈尔大学有外语课，用的仍然是战时的办法：大约十个学生一个小组，一个外国老师只讲外国话——再没别的。在康奈尔大学，由于我是个面相年轻的教授，我就决定参加一个班，像个一般学生似的。还因为我不知道我最终会到南美的什么地方，我就决定学西班牙语，因为那儿大多数国家都说西班牙语。

因此，等到语言班报名的时候，我们都站在外边，等着到教室里去，就在这当口，一个魅力四射的金发碧眼的妞儿，飘然而至。你知道，你立刻会有什么感觉，哇噻！这不是天仙下凡吗！我暗自念叨，“或许她要参加西班牙语班——那可就太美了！”可是，不，她款步进了葡萄牙语班。于是我琢磨着，管它的——我或许也可以学学葡萄牙语。

我开始在她身后亦步亦趋，可我那盎格鲁撒克逊式的观点冒出来了，我说：“别，决定说哪种语言，这理由站不住脚。”于是我就又折回去，报名参加西班牙语班，心里却是一百个不乐意。

不久之后，我参加了在纽约举办的物理学会的会议，我发现自
己坐在翟米·第奥诺（Jaime Tiomno）旁边，他是巴西来的，他问我： 200

“这个夏天，准备干什么？”

“我正琢磨着，到南美走走。”

“哦！为什么不到巴西来？我会在‘物理研究中心’给你弄个位置。”

这么说，我现在必得改弦更张，学葡萄牙语了！

我在康奈尔大学找到了个葡萄牙的研究生，每个星期他教我两次课，所以我可以把我已经学到的西班牙语都改成葡萄牙语。

在飞往巴西的飞机上，我碰巧和哥伦比亚的一个家伙坐在一起，他只会说西班牙语：所以，我不跟他说话，因为我不想把葡萄牙语和西班牙语混成一团。但坐在我前边的两个家伙，说的是葡萄牙语。我从来不曾听到过真正的葡萄牙语；我的那位老师，说得又慢又清楚。这里的这俩家伙，说话跟爆豆儿似的，卜啦卜啦卜啦卜啦—啊—塔，卜啦卜啦卜啦卜啦—啊—塔，我连“我”或者“这个”这两个词儿都听不清，什么也听不清。

最后，等我们在特立尼达岛（Trinidad）停机加油的时候，我凑到这俩伙计那儿，用葡萄牙语，或者我自以为是的葡萄牙语，慢慢说：“打扰了……你们能够听明白……我现在对你们正在说什么吗？”

“*Pues nao, porque nao*？”——“能啊，干吗听不明白？”他们回答。

于是我就尽力跟他们解释，说我在学葡萄牙语，现在都学了几个月了，但是还没有听到过在谈话中的葡萄牙语，在飞机上我一直在听他们说话，但是，他们说的话，我连一个字也听不懂。

“哦，”他们笑着说，“*Nao e Portugues！ E Ladao！ Judeo！*”他们在说：他们说的那种葡萄牙语并不纯粹，就好像犹太人说的那种德语的意第绪语[1]一样，所以，你可以想象一下：一个学德语的家伙，坐在两个说意第绪语的后头，想琢磨出他们在聊个啥。他们说的显然是德语，但不管用。他想必是没把德语学到家。

等我们回到了飞机上，他们指给我看另外一个人，他真说葡萄牙语，所以我就挨着他坐了。他一直在马里兰州研究神经外科，所以和他谈话，来得容易——但我必须跟他谈"*cirugia neural*, *o cerebreu*"（"神经循环、神经中枢"）之类的"复杂"东西。比较长的英语词，实际上很容易翻译成葡萄牙语，因为唯一的区别只是词尾不同：英语的"-tion"在葡萄牙语中是"-a~o"；"-ly"是"-mente"，如此等等。可是，等他朝窗外看，说了个什么简单的东西的时候，我却摸不着头脑了：我不会翻译"天是蓝的"。 201

我在累西腓（Recife）下了飞机［巴西政府负责我从累西腓到里约（Rio）的旅费］。恺撒·雷提斯（Cesar Lattes）的岳父、妻子和另一个人来接我。雷提斯是位于里约的"物理研究中心"的主任。两个男人去取我的行李的时候，这位太太用葡萄牙语对我说："你说葡萄牙语啊？你是怎么学葡萄牙语的啊？"

我回答得很慢，费了好大的劲。"首先，我还是学习西班牙语……然后我发现我要去巴西……"现在我想说的是"所以，我学了葡萄牙语"。但是，我想不起"所以"是怎么说的。我知道怎么说比较大的词儿，因此我是这么结束这个句子的："CONSEQUENTEMENTE，apprendi

1　历史上中欧和东欧的犹太人所用的语言，是多种语言的混合，主要来自于中世纪日耳曼方言，其次来自于希伯来语、阿拉姆语和各种斯拉夫语、古法语及古意大利语。

Portugues！”——“因此之故，我学了葡萄牙语！”

两个男人带着行李回来了，她说：“哎，他会说葡萄牙语！而且还会用‘因此之故’这种了不得的字眼儿呢！”

接着，广播喇叭传来一个通告。到里约的航班取消了；到那儿的航班，星期二才有——但我最迟也得在星期一到达里约。

我觉得非常不安。“或许有货机。我坐货机得了。”我说。

“教授！”他们说，“累西腓这儿实在不错。我们带你到各处看看。干吗不放松一下——你现在是在巴西啊。”

那天晚上我在城里溜达，遇到一小群人围着看马路中间的一个长方形大坑——挖这坑是为了铺设排污管道什么的——坑里边，一辆小汽车，踏踏实实地坐在里头。事儿有点儿巧：这坑把车嵌得严丝合缝，车顶棚刚好与路面齐平。工人在傍晚收工的时候，懒得立几个标志，而那个家伙也果真把车开了进去。我注意到了一个区别：我们挖坑的时候，就有各种各样的绕行标志，还有闪闪发光的灯来保护我们。在那儿，他们挖了个坑，等一天的活儿干完了之后，就那么走人了。

不管怎么说，累西腓是个不错的城市，我也确实等到下星期二才飞到了里约。

等我到了里约，我见到了恺撒·雷提斯。国家电视台想为我们的
202 会面拍点儿录像，所以他们就开拍了，但不录声音。摄像师说：“摆出你们正在谈话的样子。说点儿什么——说什么都成。”

雷提斯就问我：“你找到一本枕边词典（当地女孩）了没有？”

那天晚上，巴西的电视观众，看到这位“物理研究中心”的主任在欢迎来自美国的访问教授，但大家一点儿也不知道他们谈的，竟然是找个女孩儿度此良宵！

等到了中心，必须决定我讲座的时间——上午还是下午。

雷提斯说：“学生喜欢下午。”

“那就下午吧。”

“可下午在海滩上玩才好，所以，你为什么不在上午讲座，下午你就可以到海滩上逍遥。”

“但你说学生喜欢在下午听讲座。”

“那个你不必担心。照对你最方便的办法来！下午到海滩玩去。”

因此，我学会了一种不同于美国的看待生活的方式。首先，他们不像我那样急匆匆的。其次，如果事情对你比较好，那用不着担心！于是，我就在上午上课，下午到海滩上玩儿。早知道有海滩，那我首先就会学葡萄牙语，而不是西班牙语。

我原本想用英语上课，可我注意到：当学生用葡萄牙语向我解释什么事儿的时候，我听不大懂，虽然我还是知道一点儿葡萄牙语的。他们说的是“增加”还是“减少”，是“不增加”还是“不减少”，还是“慢慢减少”，我是不大清楚的。但是，在他们苦挣苦扎地说英语的时候，他们会发出些“啊啪”或者“度恩”之类的声音；尽管他们发音稀松，语法勉强，我还是能猜出他们想说什么。因此，我明白了，如果我要跟他们说话，想教他们，最好是我来说葡萄牙语，我说得蹩脚就蹩脚吧。那样的话，他们听起来会容易些。

我第一次在巴西待了六个星期，那时我得到了邀请，要在“巴西
科学院”讲个话，讲我刚刚做完的量子电动力学的一些事情。我想，203
我要用葡萄牙语讲这个话，中心的两个学生说会帮我的忙。我开始把我的讲话用绝对稀松的葡萄牙语写出来。我是自己写的，因为如果让他们来写，我不认识的词儿就太多了，也读不好。因此，我写，他们

改正语法，改正错字，弄得好一点儿，但文字水平，仍然允许我读得容易，多少知道我在讲什么。他们帮助我读得绝对正确："de"应该介于"deh"和"day"之间——一定得读成这样。

我到了"巴西科学院"的大会上，头一个讲话的，是个化学家，站起来，发言——用英语。他这是为了表示礼貌，还是怎么的？我听不懂他说的什么，因为他的发音糟透了；但是，或许别人都有相同的口音，所以他们能听得懂吧；懂不懂的，我也不知道。接着，另一个家伙站起来，用英语发表他的讲话！

轮到我了，我站起来，说："我很抱歉；我没想到'巴西科学院'的官方语言是英语，因此，我的讲话没用英语来准备。因此，请原谅，但我是不得不用葡萄牙语来发言了。"

于是我就读这个东西，大家都听得很愉快。

下一个家伙站起来说："学习美国同事的榜样，我也用葡萄牙语讲话。"因此，就我所知，我把"巴西科学院"的语言传统改变了。

几年后，我遇到了个从巴西来的人，一字不差地引用了我在科学院讲话的头几句。很明显，我的讲话给他们留下了深刻印象。

但是，这种语言，我觉得很难，我就学而不倦，看报纸，等等。我一直坚持用葡萄牙语上课——我称之为"费曼葡萄牙语"，我知道，它不可能和地道的葡萄牙语是一个东西，因为我能知道我讲的是什么，但我不知道街上的人讲的是什么。

因为我太喜欢我第一次在巴西的经历，一年之后我又去了，这一 204
次是10个月。这一次我在里约大学讲课，他们本该给我钱的，但从来没给，因此中心一直在给我里约大学本该给我的钱。

我最后住在位于克帕卡巴纳（Copacabana）海滩上的一家旅馆

里，旅馆名叫“米拉玛”（Miramar）。住了一阵子，我住在了十三楼的一个房间里，我可以从窗口看大海，看海滩上的女孩儿。

后来才知道，这家旅馆是“泛美航空公司”（Pan American Airlines）的飞行员和女乘务员“下榻”的地方。“下榻”这个词儿，我总觉得有点儿叫人反胃。他们的房间都在四楼，三更半夜的时候，常有人偷偷摸摸、鬼鬼祟祟地在电梯里串上串下。

有一次，我离开旅馆几个星期在外旅行，到我回来的时候，经理告诉我，他不得不把我的房间订给了别人，因为那是最后一个空房间，他已经把我的东西搬到另一个房间去了。

那个房间正好在厨房那边。人们通常在这里住不长的时间。这位经理算是琢磨透了：我是唯一看得出住在那个房间有好处的一个家伙；非常清楚的是，我会忍受油烟味儿，不会发牢骚。我真没发牢骚：房间在四楼，离女乘务员很近。这省了不少麻烦。

航空公司的人，不知怎么，厌倦自己的生活；真够奇怪的是，晚上她们常去酒吧喝酒。我喜欢她们这些人，为了显得合群儿，一个星期好几个晚上，我都和她们一块儿去酒吧喝上几杯。

有一天，大约在下午三点半，我在克帕卡巴纳海滩对面的人行道上溜达，遇到一个酒吧。我突然有一种极其强烈的感觉：“我要的就是这个；说着娘家人儿，孩子他舅舅就来了。此时此刻，我就是想喝一杯！”

我就开始迈步进酒吧，可我突然脑子里想：“且慢！这才下午正中间，这儿什么人也没有。没什么社交理由要喝酒啊。可你必得要喝一杯，你为什么有这么一种强烈的感觉？”——不想不知道，一想吓一跳。

从那以后，我再也滴酒不沾了。我想，实际上，我并没有处在什

205 么危险之中，因为我发现，悬崖勒马，并不算难。但那种我不理解的强烈感觉，吓着我了。你知道，我不想毁了这个最令人愉快的机器，这机器使生活成为这么一大乐子。我从这种思考过程中，得到了好大的乐趣。后来，尽管我对幻觉很是好奇，但还是踌躇于拿迷幻药亲身实验，也是出于同样的理由。

在巴西快到年终的时候，我带着一位空姐——一位扎着辫子的、非常可爱的女孩儿——到博物馆去。在我们走过埃及部分的时候，我发现自己在向她讲这么些事儿："石棺上的翅膀，意思是这个这个；这些瓶子，是用来放人的内脏的；转过那个角落，那里应该有那个那个……"我暗自思忖："你自己知道，你是从哪儿听来的这些个东西？是从玛丽·娄（Mary Lou）那里听来的啊！"——她不在身边，我觉得寂寞。

我是在康奈尔大学遇到玛丽的，后来，等我去了帕萨迪纳（Pasadena）[2]，我发现她已经来到了附近的威斯特伍德（Westwood）。我喜欢她有一段时间，但我们经常吵架；最后，我们断定事情没希望了，我们就分手了。但是，一年的时间，和这位空姐里出外进，却无功而返，我灰心丧气。因此，当我给这女孩儿讲这些事儿的时候，我觉得玛丽·娄实在是个好女孩儿，我们不应该吵的。

我给她写了一封信，求婚。明白人都会告诉我，这是危险的：你在外头，除了信，你什么也没有，你觉得寂寞了，你就只记得那些美好的事情，忘记了你们是为什么吵架的。结婚，也解决不了问题。一

2 位于加利福尼亚州南部，好莱坞东南不到100千米处，洛杉矶市区的一部分，因其每年的玫瑰花车游行而闻名。

结婚，争吵又起，这桩婚姻只延续了两年。

美国使馆有个人，知道我喜欢桑巴音乐。我想我告诉过他，我第一次在巴西的时候，曾经听过在街上练习的一个桑巴乐队的演奏，我也想多了解一些巴西音乐，

他说，有一个叫“土风”的小乐队，每星期在他的公寓里练习，我可以过去听他们演奏。

有三四个人——一个是这公寓的看门人——他们在这个公寓演奏的音乐非常安静，他们没有别的地方演奏。有个家伙打小手鼓，他们称之为“盼得乐”（pandeiro），另一个家伙拨弄小吉他。我总是听 206
到有敲鼓的声音，但没有鼓啊！最后，我琢磨出那是小手鼓的声音。那家伙演奏小手鼓的手法很复杂，手腕乱转，用拇指敲打鼓皮。我发现这有趣，多少学会了怎么演奏盼得乐。

稍后，狂欢节即将来临。这是个展示新曲子的季节。他们并不一年到头推出新曲子和新唱片；他们等到狂欢节，才全盘端出来，这可令人兴奋啊。

原来，这位看门人是一所小桑巴“学校”的作曲家——说它是个学校，搞的却不是教育，而是沽名钓誉——在克帕卡巴纳海滩上沽名钓誉。这乐队名叫“Farqantes de Copacabana”，意思是“克帕卡巴纳的骗子”，这很合我的口味儿，他还请我入伙儿。

原来这个桑巴学校是这么个东西：大家从远处的法维拉（favelas）——也就是这城市的贫民区——赶来，在一处正在施工的公寓楼建筑工地的后面集合，为狂欢节排练新曲子。

我选了一样名叫“福瑞吉得乐”（frigideira）的东西来演奏，那是个金属造的玩具平底锅，直径15厘米，用小金属棍儿来敲。它是

一种伴奏乐器，伴随着主要的桑巴曲子和节奏，它弄出的动静，脆而快，使曲子丰富多彩。因此，我就试着玩这个东西，一切都进行得很顺利。我们在排练的时候，乐声一路喧嚣，跟60年代那股子狂劲儿相似。大家闹得正欢，突然之间，首席演奏家，一个大块头的黑人，大喝一声："停！叮住，叮住！——等一下。"大家都僵在那儿。"福瑞吉得乐，出了毛病！"他声如雷鸣，"*O Americana*, *outra vez*！"（"又是这个美国人！"）

于是我就觉得不自在。我不停地练习。我抓着那两根棍儿，沿着海滩走，手腕儿乱转。练啊、练啊、练啊。我一直在捣鼓这个，但总觉得不如人，总觉得扯了人家后腿，总觉得自己不是这块料。

好了，越来越接近狂欢节了。有一天晚上，乐队队长和另一个家伙在谈事儿，接着，队长开始转着圈儿地走，在选人呢："你！"他对一个号手说。"你！"他对一个歌手说。"你！"——他指着我。我还
207 以为我们这些人都是淘汰的呢。他说："到前头去！"我们向前走到建筑工地前边——我们五六个人——那儿有一辆旧卡迪拉克敞篷小汽车，篷子拉了下来。"上车！"队长说。

车地方不够我们坐，我们有几个人得坐在后车帮上。我对我旁边的那家伙说："他在干吗？——打发我们滚蛋？"

"*Nao se*, *nao se*."（"我不知道。"）

我们的车离开大路，往边上的高坡上开，停在悬崖的边上，俯瞰着大海。车停了，队长说："下车！"——他们把我们带到悬崖边上！

果然，他说："站成一排！你第一，你下一个，你下一个！开始奏乐！现在，齐步走！"

我们会齐步掉下悬崖的——多亏有条向下的陡坡儿。我们的小

乐队就这样走下了这条小路——号、歌手、吉他、盼得乐、福瑞吉得乐——来到了一个在树林里举办的露天晚会上。我们被挑出来，不是因为队长想把我们打发走；他派我们到这个私人晚会上，那儿需要桑巴舞曲！后来，他敛了点儿钱，好为我们乐队买服装。

此后，我感觉好些，因为我明白，在他挑选演奏福瑞吉得乐的人时，他选了我！

还有一件事儿，增强了我的自信心。过了一段时间，从另一个桑巴学校来了个家伙；那学校在勒巴伦（Leblon），在更远的那边的那个海滩上。他想加入我们学校。

老板说："你从哪儿来的？"

"勒巴伦。"

"你演奏什么？"

"福瑞吉得乐。"

"那好。让我听听你演奏的福瑞吉得乐。"

这家伙于是就操起他的福瑞吉得乐和他的金属棍儿，接着，"卜拉哒哒，哧可啊哧可"，嚯！妙啊！

老板对他说："你到那边去，挨着美国人站着，你会学会怎么演奏福瑞吉得乐！"

我的推测是这样：这就像一个说法语的人到了美国。刚开始，他
们出各种各样的错误，你简直听不明白他们说什么。后来，他们坚持 208
练习，终于说得蛮像样儿，而且你发现，他们说话的方式，有一种挺悦耳的弯弯儿——他们的口音颇为好听，你很爱听他们说话。所以呢，我在演奏福瑞吉得乐的时候，想必也有某种口音，因为我不可能和那些演奏了一辈子福瑞吉得乐的家伙比试比试；那必定是某种傻

乎乎的口音。但是，不管是什么吧，我成了一个相当成功的福瑞吉得乐演奏家。

有一天，就快到狂欢节了，桑巴学校的队长说：“好了，我们要到街上排练走步。”

我们都从建筑工地出发到了街上，街上车水马龙。克帕卡巴纳的街道总是一团乱。不管你信不信，有一条电车线，电车在那儿往一个方向走，汽车在那儿朝另一个方向走。当时正是克帕卡巴纳的上班高峰时间，而我们是打算齐步走到“大西洋大街”的正中间。

我对自己说：“耶稣！老板还没弄许可证呢，他还没征得警察的同意呢，他什么也没干。他决定我们就那么出去。”

于是我们就出发到了大街上，周围的每一个人，兴高采烈。几个看热闹的，自告奋勇，拿根绳子，把我们围在一个大正方形里，免得行人闯进我们的行列。人们把脑袋探出窗外。人人都想听到新的桑巴舞曲。场面令人非常兴奋！

我们一开始行进，我就看到一个警察，在马路对面不远处。他张望着，看那儿闹腾什么，然后让车辆改道行驶！一切都不是正式的。没人做过安排，但事儿还搞得不错。人们在我们四周扯着绳子，警察在让交通改道，行人在拥挤，交通被堵塞，可我们却畅行无阻！我们走完了大街，转过街角，转遍了这个乱糟糟的克帕卡巴纳，一切都是率意而发的！

最后，我们停在一座公寓楼前的小广场上，老板的妈住这儿。我们在这地方站着演奏，那家伙的妈，他姑妈，七大姑八大姨，倾巢而出。她们还戴着围裙呢；她们一直在厨房里忙活呢，你看得出来，她
209 们喜出望外——她们几乎要哭出来。

这才是人性啊，确实美好啊。大家都从窗口探出身来——难以形容啊！我记起了我上次来巴西的时候，看到过一个桑巴乐队——我是多么热爱这种音乐，几乎欣喜若狂了——现在，我身在其中！

顺便告诉你，我们那天绕着克帕卡巴纳游行的时候，我看到人行道上的一群人当中，有两位美国使馆的年轻女士。下星期，我接到使馆的一封信，说："您做了一件了不起的大事，这个这个，那个那个……"喋喋不休的一堆废话，好像我的目的是为了改善巴美关系似的！所以我做的事才是"大"事嘛。

言归正传，为了去排练，我不想穿平常穿的那种衣服，就是我到大学时穿的那种。乐队里的人很穷，只有破烂不堪的衣服。我就穿了一件旧内衣，同样旧的裤子，等等，这样我看起来就不过分特别了。可这样我就没办法从克帕卡巴纳海滩、太平洋大道上我住的豪华宾馆的门厅里进出了。所以我总是坐电梯一坐到底，从地下室里出来。

接近狂欢节，将要举行一场特别的比赛，比赛在几个海滩桑巴学校之间展开——克帕卡巴纳海滩，爱帕尼玛海滩，还有勒巴伦海滩；有三四个乐队，我们是其中之一。我们穿着演奏服，沿着太平洋大道一路走下来。穿着这种花里胡哨的狂欢节服装，我有那么一点儿不自在，因为我不是个巴西人。但我们原本应该打扮成希腊人的模样，因此我琢磨着我和他们一样像希腊人。

在比赛那天，我在宾馆的餐厅里吃饭，领班的服务员，经常看到我一听到桑巴舞曲，就在餐桌上击节以和之，走过来对我说："费曼先生，今天晚上会有你喜欢的事儿！ *tipico Brasileiro*——最具巴西特色：桑巴学校的游行，就从旅馆前边经过！这音乐太棒——你可得听听。"

我说："啊哈，我今天晚上有点儿忙。我不知道能不能腾出身来。"

“哎呀！但是你会爱得不得了啊。你千万不可错过！那才是tipico *Brasileiro*！”

210 他很固执，我一个劲儿告诉他我想我不会在那儿看的，他大失所望。

那天晚上，我穿上我的旧衣服，跟平时那样从地下室溜出去。在建筑工地那儿，我们披上行头，一百个穿着纸做的行头的巴西希腊人，开始沿着太平洋大道游行，我走在后边，演奏福瑞吉得乐。

太平洋大道两侧，人山人海；大家都把脑袋探出窗外，我们正往米拉玛旅馆那边走，我就住那儿。那儿的人都站在桌子椅子上，大家蚁涌蜂攒一般。我们的乐队经过旅馆前边的时候，我们一直演奏着，跟60年代一样疯狂。突然，我看到有个服务员跳上跳下，他指着我，在这人声鼎沸之中，我听得见他喊：“啊，教授！”领班的服务员这才明白，那天晚上我为什么不可能站在那里看比赛——我是参赛的啊。

第二天，我遇到了一个我老在海滩上遇到的女士，她在大道边上有一座公寓楼。她跟几个朋友，高高在上，观看桑巴学校的游行。当我们走过的时候，她的一个朋友喊道：“听弹奏福瑞吉得乐的那家伙——他棒啊！”我成功了。没人指望我能做这件事儿，可我硬是做成了。

狂欢节来临的时候，我们学校露面的人却不多。为这一盛事，我们做了一些特别的服装，但现在人却不多。也许他们以为我们不可能胜过城里真正大牌的桑巴学校；我不知道。我认为，我们夜以继日地工作，又是排练，又是游行，都是为了狂欢节；可狂欢节到了，许多队员却不见人影了，我们的实力就不怎么样了。就连我们在街上游行的时候，几个人还半路开溜了呢。结果是这样，真够滑稽！我从来也没搞明白这是怎么回事；也许在海滩上的比赛中出人头地，才是他们主要的兴奋点和乐趣所在，在海滩上，大多数人水平都差不多。顺便说一句，我们乐队真的赢了。

在巴西待的10个月，我对轻原子核的能价发生了兴趣。我在旅馆房间里把这事儿的全部理论都搞出来了，但我想看看试验数据是怎么样的。这个新玩意儿，就是加州理工学院凯洛格（Kellogg）实验室 211
的专家正在搞的东西，我就通过业余无线电跟他们联系——把时间安排好了。在巴西我遇到了一个业余无线电报务员，大约每星期我都到他家里一趟。他和在帕萨迪纳的一个业余无线电报务员进行联系；因为这事儿有点儿非法，他就给了我一个呼号，他说：“现在我将把你转给WKWX，他就坐在我旁边，等着跟你说话。”

我就说：“这是WKWX。请告诉我硼原子的那些能价间隔，就是我们上星期谈的那个。”诸如此类。我利用试验数据来修正我的常数，并检查我的路子对不对。

头一个家伙去休假了，但他让我到另一个业余无线电报务员那儿去。这第二个家伙是个盲人，他有自己的电台。这两个人都不错，我利用业余无线电和加州理工学院之间的联系，很有效率，这对我很有用。

就物理学自身而言，我干的活儿可不少，而且都有道理。后来别人也搞出来了，证实了我的理论。但我觉得，有很多参数需要校准——太多的“关于参数的现象调整”，为的是把一切都弄妥帖——我拿不准这么个搞法是不是有用。我想对原子核有更深刻的理解，但始终不相信这是很重要的事儿，所以我对此再也没有进行更进一步的研究。

说到巴西的教育，我的经历相当有趣。听我课的那些学生，最后都当老师，因为在那个时候的巴西，在科学方面受过高级训练的人，没有太多的机会。这些学生已经学了很多课程，我教的课是他们在电学和磁学方面的最高级的课程——麦克斯韦方程式之类。

里约大学分散在全城好几座办公楼里，我在一座俯瞰海湾的建筑里上课。

我发现了一个好奇怪的现象：我问一个问题，学生们随口就答得
212 上来。但是，下一次我还是问这个问题——至少在我看来是同一个主题，同一个问题——他们却完全答不上来！比方说，有一次，我在讲偏振光，给了他们一些偏振片。

偏振片只允许电矢在某种方向上的光通过，于是我就向他们解释，看看偏振片是暗的还是亮的，你就能说得出来光是怎么发生偏振的。

他们首先拿起两个偏振片，转动它们，直到它们允许最大量的光通过。他们在这么做的时候，他们说得出来，这两个偏振片允许光在相同的方向上发生偏振——能从一个偏振片通过的光，也能从另一个偏振片通过。但我接着问他们，如果只有一个偏振片，你怎么说得出来偏振的绝对方向呢？

他们茫然无知。

我知道这个问题，是需要一点儿机灵劲的，所以我给了他们一点提示："看看从外边海湾反射过来的光。"

没人说话。

然后我说："你们听说过布鲁斯特角吗？"

"听说过，先生！布鲁斯特角是光在某种介质上的反射角，这种介质的折射率允许光完全偏振化。"

"当光被反射的时候，它的偏振方向如何？"

"先生，光的偏振方向与反射面垂直。"连我自己还得想一想呢；他们却硬生背下来了！他们甚至还知道，那个角度的正切值等于折射率呢！

我说："然后呢？"

仍然默无声息。他们刚刚告诉我，光以一定的折射率从某种介质（譬如外面的海湾这种介质）上反射回来，就成了偏振光；他们甚至连光发生偏振的方向也告诉了我。

我说："看看外面的海湾，透过偏振片来看，现在，转动偏振片。"

"哦哦哦，光发生偏振了！"他们说。

在进行了许多调查之后，我最后琢磨透了：这些学生把什么都死记硬背下来，但那是个什么意思，一概不知。当他们听说"以某一折射率从某种介质上反射回来的光"的时候，他们不知道所谓介质就是水之类的东西。他们不知道"光的方向"就是你看一个东西的时候 213
你朝它看的那个方向，等等。一切都完全是死记硬背的，但没有什么东西被翻译成有意义的词句儿。我问："什么是布鲁斯特角？"找台计算机，把键敲准了就成。但是，如果我说："看看水。"鸦雀无声——"看看水"这话隐藏着什么意思，他们莫名其妙。

后来，我在工学院听他们的课。课的上法，翻译成英语，是这样的："两个物体……是相等的……如果力矩相等……将产生出……相等的加速度。两个物体，是相等的，如果力矩相等，将产生出相等的加速度。"学生们坐在那儿，记录口述。趁着教授重复句子的当口，检查是不是记得正确。然后，他们记第二个句子，再记，再记。明白教授正在讲的是具有相同惯性矩的一些物体的，我是唯一的一个，而他讲得相当难琢磨。

我看不出他们这样学怎么能学到任何东西。现在，他在讲惯性矩；但没有下面这种讨论：你把重物抵在门的另一边，你推门有多么费力；比较一下，你把重物放得靠近合叶一些，又如何——完全没有这种东西！

下课后，我对一个学生说："你把笔记都记好了——笔记有什么用？"

"哦，我们研究笔记，"他说，"我们要考试的。"

"考试，是怎么个考法？"

"非常容易。我现在就可以告诉你一个试题。"他看着他的笔记本说，"'在什么时候两个物体是相等的？'答案是：'两个物体是相等的，如果它们的力矩产生了相同的加速度。'"您看，大家都能通过考试，都能"学会"这些玩意儿；除了他们背诵下来的东西之外，他们什么也不知道。

以后，我又看了工学院的入学考试。那是个口试，我得到允许，可以旁听。有个学生，绝对超一流：一切问题，对答如流！主考问，什么是反磁性，他回答得很完美。主考又问："光以一定角度穿过有一
214 定厚度的材料板，折射率为N，光有什么变化？"

"先生，它出来的时候，与自身平行——位移。"

"位移了多少？"

"我不知道，先生，但我能算出来。"他果真算出来了。他很优秀。但到那个时候，我仍然疑心重重。

考试之后，我走到这个聪明的年轻人那儿，我告诉他，我是从美国来的，我想问他几个问题，而且我这么问，无论如何不会影响他的考试成绩。我问的第一个问题是:“你可以举出几个抗磁性物质的例子吗?”

“不能。”

然后我问:“如果这本书是玻璃做的，我透过它看桌子上的什么东西；如果我把这块玻璃倾斜起来，那么物像会有什么变化?”

“它会偏斜的，先生，会偏到你转动这本书的角度的两倍。”

我说:“你没把它和镜子弄混了，是吧?”

“没弄混，先生!”

刚才在考试的时候，他告诉我们说，光线会位移，与自身平行，因此物像会移到一边去，但不会以任何角度转动。他甚至计算出了物像会移动多少，但他没意识到一块玻璃就是有折射率的材料，没意识到他的计算本来就适用于我的问题。

我在工学院开了物理数学方法这门课，讲课过程中，我试图表明如何用试错法来解决问题。这东西，大家通常都不知道，于是我就开始用一些简单的算术例子，来演示这个方法。80来个学生当中，只有8个完成了第一次作业，这让我很吃惊。因此，我在上课的时候特别强调，要真的去试试，不要作壁上观，不要只看我做。

这节课下课之后，几个学生，组成了个小代表团，来找我，告诉我说，我不理解他们的背景，说不必搞这些问题照样学习，说他们已经学过算术，说这些东西都在他们的水平之下。

我就继续教这个班，而且无论学的东西多么复杂，或者无论多么明显地高级，他们从来就没交过什么鬼作业。我当然知道那是怎么回 215

事：他们做不了！

我没能让他们做成的另一件事儿，是提问。最后，一个学生对我解释说："如果在上课的时候我问您问题，过后大家都要对我说，'你干吗在课上浪费我们的时间？我们想学点儿什么，可你问问题，不让他讲。'"

这是一种先声夺人的坏作风，明明是谁也不明白在讲的东西是什么，可他们把一个人打压下去，就好像他们真明白似的。他们都假装明白，如果有个学生有那么一刻承认什么东西把他搞昏头了，提出一个问题，其他的人就采取高人一等的态度，那做派就好像没什么东西不清楚似的，告诉那个学生他在浪费别人的时间。

我对他们解释，在一起研究、讨论问题，把想法说个畅快彻底，这办法是多么有用；但他们连这个也不做，因为问了别人，就丢了面子。这太可悲了！他们出力不少，人也聪明，但却使自己陷入了这么一种滑稽的精神状态，这种奇怪的、自体繁殖式的"教育"，没意义，完全没意义！

学期结束之际，学生们要我发表一个讲话，谈谈我在巴西的教学经历。讲话的时候，在场的，不光是学生，还有教授，有政府官员，因此我要求他们做出允诺：我想说什么，就说什么。他们说："没问题，当然。这是个自由国家嘛。"

我就这么进来了，带着大学第一学期他们用的那本基础物理课本。他们认为这书特别好，因为它是用不同字体印刷的——粗黑体，意思是最重要的东西，得记住；颜色浅的，不那么重要，诸如此类。

立刻就有人说："你不会说这书的坏话，是吧？写这书的人，在这儿呢，而且，大家都认为这是本很好的书。"

“你们答应过我，我想说什么，就说什么。”

讲座大厅座无虚席。我给科学下了个定义，以此作为开场白，我说，科学是对自然的行为的理解。然后，我问：“为什么教科学？站得住脚的好理由是什么？当然，没哪个国家，能自称自诩是一个文明的国度，除非……啰里啰嗦，啰里啰嗦。”在座的人，频频点头，因为 216
我就知道，他们就是这么个看法。

然后，我说：“这么想，是荒唐的，当然荒唐，因为，我们有什么必要觉得自己必得跟上另一个国家的脚步？我们搞科学，应该有个站得住脚的理由，一个不那么傻里傻气的理由；而不是因为别的国家也搞科学。”然后，我讲到了科学的功用，以及科学在改善人类状况方面所做出的贡献，诸如此类——实际上，我这是在逗他们呢。

然后，我说：“我讲话的主要目的，是想向诸位表明：巴西没教什么科学！”

我看得出，他们都燥热起来，他们在想：“什么啊？没教什么科学？这绝对是痴人说梦！科学课程，我们都有嘛。”

于是，我告诉他们，在我刚来巴西的时候，使我颇受震动的头几件事当中，有一件，是小学生在书店里买物理书。在巴西，有这么多孩子在学物理，比美国孩子起步早得多。可你在巴西找不到许多物理学家，这事儿透着怪——这是怎么搞的？这么多孩子，这么努力地学，却没什么收效。

然后，我用一个希腊学者来打比方，这个希腊学者热爱希腊语，他知道，在他自己的国家中，没有多少孩子学希腊语。但来到了另一个国家，他欣喜地发现，大家都在学希腊语——连小学里的小孩子也在学。他去为一个要在希腊语方面拿学位的学生当考官，问他:“关于真与美之间的关系，苏格拉底有些什么看法?”——这学生答不上来。然后，他问这个学生:“在《第三篇对话》中，苏格拉底对柏拉图说了什么?”这个学生眼睛一亮，率尔答曰:“吧啦吧啦吧啦。”——口若悬河啊，苏格拉底说的什么，他都告诉你了，一字不差啊，用漂亮的希腊语说的!

但是，在《第三篇对话》中，苏格拉底谈的那些东西，就是真与美之间的关系啊!

这位希腊学者发现，另外这个国家的学生，学希腊语，先是学字母的发音，然后学词儿，然后学句子和段落。苏格拉底说的什么，他们背得下来，一字不差地背，却没有意识到那些希腊词儿，实际上意
217 味着某种东西。对学生而言，那些词儿，全是做作出来的声音。没人把那些词儿翻译成学生能够理解的词儿。

我说:“在我看到你们在巴西教孩子们‘科学’的时候，在我看来，就是这个样子。”(好强的冲击波，是吧?)

然后，我把那本他们正在用着的基础物理课本举在手里。“在这本书中，在任何地方，都没提到任何实验结果，有个地方例外，那儿有个球，正在滚下斜面，在那个地方，书里说，在1秒、2秒、3秒、多少多少秒之后，这球滚出多远。这些数字有‘误差’——就是说，如果你看这些数字，你还当是在看实验结果呢，因为这些数字，比理论上的数值大一点儿或小一点儿。这书甚至谈到了必须纠正实验误差的问题——这很好。问题是:如果你根据这些数值来计算加速度常数是多少的话，你可以得到正确的答案。但是，一个沿着斜面向下滚的球，如果你真动手让它滚的话，它还有惯性，这惯性让它转动，如果你真做这个实验的话，你将得到正确答案的5/7，因为需要额外的

能量消耗在转动上。因此，这唯一一个实验‘结果’的例子，还来自假实验呢。没人曾经滚过球，否则他们不可能得到那种结果！”

“我还发现了另外一件事儿，”我继续说，“随便翻到哪一页，随便把我的指头按在哪儿，然后读我按住的那个句子，我可以向诸位表明，我说的是怎么一回事儿——它怎么就不是科学，而是死记硬背，整本书都是如此。因此，我敢说，现在我随便翻到哪一页，当着在座各位的面，我用手指头按到这儿，给你们读这句话，让诸位自己看看。”

我就这么办了。扑啦扑啦扑啦——我指头按住一个地方，我开始读：“摩擦发光。摩擦发光是晶体摩擦时发出的光……”

我说：“就在这儿，你们看到科学了？没有！你们只是用另一些词儿来告诉一个词儿是什么意思。你们没说到自然——你摩擦晶体发光，你摩擦的是什么晶体，为什么它们会发光。你们看到过有任何学生回家去试试这个吗？他没法儿试。”

“但是，如果你这么写，‘你拿着一块儿糖，在黑暗中用钳子夹它，你可以看到蓝盈盈的闪光。其他一些晶体也是如此。没人知道这是为什么。这种现象叫作摩擦发光。’然后呢，有人就会回家去试了。 218
然后呢，这就有了一个关于自然的体验。”我用这个例子来说明问题，我的指头按住书的什么地方，无关紧要；这种例子满篇皆是。

最后，我说，我可看不出任何人怎么可能从这种自体繁殖式的体制中受到教育，在这种体制中，大家考试过关，再去教别人考试过关，但没人理解任何东西。“然而，”我说，“我必定说错了。我班上有两个学生，做得不赖；我认识的一位物理学家，完全是在巴西受的教育。因此，这体制坏是坏，可有些人倒也有可能在其中走出一条路子来。”

这下可好了，我话讲完了，科学教育部门的一个负责人，站起来说："费曼先生刚才对我们讲了一番逆耳之言啊。看来他是真正热爱科学啊，他的批评也是诚恳的。因此，我认为我们应该听他的。我到这儿来，已经知道我们的教育体制有病在身，我现在才知道，我们是得了癌症啊！"—— 他坐下了。

这使别人得到了畅所欲言的自由，大家情绪高涨。大家都站起来提建议。学生们事先组成了一个什么委员会，把我的讲稿油印了出来，他们也让别人组成委员会，来做这样那样的事情。

接下来发生的事儿，是我完全没想到的。有一个学生站起来说："我就是费曼先生在他的讲话末尾提到的那两个学生中的一个。但我不是在巴西受的教育；我是在德国受教育的，我只是今年才到了巴西。"

另一个在班里干得不赖的学生，也说了相似的事儿。我提到的那位教授，也站起来说："在战争期间，我是在巴西接受教育的，在那时，幸运的是，教授们都已经离开了这个大学，因此我学到的全部东西，都是我自己读来的。因此，我实际上不是在巴西的体制下接受教育的。"

这个，我可没想到。我知道这个体制坏，但现在它是100％的坏 —— 这可太糟糕了！

因为我是在美国政府一个项目的赞助下到巴西的，美国教育部
219 要我写一个报告，谈谈我在巴西的经历，所以我把刚才这个讲话的主要内容也写进了报告。后来，通过小道消息，教育部某人对此的反应是："你该明白了，把这么一个幼稚的人派到巴西，有多么危险。傻乎乎的家伙；他只能制造麻烦。这里面的问题，他不明白。"恰恰相反！

教育部这主儿，看到一个大学开了课程列表，什么都说得天花乱坠，就把这当真事儿，我觉得，他才幼稚。

220 什么话都会说

在巴西的时候，我玩命学当地语言，拿定主意用葡萄牙语讲物理课。我一回到加州理工学院，就得到邀请，参加巴舍尔教授做东的聚会。我到场之前，巴舍尔告诉客人："费曼这个家伙，学了几句葡萄牙语，就自以为聪明，咱们修理修理他。史密斯太太，就这位（百分之百的白人），在中国长大。咱们让她用中国话跟费曼打招呼。"

我被蒙在鼓里，溜达着来参加聚会。巴舍尔把我引荐给这些人："费曼先生，这位是什么什么先生。"

"请来会会费曼先生。"

"这位是什么什么先生。"

"幸会，费曼先生。"

"这位是史密斯太太。"

"哎，您好！"她说，还鞠躬。

我吓了一跳，我琢磨着，只好以同样的派头作答了。我礼貌地向她弯弯腰，信心十足地说："啊，垒好！"

"哦，我的上帝！"她叫起来，自己倒绷不住了。"我就知道会这样——我说普通话，他说广东话啊！"

照您吩咐的，老大！

每个夏天，我常常开车横穿美国，想开到太平洋边儿上。但因为各种各样的原因，我总卡在什么地方——通常是拉斯维加斯（Las Vegas）。

我特别记得我第一次到那儿，我非常喜欢那次的经历。当时和现在一样，拉斯维加斯从赌徒那儿赚钱，因此，旅馆唯一的问题，就是把大家弄到这儿赌博。因此，旅馆里有表演，有饭，都非常便宜——和白看白吃差不多。什么都不需要你预定：你可以迈步进去，找一张空桌子，坐下，欣赏演出。对一个不赌博的人来说，这事儿太妙了——房间不贵；饭，简直不花钱，表演不错，女孩儿我喜欢。

有一天，我躺在旅馆的游泳池边上，有个家伙走过来，开始跟我搭话。我忘记他是怎么跟我聊上的，但他以为我想必是个靠工作活命的人，而这实在是相当愚蠢的。"你看我活得多潇洒，"他说，"我成天在游泳池边上流连忘返，在拉斯维加斯优哉游哉。"

"你不干活儿，怎么还活得这么滋润？"

"简单，我赌马。"

"我对马一窍不通，但我看不出，你怎么能靠赌马过日子。"我满腹狐疑地说。

"当然能，"他说，"我就是这么过日子的！我告诉你是怎么回事儿，我教教你怎么弄这个事儿。待会儿我们去赌一把，我保证你赢

100块。”

222 “你怎么弄的？”

“我赌100块，赌你赢，”他说，“这样的话，如果你赢了，你一个大子儿也不用出；如果你输了，你就赢我100块！”

我就想了：“嚯！那好啊！如果我在赛马上赢100块，那就给他了，我不损失什么；权当练练手——那就证明他那套管用。如果他输了，我就赢他100块。这很妙！”

他带我到了一个赌马的地方，那里列着马的名字和全国各地赛马场的名字。他把我介绍给另外一些人，他们说：“嚯，他很了不起！我赢了100块！”

我逐渐意识到，我必须押上我自己的一些钱才能赌，我开始有点儿紧张了。“我必须赌多少钱？”我问。“哦，三四百块吧。”我没那么多钱。再说，这事儿让我着急了：要是我输了呢？

于是他说：“我告诉你这是怎么回事儿：我的建议只花你50块，如果这主意灵验，我就给你100块，你横竖都是赢嘛。”我琢磨着，“哇！这样我两头儿都赢——不是赢50，就是赢100！这主儿怎么能这么办？”稍后，我明白了：如果你输赢机会平均的话——把听他的建议以便理解其中的奥妙所付出的小小损失暂且忘掉——那么你赢100块的机会比你输400块的机会是四比一。因此，他在某个人身上试这一招儿，试五次，他就有四次赢100块，他就能赢200块顾问费（他还要向他们说明白自己是多么聪明）；到第五次，他必须付出100块。因此平均来说，他每付出100块，就能得到200块！因此，我终于明白了他是怎么弄的。

这个过程持续好几天。他设计出了一个乍听起来非常合算的方案，但等我思考了一阵子之后，我慢慢琢磨出了这是怎么弄的。最后，他有点儿气急败坏地说："好了，我告诉你这是怎么回事儿：你给我50块买建议，如果你输了，我就把你的钱全还给你。"

现在，我想输都输不了了！因此我说："好吧，成交！"

"好，"他说，"但不凑巧，我这个周末得去旧金山一趟，你把结果寄给我得了，如果你把你那400块输掉了，我会把钱寄给你。" 223

他的前几个方案，设计出来，是凭诚实的数学计算为他赚钱的。现在，他却要出城了。他拿这个方案赚钱的唯一办法，是不把钱寄过来——当个真正的骗子。

因此，我从来没有接受他任何建议。但看明白他怎么操作这一套，堪为乐事。

拉斯维加斯的另一乐事，是认识表演的女孩儿。我猜，她们是在表演之外的空闲时候，在酒吧里拉客的。我这么见了她们好几个，跟她们聊天，发现她们人都很好。"表演女郎，哦？"这么说话的那些人，对她们有先入之见！可在任何人堆儿里，如果你看仔细了，那就什么样的人都有。比方说，东海岸一个大学里的一个院长的女儿，就在那儿。她有舞蹈天赋，喜欢跳舞，放暑假了，跳舞的工作难找，于是她就到拉斯维加斯，在一个歌舞团里找了个工作。大多数表演女郎人都很好的，很友好。她们都很漂亮，而我就是爱漂亮女孩儿。说穿了，表演女郎是我如此喜欢拉斯维加斯的真正原因。

起先，我有点儿害怕：这些女孩儿也太漂亮了，她们有怎么怎么样的名声，等等。我就想办法跟她们见面，我说话的时候，呼吸都有点急促呢。刚开始的时候，很难；但是，渐渐地，事儿容易了，最后我信心十足，不怵任何人。

我有我自己的冒险路数，这路数很难解释的：那好像是钓鱼。你把线放出去，然后呢，你需要点儿耐心。当我对人家讲起我的一些冒险经历的时候，他们或许会说："哦，来啊——咱们干这个去！"于是我们就去了一个酒吧，看看能不能弄出点事儿，可20来分钟，他们就不耐烦了。平均而言，要想弄出事儿，你得等上几天。我花费了许多时间来跟表演女孩儿聊。一个女孩儿把我介绍给另一个，过了一阵子之后，有意思的事儿就常常会发生。

我记得一个喜欢喝吉普森酒的女孩儿。她在"火烈鸟旅馆"跳舞，我跟她很熟。我进城的时候，不等她坐下，我就给她要一杯吉普森，放在她桌子上，以此宣布我大驾光临。

有一次，我进来，坐在她身边，她说："我今天晚上要和一个男人
224 在一块儿——得克萨斯州的一个阔佬。"（我早就听说过这家伙。每当他玩双骰子的时候，大家都凑过来看他赌。）在他回到我们坐的这桌的时候，我的表演女孩儿把我引荐给了他。

他跟我说的头一句话是："你可知道？昨儿晚上我在这儿输了6万美元。"

我知道怎么应对，我转朝他，完全无动于衷，说："你觉得，那是聪明，还是愚蠢？"

我们正在餐厅里吃早饭。他说："听着，让我来替你签单。这些东西，他们从来不要我钱，因为我在这儿赌得太多了。"

"我有的是钱，用不着操心谁来给我付早饭钱，谢谢。"他每次想给我摆阔，我都不买他的账。

他什么招数都用：他有多么富，他在得克萨斯州有多少石油，没一样灵的，因为我知道这种套路！

到最后，我们一道找了不少乐子。

有一次，我们两个坐在酒吧里，他说："你看那边那桌，那些妞儿？她们是从洛杉矶来的婊子。"

她们相貌非常漂亮，是有一定级别的呢。

他说："告诉你我要干什么：我会把她们介绍给你，然后呢，你挑一个，我来付钱。"

我不觉得我想见这些女孩儿，我也知道他说这个，是为了给我摆阔，于是我就对他说不。可我转念一想："这里头有事儿！这家伙不遗余力跟我摆阔，还要为我买这个。如果我将来讲起这档子事儿……"于是我就对他说："那个，好吧，为我引荐。"

我们凑到她们那桌，他把我介绍给那些女孩儿说：然后就暂避一边了。一个女服务员过来了，问我们想喝点儿什么。我要了些水，坐我旁边的那女孩儿说："我来杯香槟好吗？"

"你要什么都成，"我冷冷地回道，"你自己买，谁管得着。"

"什么毛病啊，你？"她说，"小气鬼儿还是怎么着？"

"随你怎么说。"

"你真不够绅士！"她义愤填膺地说。

"你真是一眼把我看了个透！" 225

我回嘴。鄙人以前在新墨西哥州学习过，学习不当绅士。

很快很快，她们倒主动给我买喝的——真是乾坤颠倒啊！（顺便说句，得克萨斯的那位卖石油的，一去不回头了。）

过了一阵子，其中的一个女孩儿说："咱到艾拉大棚屋（El Rancho）去吧。说不定那儿现在事儿热闹了。"我们进了她们的车。车不错，人也不错啊。在路上，她们问我名字。

“迪克·费曼。”

“你打哪儿来的，迪克？你干什么的啊？”

“我是从帕萨迪纳来的，在加州理工学院工作。”

有个女孩儿说：“哦，那不是那个科学家鲍林[1]待的地方吗？”

我反反复复到过拉斯维加斯好几次，但那儿没人知道科学的事儿。我曾经和一个商人谈过各种各样的事儿，对他们而言，一个科学家，什么也不是。“没错。”我说，心里惊讶。

“有个叫盖伦还是什么玩意儿的家伙——是个物理学家。”简直难以置信。我坐的这个车，满车的妓女，都知道这类事儿！

“是啊！他名叫盖尔曼[2]！你怎么凑巧知道？”

“你们的照片都上《时代》周刊了啊。”这不假，《时代》周刊里常有美国科学家的照片，不知什么原因，我也进去过，还有鲍林和盖尔曼。

“你怎么记得住那些名字啊？”我问。

“哈，我们从照片里找最年轻漂亮的！”（盖尔曼比我年轻。）

我们到了艾拉大棚屋旅馆，女孩儿们继续跟我玩儿大家通常跟她们玩儿的那一套游戏：“想赌一把吗？”她们问。我用她们的钱赌了一点点儿，我们玩儿得很开心。

过了一阵子，她们说：“好了，我们看到你这个大活人了，现在不

---

1 利诺斯·卡尔·鲍林（Linus Carl Pauling），生于1901年的美国化学家，因其研究化学键性质的成就获1954年诺贝尔化学奖，1962年又因其在裁军方面所付出的努力而获诺贝尔和平奖。

2 默里·盖尔曼（Murray Gell-Mann），生于1929年的美国物理学家，因其对亚原子粒子的研究获1969年诺贝尔物理学奖。

得不把你撇下了。”她们回去工作了。

有一次我坐在酒吧里，我注意到两个女孩儿和一个老头儿在一块儿。最后，老头儿走了，她俩就凑到我这儿来坐下：比较漂亮、比较活跃的那个，挨着我坐，她那位木讷的朋友，叫潘，坐在另一边。 226

事儿一开始就进行得很顺利。她非常和气。一会儿工夫，她就靠在我身上，我呢，把一只胳膊搭在她肩上。进来两个男的，坐在近旁的桌子那儿，然后，女服务员还没来得及过来，这两位却出去了。

“你看见那俩男的了吗？”我的新朋友说。

“看见了。”

“他们是我丈夫的朋友。”

“哦？怎么回事儿？”

“你知道，我刚刚和约翰老大结婚了。”——她提到的是一个如雷贯耳的名字——“我们拌了几句嘴。我们这是度着蜜月呢，可约翰总在赌。他不把我放在眼里，那我就出去找我的乐子去，可他总是派特务来转悠，看看我在干什么。”

她要我把她送到她的汽车旅馆的房间里，于是我们就上了我的汽车。在路上，我问她：“那个，约翰怎么办？”

她说：“别担心。看看周围有没有个大红汽车，有两根天线的。要是你没找到，那他就不在附近。”

第二个晚上，我带着这位“喜欢吉布森鸡尾酒的女孩儿”和她的一个朋友，去看“银拖鞋旅馆”的晚场表演，那儿的表演比别的旅馆都晚。在别的地方表演完了的女孩儿，都喜欢到那儿去。各种各样的舞女进门的时候，节目主持人就报奏她们大驾光临。因此，当我两只胳膊上挎着两位可爱的舞女款款入场的时候，他说道：“从火烈鸟来的什么什么小姐和什么什么小姐大驾光临！”大家都扭头看这是谁来了。我感觉自己好伟大！

我们找了张靠近吧台的桌子，坐下来，过了一会儿，起了一阵子小小的慌乱——服务员拉桌子，几个保镖登堂入室，还带枪呢。他们在为名人腾地方呢。约翰老大，大驾光临！

他走到吧台那儿，与我们这桌子挨着，立刻有两个家伙想和我带来的这俩女孩儿跳舞。她们去跳舞，我一个人守着桌子坐着，这时，约翰走过来，坐在我这桌上。“还好吗？”他说，“你在拉斯维加斯，干吗来着？”

他准是发现我和他老婆的什么事儿了。“鬼混呗……”（我得硬气点儿，对吧？）

“你，在这儿鬼混了多少日子？”

227 “四五个晚上吧。”

“我认得你，”他说，“在佛罗里达，我见过你吗？”

“这个嘛，鄙人确实不知……”

他问这个地方，问那个地方，不知道他葫芦里卖的什么药。“我知道，”他说，“那是在艾拉摩洛哥的事儿。”（艾拉摩洛哥是纽约的一家大夜总会，许多大玩家都去的——比方说理论物理学教授什么的，对吧？）

“一定是在那儿了。”我说。我在想，他到底什么时候才能翻开底牌。最后，他朝我倾过来，说：“嗨，你能不能把我引荐给跟你在一块儿的那俩女孩儿，等她们跳完舞？”

他想要的是这个啊；原来他根本不认识我！于是我就想引荐他，但我的表演女孩儿说她们累了，想回家。

第二天下午，我在火烈鸟旅馆看见了约翰老大。他站在吧台边，跟服务员聊照相机，还拍照片呢。他想必是一个业余摄影家了：闪光灯和照相机，他有一大堆；但他说的那些话，却傻瓜透顶。我断定他根本不是个业余摄影家；他不过是个有钱的主儿，买了几个照相机而已。

到那时候，我琢磨清楚了，他并不知道我一直在跟他老婆鬼混；他跟我说话，只是为了那俩女孩儿。于是我就想玩个游戏，我为自己设计了个角色：约翰老大的随从。

“嗨，约翰，”我说，“拍几张照片吧。我替你拿着闪光灯。”

我把那些闪光灯装在口袋里，我们就出发去拍照片了。我在把闪光灯递给他的时候，时不时地给他点儿建议；他喜欢这路事儿。

我们到了“前线旅馆”去赌，他开始赢了。旅馆都不喜欢赢家离开，但我看得出他想走。问题是，怎么走才不失风度。

“约翰，我们现在必得走了啊。”我说，语气严重。

“可我赢着呢。”

“知道你赢着，可我们今天下午不是有个约会吗？”

“那好吧，备车。”

“照您吩咐的，老大！”他把钥匙递给我，告诉我车是什么样子。（我没让他知道我早知道他车是什么样子。）

我出去，到了停车场那儿，果然，那儿有一部大胖车，漂亮透了，
还有两根天线。我爬到里边去，转动钥匙——启动不了。这车有个 228
自动打火器；这玩意刚出来，我一点儿不懂。折腾了一阵子，我碰巧
把钥匙转到了“打火”上，启动了。我小心翼翼地把这辆百万美元的
车，开到旅馆门口。我下了车，到里面那桌子，他还在赌呢，我说：

“车预备好了，先生！”

“恕不奉陪了。”他宣布，我们离开。他让我开车。“我想去艾拉大棚屋。”他说，“那儿的女孩儿，你认得吗？”

那里有个女孩儿，我很熟，我就说“认得啊”。到那时候，我拿得准，他跟我玩我发明的这个游戏，唯一的目的，就是会女孩儿，所以我提出了一个敏感话题：“有天晚上，我见着你老婆了……”

“我老婆？我老婆不在拉斯维加斯这地方。”我就把我在酒吧遇到那个女孩儿的事儿，告诉了他。“哦！我知道你说的是谁了；我在洛杉矶那儿，见到那个女孩儿和她朋友，就把她们带到拉斯维加斯这儿来。她们干的头一件事儿，就是用我的电话，给得克萨斯州的朋友打电话，打了一小时啊。我气坏了，就把她们给轰了出去！她就到处告诉大家，说她是我老婆，呃？”因此，这事儿，算是澄清了。

我们到了艾拉大棚屋，大约15分钟，表演就开始了。这地方人多，屋子里没座位了。约翰就到总监那儿，说：“我，需要张桌子。”

“敢情，老大先生！几分钟就给您预备着。”约翰给了他小费，转身去赌了。同时，我转到后边去，女孩儿们都在那儿为演出做准备呢，问我的朋友在不在。她出来了，我跟她说，约翰老大跟我在一块儿。演出之后呢，他需要有人陪陪。

“没问题，迪克，”她说，“表演完了，我带几个朋友过来见你。”

我转到前面来找约翰老大。他还在赌。“你先一个人进去，”他说，“我随后就到。”

有两张空桌子，在紧前头，紧贴着舞台边儿。别的桌子，都满满当当的。我自己一个人坐下。就在开演之前，约翰进来了，表演女孩
229 儿就出场了。她们看得见我就坐在这张桌子那儿，一个人坐着。还没

等她们来得及以为我不过是个偶尔来玩玩儿的教授，现在她们该明白，我是一个大赌家啊。

最后约翰进来了，很快几个人就占了我们旁边那桌子——约翰的“老婆”和她朋友潘，还有两个男的！

我倾过身去，对约翰说：“她在那张桌子那儿。”

“是啊。”

她看到我在照顾约翰，所以她就从另一张桌子那儿侧着身子问我：“我可以和约翰说几句话吗？”

我一言不发，约翰也一言不发。

我等了一会儿，然后，我倾过身去，对约翰说：“她想跟你说话。”

然后，他稍作沉吟。“可以。”他说。

我等的时间还长点儿，然后向她侧过身：“现在，约翰要对你讲话。”

她走到我们这桌来，开始卖弄她那套“翰翰”，坐得离他也太近了。我看得出来，事情还是稍微缓和了一点儿。

我喜欢搞点儿恶作剧，所以，每当他们有所缓和的时候，我就提醒约翰点事儿：“电话啊，约翰……”

“是啊！”他说，“打我电话，打一小时，什么意思啊？”

她说，打电话的是潘。

事儿又缓和了一点儿，于是我指出，把潘带到这儿，可是她的主意。

“是啊！”他说。（我玩这个游戏，玩得好开心，这么玩了好一阵子。）

到表演结束的时候，艾拉大棚屋的女孩儿们来到我们这桌儿，我们跟她们聊，直聊到她们不得不去演下一场。然后，约翰说："我知道一个不错的小酒吧，离这儿不远。咱到那儿走一遭。"

我开车把他送到那个酒吧那儿，我们进去了。"看到那边那娘们儿了吗？"他说，"她实在是个好律师。过来，我给你引荐引荐。"

约翰为我们做了介绍，找了个借口，去了洗手间。他一去不回头。我以为他还回来跟他"老婆"重修旧好呢，那样我就再开始捣乱。

我对那娘们儿说"嗨"，为我自己点了一杯喝的。（我玩的还是那
230 一套：不在乎别人怎么看，不想当绅士。）

"你可知道，"她对我说，"在拉斯维加斯，在律师当中，我是数得着的。"

"哦，数不着，数不着你，"我淡淡地回答，"在大白天的时候，你或许是个律师；但是，现在，你知道你是个什么东西？你不过是在拉斯维加斯的小酒吧里，鬼混，如此而已。"

她喜欢我，我们到了好几个地方跳舞。她舞跳得真不赖，我呢，爱跳舞，所以我们在一块儿玩得很开心。

接下来，正跳着舞呢，冷不丁地，我后背疼起来。那是一种剧痛，而且来得突然。我现在明白那是怎么回事儿：一连三天三夜，我搞这些疯狂的冒险，我是彻底虚了。

她说，她要把我带到她家去。我一钻到她床上，砰腾一声，就昏睡过去。

第二天早晨，我在这张漂亮的床上醒来。窗外阳光灿烂，却不见她的踪影，有一个女仆在那儿。"先生，"她说，"您醒了啊？早饭给您预备好了。"

"那个，呃……"

“我给您拿去。您喜欢吃什么?”她把整张早餐菜谱念了一遍。

我点了早饭，在床上吃了——在一个素昧平生的女人的床上;我不知道她是何许人，不知道她从哪儿来。

我问了这女仆几个问题，可她对这个神秘的女人，也是一无所知:她刚刚被雇到这儿，这是她上班的第一天。她还以为我是这家的男主人呢，我倒问她问题，这叫她好生纳闷。我穿好衣服，最后离开了。我再也没有见到这个神秘的女人。

我第一次到拉斯维加斯的时候，就坐下来把各种赌博的概率都算出来了，我发现掷骰子的概率是0.493的样子。如果我赌1块钱，只需要花费我1.4分钱。于是，我心里想:“为什么我这么不情愿赌?这几乎不花什么钱啊!”

于是我就开始赌，一眨眼，我就一口气输了5块钱——1块、2
块、3块、4块、5块。我本来以为只会输7分钱，但我输了5块啊!我 231
从此以后再也没赌过(我是说，没用自己的钱赌)。才一试手，就输，我很幸运。

有一次，我和一个表演女孩儿一块儿吃午饭。下午这个点儿，静悄悄的;不像别的时候那样，人都急匆匆的。她说:“看那边儿那主儿，正穿过草地的那位?那是‘希腊人尼克’，一个职业赌棍。”

我已经对拉斯维加斯的全部赌博概率了如指掌，我就说:“他们怎么能够拿赌博当职业呢?”

“我喊他过来。”

尼克过来了，她为我们做了介绍。“玛丽莲说你是个职业赌家。”

“她说的没错儿。”

“那个，我想知道，你靠赌博过日子，这怎么可能，因为在赌桌上，胜算是0.493。”

“你说得对，”他说，“我会给你讲明白。我不在桌子上赌，也不干任何那类事儿。我只是在机会对我有利的时候才赌。”

“啊？什么时候机会对你有利啊？”我满腹狐疑地问。

“实际上很容易，”他说，“我在桌子边儿站着，等有个家伙说，‘我要9点，它就来9点！’这家伙兴奋了；他以为那会是9点，他想赢。可我知道全部数字的概率，于是我就对他说，‘我以4块赌你3块，我赌不是9点’，时间长了，我会赢。我不在桌子上赌；我和在桌子上玩儿的那些心存偏见的人赌——他们迷信幸运数字。”

尼克继续说：“既然我现在已经名声在外，事儿就更容易了，因为大家甚至在知道概率不很有利的时候，也还是要和我赌，只为有机会跟大家讲怎么打败希腊人尼克，这得在他们赢了的时候才成。因此，我真的是靠赌博过日子的，很好玩儿啊！”

因此，希腊人尼克真是个受过教育的人。他人很好，很有魅力。我感谢他为我解释这事儿；现在我明白了。我一定要理解这个世界，你知道。

盛情难承 232

康奈尔大学什么系都有，但我兴趣都不很大。（这意思，不是说这些系有什么毛病；是我碰巧对这些系不感兴趣而已。）有家政学、哲学（这个系的家伙，脑袋尤其空），还有文化的东西——音乐之类。当然，跟我言语投机的人，还真有几个。数学系有凯克（Kac）教授和菲勒（Feller）教授；化学系有加尔文（Calvin）教授；动物学系还有个很了不起的家伙，就是格里芬（Griffin）博士，发现蝙蝠用回声导航的，就是他。但要找到足够多的这类谈话对手，难。但低水平的信口雌黄，却有的是。

天气也实在不佳。有一天，我正开着车，没想到天上急匆匆地下起雪来，你没防备这个，你就琢磨："哦，不会下得太大吧；我继续开得了。"

可那雪接着就厚起来，车开始有点儿打滑，所以你不得不用防滑链。你从车里出来，把链子铺在雪地里，链子冰凉啊，你也开始瑟瑟发抖了。然后，你把车倒在链子上，你麻烦来了——或者说，那年头，我们就有这个麻烦；下雪的时候，我不知道怎么办了——里头有个链子，你必得把这个链子先钩住。因为链子必须扣得很紧才成，让钩子钩住链子，就难了去了。然后，你不得不用手指头，把这个夹子扳下去，到这时候，你的手几乎冻僵了。因为你在车胎的外头，可钩子在里头，你的手又冻僵了，要把事儿办妥，太难了。链子总是滑 233

掉，链子还冰凉，雪又下得紧，你想把这个夹子扳下去，你的手冻得好似猫啃，可这倒霉玩意儿就是不下来——好了，我记得就是那个时刻，我想明白了：这是犯傻。世界上必定有个地方，没这种麻烦。

我记得我去过几次加州理工学院，巴舍尔教授请我去的，他早先在康奈尔大学。我去访问的时候，他很机灵。他对我太了解了，于是他说："费曼，我有辆车，用不着，我想把它借给你。现在你就可以去好莱坞和落日带（Sunset Strip），好好玩儿。"

于是，我每天晚上就开着这车到落日带去——去夜总会，去酒吧，去看表演。都是拉斯维加斯的那种我喜欢的东西——漂亮女孩儿、大赌家之类。巴舍尔知道怎么使我对加州理工学院发生兴趣。

一头驴，不偏不倚站在两堆干草正中间，不知道到哪边去，因为两堆干草完全一样，这故事，你知道吧？呵，不知道就算了。康奈尔大学和加州理工学院开始给我提供条件，我琢磨着加州理工学院比较好，正当我开始动身的时候，康奈尔那边儿就加码了；到我觉得留在康奈尔的时候，加州理工学院那边儿又加了点什么好处。因此，你能够想象得到，两堆干草中间的这头驴，只是情况更复杂，他刚要到一边儿去，另一边儿就高了一点儿。这真叫人左右为难！

最后把我说服气了的一个论点，是我的休假年。我还想到巴西去，这次是10个月，我刚刚在康奈尔大学获得了休假年。我不想失去休假年，因此现在我就发明了一个理由，好做出决定，我就写了封信给巴舍尔，告诉他我做出了什么决定。

加州理工学院回信："我们将立刻聘请您，您的第一年就是休假年。"他们就是这么个搞法：无论我决定怎么做，他们都死叮住你不放。因此，我在加州理工学院的第一年，实际上是在巴西度过的。我在第二年才到加州理工学院教书。事儿就是这么个事儿。

我从1951年就一直在加州理工学院了，我在那儿一直很开心。这个学校，正合我这种偏执的家伙的口味儿。那儿有的是顶尖级的人 234
物，对自己干的事儿都很感兴趣，我也跟他们谈得来。所以我觉得非常称心如意。

可是，有一天，那是我在加州理工学院好长时间了，我们遭到了很严重的烟雾袭击。那烟雾，比现在的可厉害得多——至少你的眼睛要疼得多。我站在一个角落里，泪眼汪汪的，我心里说："这简直发疯！这绝对是神经病！最好是回康奈尔大学去。我要离开这个鬼地方。"

于是我就给康奈尔打电话，问他们，我有没有可能回去。他们说："没问题！我们这就把事情安排好，你明天就过来。"

第二天，我在做这个决定的时候，幸运得不能再幸运了。老天爷必定是安排好了，好帮助我下定决心。我正往我办公室那儿走呢，一个家伙跑过来，对我说："嗨，费曼！你听说出什么事儿了吗？巴德[1]发现有两种不同的恒星！我们原来测量的我们到各星系的距离，都是以一种类型的造父变星为根据的，可现在有另一种类型，因此，宇宙的年龄会是我们原来设想的2倍、3倍，甚至4倍！"

我知道这个问题。在那年头，地球似乎比宇宙还古老。地球有45亿年，宇宙却只有20亿或30亿年。这是一个大难题。这个发现，使一

1 沃尔特·巴德（Walter Baade，1893—1960），美籍德裔天文学家，他的研究使星际距离的测量更加准确。——译者

切问题迎刃而解：现在，事实证明宇宙比以前设想的要老。我马上就得到了这一信息——这家伙跑来，把这件事儿都告诉了我。

还没等我穿过校园到我办公室去，另一个家伙过来了——马特·梅瑟尔森（Matt Meselson），一个副修物理学的生物学家。（我曾经是他的博士论文的答辩委员。）他建立了第一台我们称之为“密度梯度离心分离机”的东西——它能测量分子密度。他说：“看我正在做的这个实验的结果！”

他已经证明，当一个细菌制造一个新细菌的时候，有个分子，原封不动地由一个细菌传给了另一个细菌——我们现在知道，这分子就是DNA。你知道，我们总是认为一切东西都分裂、分裂。因此，我
235 们以为细菌里的一切都一分为二，把其中的一半给了那个新细菌，但那是不可能的。不知在什么地方，那个包含着遗传信息的最小分子，不能够一分为二，而必须复制出一份它自身的拷贝，然后把这份拷贝送给那个新细菌，把另一份留给那个老细菌。梅瑟尔森是这么证明这一点的：他先让细菌在重氮中生长，然后让它们在普通的氮气中生长。他进行实验的时候，用密度梯度离心分离机来测量分子的重量。

第一代新细菌的全部染色体分子的重量，刚好在重氮中细菌染色体分子的重量和在普通氮气中的细菌的染色体分子的重量之间——如果一切都分裂，连染色体分子也分裂，结果就会是这样。

但在随后的几代细菌当中，当我们期望染色体分子重量将是重氮和普通氮情况下的分子重量之差的1/4、1/8和1/16的时候，分子重量却只有两组。一组和第一代一样重（在较重和较轻的分子正中间），而另一组轻些——其重量就是在普通氮气中弄的分子的重量。较重的分子个数的百分比，每过一代，就减少一半，但其重量不变。

这可太令人兴奋了——这是一项基础性发现。在我终于到了我办公室的时候，我意识到，我必须待在这地方了。在这里，不同科学领域中的人，都告诉我事儿，这太令人兴奋了。这才是我真想要的东西，真想要的。

因此，过了一会儿，康奈尔大学打电话来，说他们把一切都安排妥了，这就快准备好了，我说：“我很抱歉，我主意又变了。”但是，我当时决定永远不再变了。没什么事情——绝对没什么事情——能够再次改变我的想法。

你在年轻的时候，你有的是这种闹心的事儿——你该到哪儿去吗，你怎么办。你真上火啊，想拿定主意，可接着又来了别的事儿。怎么简单，就怎么决定，倒来得容易些。别担心——没什么能够改变你的主意。我在麻省理工学院，就曾经这么做了一次决定。我在食堂吃饭的时候，懒得为吃什么甜点费心思了，因此我就决定总要巧克力冰淇淋，永远不再为这事儿操心——我就是这么解决那个问题的。无论如何，我决定永远留在加州理工学院了。

有一次，有人想让我对加州理工学院变卦。费米刚刚去世不久，
芝加哥大学在找人接任他的位置。芝加哥大学过来两个人，要到我家 236
来看看我——我不知道他们是为什么事儿。他们开始给我讲，我应该到芝加哥大学的所有的好理由：我能干这个，我能干那个，他们那里大人物很多，我有机会做各种各样有意思的事儿。我没问他们会给我多少钱。他们不停地暗示，如果我问的话，他们就告诉我。最后，他们问我，想不想知道薪水多少。“哦，不！”我说，“我已经决定待在加州理工学院。我妻子玛丽·娄在隔壁，如果她听到薪水是多少，我们又该吵了。除此之外，我已经决定不再变了；我永远待在加州

理工学院。”因此，我不让他们告诉我他们给的薪水有多少。

大约1个月以后，我在开一个会，利昂娜·马歇尔（Leona Marshall）过来说：“你不接受我们芝加哥大学的条件，可真够滑稽的。我们大失所望啊，我们搞不明白，你怎么能拒绝这么优厚的待遇。”

“容易，”我说，“因为我没让他们告诉我那是多少钱。”

一个星期之后，我收到了她的一封信。我打开信，第一句话是：“他们提供的薪水是——”一大笔钱啊，是我当时薪水的三四倍。晕！她在信里继续说：“在你还能继续读这封信之前，我就把薪水告诉你了。也许你现在愿意重新考虑一下，因为他们告诉我，那个位置还在为你预备着，我们非常希望你成为我们的一员。”

于是我给他们回了一封信：“在信里看到这么一大笔钱，我觉得，我必须谢绝。我不得不谢绝这份薪金的原因，是我将有能力做我一直想做的事儿——找个迷人的情妇，为她买一座漂亮的房子，给她买好东西……用你们给的这份薪水，我必定真的会这么做，我知道那会是什么结果。我会为她操心，挂念她在干什么，我们会吵架。我回家的时候，又会如何如何。这些闹心的事儿，会让我寝食不安，会让我心情不快。我搞物理也搞不好了，一切都将是一团糟！我一直想做的这种事情，对我是很坏的，因此，我已经决定，我不能接受你们的好意。”

第 5 部分　一个物理学家的世界

你解狄拉克方程吗?

百分之七的答案

十三次

“鸡母牛，鸡母牛！”

但那是艺术吗?

电是火吗?

书好书坏，看看封面

诺贝尔的另一个错误

把文化带给物理学家

巴黎见分晓

另类状态

野狐禅科学

你解狄拉克方程吗? 237

我在巴西那年的岁末，收到了惠勒教授的来信，说在日本将有一个理论物理学的国际会议，问我喜欢不喜欢去? 日本在战前有几位有名的物理学家——诺贝尔奖得主汤川秀树[1]和朝永振一郎[2]以及仁科芳雄等——但这次会议，是战后日本恢复生机的第一个迹象，我们都认为应该去帮助他们。

惠勒还随信寄来了一本军用短语手册，他写道，我们大家都学点儿日语，会很有意思。我在巴西找到了个日本妇女，教我发音，我还练习用筷子夹起纸片儿，读了很多关于日本的东西。那时候，对我来说，日本很神秘，到这么一个奇怪而奇妙的国家，该是很有趣儿的，所以我很用功。

等我们到了那儿，大家在机场见了面，我们被送到东京的一家旅馆。这旅馆是弗兰克·劳埃德·赖特[3]设计的。这是模仿欧洲旅馆里

---

1 汤川秀树(1907—1981)，日本物理学家，1949年获得诺贝尔物理学奖。他根据量子力学和力场对基本粒子的影响，从理论上推断了介子的存在。

2 朝永振一郎(1906—1979)，日本物理学家，1965年获得诺贝尔物理学奖。他是量子电动力学的奠基人之一。

3 弗兰克·劳埃德·莱特(Frank Lloyd Wright, 1869—1959)，美国建筑师，他基于自然形式的特殊建筑风格极大地影响了现代建筑业。他的设计包括私人住宅，在威斯康辛州的拉辛市的约翰逊制腊公司办公大楼(1939年)，和纽约的古根海姆博物馆(1943—1959)。

头的小个子家伙，穿着一身制服，活脱就是菲利普·莫利斯（Philip Morris）[4]。我们这不是在日本；这明明是在欧洲或者美国嘛！送我们到房间的那家伙，磨蹭着不走，把窗帘拉来拉去，等着你给他小费呢。什么东西都像是美国的。

我们的主人把一切都安排妥了。第一天晚上，我们在旅馆的楼顶上吃晚饭，为我们服务的女人，打扮是日本的，可菜单是英语的。

238 为了学会几个日语短语，我遇到的麻烦可不少。到晚饭将近结束的时候，我对女服务员说，“Kohi-o motte kite kudasai.”她一鞠躬，退一边儿去了。

我的朋友马沙克（Marshak）一叠连声地说：“什么、什么？”

“我说日语呢。”我说。

“哈，装模作样！你走哪儿都没正经，费曼。”

“这话怎么说的？”我说，语气很正经的。

“那好，”他说，“你刚才说什么来着？”

“我让她拿咖啡来。”

马沙克不相信。“我跟你打赌，”他说，“如果她把咖啡拿……”

女服务员出现了，端着咖啡，马沙克输了。

原来，只有我一个人学会了几句日本话——甚至惠勒，他还告诉大家都应该学日语呢，也一点儿没学会——我再也受不了了。我读了很多关于日本风格的旅馆的书，我们住的旅馆应该完全跟这个不一样嘛。

---

4 菲利普·莫利斯公司的创始人，英国商人。他从1847年在伦敦开了一家烟店开始起家。“万宝路”烟就是菲利普·莫利斯公司的品牌。

第二天早晨，我把那个把一切都安排妥当的日本家伙叫到我房间来，“我想住在日本风格的旅馆里。”

“这恐怕不可能啊，费曼教授。”

我在书上读过，日本人很礼貌，但也很固执：你得一直做他们的工作才成。因此，我拿定主意，跟他们一样固执，也跟他们同样礼貌。那是一场脑筋搏斗：这么来来回回的，折腾了30分钟。

“你为什么想去住日本风格的旅馆？”

“因为在这个旅馆里，我感觉不到我在日本。”

“日本风格的旅馆，一点儿都不好啊。你得睡在地板上。”

“我要的就是这个；我想看看是怎么个样子。”

“还没椅子哪——你呢，守着桌子坐地上。”

“没问题。那很好玩儿。那就是我要找的东西。”

最后，他才把难言之隐说了出来：“如果您住别的旅馆，汽车到会场的时候，得多停一站。”

“不用，不用！”我说，“早晨，我到这个旅馆来，在这儿上车。”

“那就妥了。好。”啰唆半天，都为这个——好像花费半小时才触
及真实问题，倒无关紧要似的。 239

他走到电话机那儿，要给别的旅馆打电话；走着走着，突然停下来了；又掉链子了。我又花了15分钟才发现，这次是为了信件收发的事儿。如果会上有什么消息，他们都已经安排好了该去哪儿传达。

“没问题啊，”我说，“我早晨来坐车的时候，就在这个旅馆拿走给我的信啊、材料什么的。”

“那成。好。”他打电话去了，最后，我们终于往那个日本风格的旅馆走了。

我们一到那儿，我就觉得值啊：太可爱了！前头呢，有个地方，好脱鞋；然后呢，有个女孩儿，穿着民族衣服——宽腰带——穿着木屐，悉悉索索，碎步而出，拿了你的东西；你跟在她后头，穿过走廊，走廊上还铺着草席子呢，把纸糊的拉门拨开，她呢，喳喳喳喳，小碎步走着。这整个太有意思了！

我们进了房间，把一切都安排妥当的那家伙，一路跟来，疲惫不堪，然后用自己的鼻子碰一下地板；她呢，赶紧跪下去，也用自己的鼻子碰一下地板。我觉得自己好尴尬。我也应该用我的鼻子碰一下地板吗？

他们这么互相打了招呼，他认可了给我的这个房间，出去了。这实在是个好玩的房间。到处都是照规矩弄的、符合标准的东西，这现在你都知道；可当时，在我看来，都无不新鲜。有个小壁龛，里头还有一幅画；一个花瓶，漂漂亮亮地斜插着几枝褪色柳；一方小桌，地板上放着，近旁铺好了软垫；屋子尽头，是两扇拉门，迈步出去，便是花园。

照顾我的这位太太，是位中年妇女。她帮我宽衣解带，给了我一件尤卡塔，就是一件简朴的蓝白便服，好在旅馆里穿。

我开了门，欣赏这个可爱的花园，然后坐在桌子边，做点儿小小的工作。

我在那儿待了15或20多分钟，一件东西吸引了我的目光。我抬眼一看，就在花园那厢，在门口那儿，门边还有帘子，我瞥见一位非常漂亮的年轻日本妇人，一身华裳。

关于日本的风俗，我读过不少，我心里扑腾开了：谁派她来干吗。
240 我暗想："这，或许会非常有趣啊！"

她稍知英语。“您，花园，喜欢看看？”她问。

我套上和我穿的尤卡塔相配的鞋子，我们就步入花园。她挽着我的胳膊，指给我看这看那。

到头来，事儿是这样：她知道点儿英语，旅馆经理就想，或许我喜欢她带我去浏览一下花园——不过如此而已。我有那么点儿失望，当然；但这是文化相会呀，我也知道，想入非非，想的不是时候。

过了一阵子，照料我房间的那位妇人进来，说了点儿什么关于洗澡的话——用日语说的。我知道日本的洗澡，很有意思，迫不及待地要以身尝试，于是我说：“嗨！”

我在书上看到过，说是日本的洗澡，非常复杂。他们用好多的水，而水是在外头烧的，而且，你不可把肥皂弄进洗澡水里，那会把水弄脏，下个人还得用这水呢。

我站起来，迈进浴室，那儿有洗手盆，我听得见隔壁那家伙，也正关着门在家洗澡呢。突然之间，门儿拉开了：正在洗澡的那主儿，想看看这个不速之客是谁。“教授！”他用英语对我说。“别人在洗澡，您却闯进了洗澡间，这错得都离谱了！”那人是汤川教授！

他告诉我说，那妇人问过我，我想洗澡吗，此事无可怀疑；果真如此，她会为我善加准备，等洗澡间无人之时，她会禀告我的。世界上犯过如此严重的社交错误的，大有人在；幸运的是，我犯在汤川教授手里！

那个日本风格的旅馆，真是好玩；有人来访，尤其好玩。别的家伙来到我屋，席地而坐，谈吐挥霍。我们还坐不到5分钟，照料我屋子的那位妇人，就端着糖盘、茶盘进来了。好像你就是主人，这儿就是你自己的家，旅馆的工作人员呢，是帮助你招待宾客的。在美国，有客人造访你的旅馆房间，没人理你；你必得打电话叫人过来服务，如此等等。

241 在这个旅馆吃饭，也别有情调。那个把托盘送来的女孩儿，在你吃饭的时候，会待在这儿陪着你，所以你不觉得孤独。我没法和她好好聊聊，但不妨事儿的。饭也美妙。比方说，汤上来了，是盛在盖着盖儿的碗里的。你掀开盖儿，里头是一幅漂亮的画：小块的葱叶，就那样在汤上漂着；美哉。食物放在盘子里，样子如何，很讲究的咯。

我拿定主意，我得尽可能像日本人那样生活。我说这话的意思，是吃鱼。我从小到大，就不喜欢吃鱼；但是，在日本，我发现，不吃鱼，可有点儿孩子气了：我吃了很多鱼，而且吃得有滋有味。（等我回到了美国，我做的头一件事儿，是直奔鱼那儿。可怕——跟从前一样可怕。我受不了鱼。后来，我发现了答案：鱼必得非常、非常新鲜——要是不这么新鲜，它就有股子味儿，我烦这味儿。）

有一次，我在这家日本风格的旅馆里吃饭的时候，他们给我上了一个圆形的、硬硬的玩意儿，跟鸡蛋黄大小相似，放在一杯黄色液体当中。到目前为止，日本的什么东西，我都吃过；但这玩意儿，吓住我了：这东西够费解的，样子像个脑子。等我问那个女孩儿，那是什么玩意儿，她答道“kuri”。问也白搭。我琢磨着，它多半是个章鱼蛋什么的。我哆里哆嗦，吃这东西，因为我希望尽可能深入日本生活嘛。（我还记得“kuri”这词儿，好像我的命就系在这东西上——30年之后，我都没忘这事儿。）

第二天，我问开会的一个日本家伙，那叫人费解的东西，是什么玩意儿。我告诉他，那东西难吃死了。“kuri”究竟是个什么玩意儿啊？

“那词儿的意思是‘栗子’。”他回答。

我学的那些日本话，有几句是很有用的。有一次，汽车等了好长时间也不开，几个家伙说：“嗨，费曼！你懂日语；让他们赶紧点儿！”

我说：“Hayaku！ Hayaku！ Ikimasho！ Ikimasho！”——这意思是说，“走吧！走吧！快点儿！快点儿！”

我发现自己的日语失控了。我是从一本军事短语手册上学的这些短语的，那些说法想必是非常粗鲁的，因为旅馆里的人都开始急得像热锅上的蚂蚁，“是的，先生！是的，先生！”车也立刻就开了。

日本的这次会，分两个部分：一部分在东京，另一部分在京都。 242
在到京都的车上，我把日本风格的旅馆的一些事儿，告诉了我朋友亚伯拉罕·派斯（Abraham Pais），他也想试试。我们住在“都城旅馆”里，里头美国风格和日本风格的房间都有，派斯和我共用一个日本风格的房间。

第二天早晨，料理我们房间的那个年轻女人，为我们准备了洗澡水，澡盆就在房间里。过了一阵子，她端着托盘回来送早饭。我衣服穿了一半。很客气地，她转朝我说“Ohayo，gozai masu”，这意思是“早晨好”。

派斯刚刚洗完澡，浑身滴答水儿，一丝不挂。她转朝他，同样安然自若，“Ohayo，gozai masu”。然后，把我们的餐盘儿放下。

派斯看着我说：“老天爷，我们文明吗！”我们意识到这么回事儿：在美国，如果一个女仆来送早饭，这个家伙站在那儿，赤身露体的，那就会有一声尖叫、一通做作。可在日本，大家都见怪不怪，习以为常。对于这些事儿，我们觉得，他们比我们更进步，更文明。

我那时正在捣鼓关于液氦的理论，我已经琢磨出了怎么用量子力学定律，来解释超流动性这种奇怪的现象。对这一成就，我觉得很自豪，想在京都会议上讲讲我的研究。

第二天晚上，在我讲话之前，有个晚宴，坐在我旁边的，不是别人，正是昂萨格[5]教授，液态物理学和液氦问题的一流专家。他是那种沉默寡言的人，可金口一开，便掷地有声。

“呃，费曼，”他说，嗓子粗哑，“我听说，你已经明白了液氦的事儿。”

“那个，是……”

“哼。”整个晚宴，那就是他对我说的全部的话！不太怎么提情绪啊。

第二天，我发表了讲话，把液氦的一切都解释清楚了，到末了，
243 我抱怨说，我还有点儿东西没有琢磨透：就是说，液氦从一态到另一态的转化，是属于第一序列（如在固体融化或者液体沸腾的时候——温度是恒定不变的），还是属于第二序列（如有时候你在磁力现象中看到的那样，温度是不断变化的）。

昂萨格教授站起来，语气严厉：“哈，费曼教授，在我们这个领域中，初出茅庐啊，我想，他需要接受点儿指教。有件事儿，他是应该知道的，而我们应该告诉他才是。”

我想：“我的个老天爷！我招谁惹谁了？”

5　拉斯·昂萨格（Lars Onsager，1903—1976），挪威出生的美国化学家。他的特别兴趣在于溶液的热力学。由于他的互惠关系定律，即后来所谓热力学零定律，他于1968年获得诺贝尔化学奖。

昂萨格说:“我们应该告诉费曼，根据基本原理，没什么人已经正确地琢磨出任何液氦状态转化属于什么序列……因此，他的理论不允许他正确地搞出这个序列，这一事实，并不意味着他不曾令人满意地理解了液氦的许多其他方面。”到头来，他这是恭维我呢；但从他开讲的那个派头看，我还真以为他要修理我一顿呢！

不到一天的工夫，我在房间里，电话响了。是《时代》周刊打来的。打电话的那家伙说:“我们对您的工作很感兴趣。您能否寄给我们一份拷贝?”

我从来也没上《时代》，我非常兴奋。我很为我的工作自豪，我的讲话在会上的反响也很好，于是我说:“当然!”

“好的。请把它寄到我们在东京的办事处。”这家伙把地址给了我。我感觉棒极了。

我重复了一遍地址，那家伙说:“没错儿。谢谢您，派斯先生。”

“哦，不!”我说，大吃一惊，“我不是派斯；你找的是派斯啊?抱歉。等他回来，我会告诉他，你有话跟他说。”

几小时之后，派斯回来了。“嗨，派斯！派斯!”我说，声音激动。“《时代》杂志打电话来！他们希望你把你在会上的论文，寄给他们一份。”

“哎呀!”他说，“名声，是个婊子啊!”

我倍感震惊。

打那以后，我发现派斯说得对，但人在当时，我想，要是我的名字上了《时代》，那可真的美啊。

那是我第一次到日本。我归心似箭，说哪个大学要我，我都去。244
日本人安排了一系列地方，够好几天参观的。

等到这一次，我已经和玛丽·娄结婚了，不管我们到哪儿，他们都热情招待。有个地方，他们专门为我们安排了一整套仪式，还伴以舞蹈，这通常是为大旅游团体表演的。在另一个地方，我们在船上遇到了许多学生。还有一个地方，市长见了我们。

在一个特别的地方，我们待在树林里的一个小小的、不起眼的地方，天皇来的时候，就待这儿。那是个很可爱的地方，周围都是森林，就是漂亮；选在溪流淙淙的这个地方，也是费了心思的。这地方有某种静谧之感，一种宁静的优雅气氛。天皇到这么个地方来小住，我以为，说明他比我们一般的西方人，对自然有着更细腻的感觉。

在每一个地方，研究物理的人，都告诉我他们在做什么，我就和他们讨论。他们告诉我他们正在研究的一般问题，然后写出一大堆方程式。

"稍等片刻，"我说，"这个一般的问题，有没有一个特别的例子？"

"怎么没有；当然有啊。"

"那好。给我一个例子。"我得看例子：除非我脑子里有一个具体的例子，看着它怎么走，我是理解不了任何一般的东西的。有些人，一开始还以为我迟钝呢，以为我不明白那个问题，因为我问了许多这种"傻瓜"问题："阴极是正的还是负的？阴离子是这样的还是那样的？"

可是稍后，当这个家伙掉进方程式堆里的时候，他会说什么事儿，我就说："稍等片刻！那儿，有个错误！那不可能对！"

这家伙看了看他的方程式，过了一阵子，他果然发现了那个错误，百思不得其解，"这家伙，一开始听不明白，可他怎么就能在这些乱七八糟的方程式中间看出个错误呢？"

他以为我是在推演数学步骤，但我干的不是这个。对于他正在努

力分析的那个问题，我有一个具体可感的例子；我本能就知道，我亲
身体验着那个东西的属性。因此，当方程式说它会这么这么行为的时 245
候，我知道那错了，我跳起来说：“等等！那儿有个错误！”

因此，在日本，除非他们能给我一个可感的例子，他们大多数人找不到个例子，我就不能理解任何人的工作，不能跟他们讨论。有些人倒是能给我一个例子，但那个例子经常稀松，你用一个简单得多的方法，就能解决这个例子所表达的问题。

由于我总是不问数学方程式的问题，而是问他们试图解决的那个问题的物理环境，一份在科学家中间流通的油印小报的标题，“费曼的轰炸，与我们的反击”，对我的日本之行做了归纳。（小报不起眼，可那是他们在战后搞出来的一种有效的交流系统。）

在走访了好几座大学之后，我在京都的“汤川研究所”过了几个月。我很喜欢在那儿工作。一切都那么好。你来工作的时候，得把鞋脱掉，早上会有人过来给你上茶，那时你正想喝杯茶。这很是惬意。

在京都，我发了狠心想学日语。我用功得多了，学到可以打出租车转悠和做事儿的地步。一个日本人每天给我上一小时的课。

有一天，他教我“看”这个词儿。

“好了，”他说，“你想说，‘我可以看看您的花园吗？’怎么说？”

我造了一个句子，用了我刚学到的一个词儿。

“不成，不成！”他说，“如果你想对某人说，‘您想看看我的花园吗？’你就用第一个‘看’。但是，如果你想看别人的花园，你得用另一个‘看’，这一个更礼貌些。”

在第一个情况中，你实际上说的是这么个意思：“你愿意瞥一眼我这个邋遢的花园吗？”可是，当你想看另一个伙计的花园的时候，

你一定得这么说："我可否观赏您漂亮的花园？"这就是说，你必得用两个不同的词儿。

然后，他给了我另一个情况："你到一个庙里去，你想看看那个花园……"

246 我造了一个句子，这次用的是那个礼貌的"看"。

"不成，不成！"他说，"庙里的花园优雅得多，因此你一定得说出相当于这么一种意思的一句话：'我可否瞻仰你们至为美妙的花园？"

一个意思，要用三个或四个词儿来说，因为我做那事儿，那事儿就寒碜；你做那事儿，那事儿就高雅。

我学日语，主要是为了技术上的事儿，因此我决定试试在科学家们中间，有没有同样的问题。

第二天，在研究所里，我对办公室里的家伙们说："'我解狄拉克方程'这句话，用日语怎么说？"

他们说这样这样说。

"那好。现在我想说，'你解狄拉克方程吗？'——你怎么说这个？"

"哈，你一定得用一个不同的词儿来说'解'。"他们说。

"为什么？"我抗议，"我解这方程，你解这方程，做的不是同一件倒霉的事儿吗？"

"哈，是啊，可得用不同的词儿——那才更礼貌啊。"

我打了退堂鼓。我断定，我讲不来这种语言，不学日语了。

百分之七的答案

问题是要发现贝塔衰变的正确规律。看起来好像有两种粒子，名叫陶（τ）和西塔（θ）。这两种粒子，质量似乎完全相同，但是，其中的一种蜕变为两个介子，另一种却蜕变为三个介子。它们不仅是质量看来相同，寿命也相同，这真是一种怪异的巧合。因此，当时人人都关心这事儿。

在我参加的一个会议上，有人报告说，在回旋加速器当中，这两种粒子在以不同的角度和不同的能量产生出来的时候，其数目也总是相同——有多少个陶，就有多少个西塔。

当然，有这么一种可能性：那是同一种粒子，有的时候衰变为两个介子，有的时候衰变为三个介子。但是，没人承认竟然有这种事儿，因为有一个定律，叫宇称律；这个定律基于这么一个假定之上：所有的物理定律都是镜像对称的，这就是说，一个东西，要是能变成两个介子，那它就不可能变成三个介子。

在那样一个特别的时候，我真的不怎么能跟得上事情发展的脚步：我总有那么点儿落后。人人都透着聪明劲儿，我呢，觉得自己跟不上趟儿了。无论如何，我跟一个名叫马丁·布洛克（Martin Block）的家伙，一个实验物理学家，住一个房间。有天晚上，他对我说："你们这帮家伙，干吗那么拘泥于宇称律？或许陶和西塔是同一种粒子。要是宇称律错了，那会有什么结果？"

我沉思了片刻，说："那将意味着，对左旋和右旋来说，自然规律
248 是不同的，意味着有办法以物理现象为右旋下定义。我认为这事儿不那么可怕，尽管这必定会带来一些糟糕的结果，可我不知道。你干吗不在明天问问那些专家？"

他说："不问，他们不会听我的。你来问吧。"

所以，第二天在会上，在我们讨论这个陶-西塔难题的时候，奥本海默说："关于这个问题嘛，我们需要听到某种更野一点儿的新想法。"

那我就站起来说："我代替马丁·布洛克问这么个问题：要是宇称律错了，那会有什么后果？"

默里·盖尔曼经常拿这个揶揄我，说我没胆子为自己问这个问题。但不是这么回事儿。我认为，那非常可能是一个重要的观念。

李政道[1]代表自己和杨振宁[2]，对这个问题的回答有点儿复杂，像以往一样，我听不大明白。会议结束的时候，布洛克问我，李政道说的什么，我说我不知道，但依我之见，这问题还没了结……仍然有一种可能性。我不是认为这事儿非常可能，可我认为它可能。

1　李政道，1926年出生在上海的美国核物理学家，以其在量子力学方面的研究而知名。他在中国的浙江大学、西南联合大学和美国的芝加哥大学接受教育。他曾在加利福尼亚大学、普林斯顿高等研究院以及哥伦比亚大学任职。他和他的合作者杨振宁以实验的方式证明，在弱核反应中，宇称守恒定律不再正确。为此他们获得了1957年的诺贝尔物理学奖。

2　杨振宁，1922年出生在合肥的美国理论物理学家，以其对基本粒子的性质和行为的研究而知名。他曾在中国的西南联合大学和美国的芝加哥大学接受教育。从1948年到1949年，他在芝加哥大学教授物理学，其间得到邀请，到普林斯顿大学高等研究院做研究。1952年他成为该研究院的终身研究员。1965年他被任命为纽约州立大学阿尔伯特·爱因斯坦教席教授。1957年与合作者李政道获得诺贝尔物理学奖。

诺姆·拉姆齐（Norm Ramsey）问我，我是否认为他应该做一个实验，来寻找违背宇称律的现象，我回答："解释此事，莫非实验。你发现不了什么东西，我输你50块；你发现了，你输我1块。"

他说："那我得大便宜了。"可他从来没做这个实验。

无论如何，违背宇称律的现象，被吴健雄[3]发现了，用的是实验方法，她为贝塔衰变理论开创了大量全新的可能性。此事也立刻引发了大量的实验。有些实验表明，电子从核里出来，是飞向左边的，有的证明是飞向右边的；关于宇称律，还有各种各样的实验，各种各样有趣的发现。但是，得来的资料令人困惑，没人能把事情综合起来。

罗彻斯特（Rochester）[4]有个会—— 一年一度的罗彻斯特会议。我还是落后，人家李政道都在发表关于宇称不守恒的论文了。他和杨振宁得到了一个结论：宇称律是可以打破的，现在，他在为这种现象制造理论。 249

在会议期间，我待在锡拉丘兹（Syracuse）[5]我妹妹那儿。我把那篇论文带回家，对她说："我看不懂李政道和杨振宁说的这些东西。这也太复杂了。"

"不复杂，"她说，"你的意思，不是说你看不懂，而是说那东西不是你发明的。根据你听到的这个线索，按照你自己的思路，你却琢

3　吴健雄（1912—1997），生于江苏苏州的美国女实验物理学家。她1936年到伯克利大学进行研究，以后到了普林斯顿大学和哥伦比亚大学从事研究和教学工作。她最伟大的贡献是否定了宇称守恒定律，同时她也否定了粒子-反粒子对称的假设。

4　美国明尼苏达州东南部的一座城市，位于圣保罗东南。

5　美国纽约州中部的一座城市，位于罗彻斯特东南偏东。

磨不出个头绪来。你应该设想你现在又是学生了，把论文拿到楼上，一行一行地看，检查一下那些方程式。你会很容易就看懂。”

我听了她的建议，从头到尾检查了一遍，发现它既明显，又简单。我一直害怕读这个东西，还以为它很难呢。

这让我想起好早以前做过的一件事儿，是和左右不对称方程有关系的。现在看李政道的公式，事情变得清楚了，他的解法简单得多：一切东西都是左旋耦合的。对电子和 μ 介子来说，我的预言和李政道的相同，只是我的符号不同罢了。当时我没有意识到，李政道处理的仅仅是 μ 介子耦合的最简单的例子，并没有证明全部的 μ 介子都是右旋的；但按照我的理论，全部的 μ 介子必定都是自动右旋的。因此，实际上，我事先就预言到了他说的事情。我的符号是不同的，但我在当时没有看到我把全部的事情都搞对了。

我预言了几件事儿，可还没有人为此做实验；但是，说到中子和质子，我却没把事情搞得和当时已经知道的中子、质子的耦合协调起来，这事儿有点儿棘手。

第二天，我回去开会，一个叫肯·凯斯（Ken Case）的好心人，把他分得的宣读论文的时间，匀了五分钟给我提出我的观点。我说，我确信，一切都是左旋耦合的，而且中子和 μ 介子的符号用反了，但我正在极力解决中子的问题。后来，几个实验物理学家问了一些和我的预言有关的问题，然后我就在夏天到巴西去了。

等我回到了美国，我想知道贝塔衰变的研究情况怎么样了。我去
250 了吴健雄教授在哥伦比亚大学的实验室，她不在；但另一位女士在那儿，把各种各样的数据都拿给我看，乱七八糟的数字全都不对劲儿。在贝塔衰变中的电子，依我的模型来看，应该都是左旋耦合的；可在

有些情况下，却右旋了。一切都支离破碎了。

等我到加州理工学院的时候，我问一些实验物理学家，贝塔衰变情况如何。我记得三个家伙，汉斯·詹森（Hans Jensen）、阿尔德特·瓦帕斯特拉（Aaldert Wapstra）和费利克斯·勃姆（Felix Boehm）。他们坐在一个小凳子上，开始告诉下面这些事实：这个国家别的地方的实验结果，他们自己的实验结果。因为我认识这几个家伙，知道他们是多么仔细，我对他们的结果比对别人的结果，注意得更多。单看他们的结果，还不是那么不协调；但加上别人的结果，就都乱了。

最后他们把这些东西都一股脑地倒给了我，说："情况如此混乱，连大家建立多年的一些东西都成了问题——比方说，中子的贝塔衰变是S和T。这个乱劲儿啊！默里·盖尔曼说那可能是V和A。"

我从凳子上跳起来了说："这我就全明白了！"

他们还以为我在开玩笑呢。但是，我在开罗彻斯特会的时候的麻烦，是中子和质子的衰变：事事妥帖，但有一件事儿掣肘；如果事情是V和A，而不是S和T，那么那个掣肘的事儿也妥帖了。因此，我有了一个完整的理论！

那天晚上，我用这个理论，各种各样的事情都计算出来了。我计算的第一个事情，是μ介子和中子的衰变率。两个衰变率应该是互相联系着的，如果我的这个理论是正确的，根据某种关系，那么这个理论只差9%就对了。这很接近了，9%啊。这个理论本该更完美的，但也非常接近完美了。

我继续检查了另外一些事情，符合，连带着新的和更新的东西都符合了，我喜出望外。这是第一次，也是唯一的一次，在我的职业生涯中，我知道了一个自然规律，别人却不知道。[当然，这说法不真实；我后来发现，起码默里·盖尔曼 —— 还有苏达山（Sudarshan）和马沙克（Marshak）—— 都搞出了相同的理论，但我没觉得他们败兴。]

以前我做过的另一些事儿，是把人家的理论拿过来，改善其计算
251 方法，或拿来一个方程式，如薛定谔[6]方程式，来解释一个现象，如氦的现象。我们都知道这个方程式，我们也知道这个现象，但怎么拿方程式来解释现象呢？

我想到了狄拉克[7]，他拥有他的方程式有一阵子了 —— 那是个新方程式，告诉我们电子怎么行为 —— 现在我也有一个关于贝塔衰变的方程式，没有狄拉克的方程式那么重大，但也不错啊。我发现了一条新的规律，这是头一遭啊。

我给在纽约的妹妹打电话，感谢她在罗彻斯特会议期间，让我坐下来研究李政道和杨振宁的论文。曾经觉得不自在，觉得落后，可现在我登堂入室了；我得到了一项发现，仅仅是听了她的建议而得到的一项发现。我又能投身于物理当中了；可以这么说吧，我想为此谢谢她。我告诉她，事事都妥帖了，只差9%。

我太兴奋了，算个不停，妥帖的事儿层出不穷：它们是自动妥帖的，丝毫也不勉强。人在当时，我开始忘记了那9%，因为其他的一

6　埃尔文·薛定谔（Erwin Schrödinger，1887—1961），奥地利物理学家，量子力学奠基者之一，因发现原子理论的新模式而获1933年诺贝尔物理学奖。

7　保罗·阿德利安·莫里斯·狄拉克（Paul Adrien Maurice Dirac，1902—1984），英国理论物理学家，量子力学奠基者之一，1933年因新原子理论公式与薛定谔分享诺贝尔物理学奖。

切都顺顺利利。

我在夜里干得很卖力，坐在厨房靠窗的小桌子边。工作得越来越晚——下半夜两三点的样子。我努力工作着，把那些计算结果和那些妥帖的事情弄得天衣无缝，我沉思，气定神凝，外面漆黑而宁静……突然，啪、啪、啪、啪——好响，有人敲窗。我一抬眼，一张白脸，就在窗上，近在咫尺，连惊带吓，我尖叫起来！

那是我认识的一个女士，跟我生气呢，因为我假期回来，没立刻给她打电话告诉她我回来了。我让她进来，想跟她解释，眼前我正忙着呢，我刚刚发现了个事儿，这事儿蛮重要的。我说："请出去，让我弄完。"

"不，我不想烦你。我就坐在客厅里。"

我说："呃，那好，但坐那儿也没劲啊。"

严格来说，她并没坐在客厅里。最好的说法，是她似乎是蹲在一个角落里，把两只手攥到一起，不想来"烦"我。当然，她的目的，是
非要把我烦死不可！她达到了目的——我不能不理她。我火来了，我 252
受不了这个。我不得不做这个计算；我在进行一项伟大的发现，我欣喜若狂，不知怎么的，对我来说，这个发现比这个女的更重要——起码在那个时刻，就是这样。我记不得我最后是怎么把她弄走的，反正挺难。

又干了一阵子，时辰更晚，我也饿了。我走到大街上，往五个或十个街区之外的那个小饭店那儿走。我以前也经常这样，深夜出行。

以前有几次，经常有个警察挡住我，因为我一边走，一边思考，然后，停住不走了——有的时候，冒出了个想法，要想继续走路，太难了；你必得把什么事儿搞确实了啊。于是，我就不走了，有的时候，

我还把双手举在空中，自言自语："这些东西之间的距离，是那个样子，那么这个就会是这个样子……"

我两手乱比画，站在大街上，警察过来了："你叫什么名字？你住哪儿？你在干什么啊？"

"啊！我在思考嘛。抱歉，我就住这儿，经常到那个饭店去……"过了些时候，他们都知道那是谁，再也不挡我的路了。

我到了饭店，吃着饭还兴奋呢，我告诉一个女士，说我刚刚弄出个发现。她开口了：她是一个消防队员或者护林员什么的老婆。她很寂寞——都是我不感兴趣的事儿。所以呢，那种事儿，有啊。

第二天早晨，我去上班，去找瓦帕斯特拉、勃姆和詹森："我已经把一切都搞出来了。事事都妥帖了。"

克里斯蒂（Christy）也在那儿，说："你用的是什么衰变常数？"

"就是那谁谁的书上的那个。"

"可那个已经被发现是错误的，最近的测量表明它有7%的误差。"

我这才记起了那个9%。这对我来说，像个预言：我跑回家，搞出了这么个理论，说中子衰变将有9%的误差，第二天早晨他们告诉我，实际上，那个数有7%的变化。但是，是从9%变为16%（这可不
253 好），还是从9%变为2%（这个很好）？

正在那时，我妹妹从纽约打来电话："那9%怎么样了？——是怎么回事儿啊？"

"我刚发现，有一个新的数据：7%……"

"往哪边变啊？"

"我正在把这事儿捣鼓出来呢。回头给你打电话。"

我太兴奋了，兴奋得没法思考。这好像你赶飞机，你不知道你是不是晚了，你就是搞不清楚了，这时，有人告诉你："现在是夏时制嘛！"没错儿，可提前还是延后？往哪边？人一激动，这事，想不清楚的。

于是，克里斯蒂进了一个房间，我进了另一个房间，各人都静悄悄的，这样我们才能把问题想透彻：这个是这么动的，那个是那么动的——这不算很难，真的；就是激动。

克里斯蒂出来了，我也出来了，我们都同意：是2%，稳稳当当地在实验许可误差之内。那个常数毕竟已经改变了7%，那2%倒真可能是误差。我给我妹妹打电话："2%。"这个理论是正确的。

[实际上，那不对：真的说来，那是1%，什么原因，当时我们还不知道，只是后来尼古拉·卡毕博（Nicola Cabibbo）才理解了这事儿。因此，那个2%，完全不是实验误差。]

默里·盖尔曼把我们的观念比较并综合了一番，写了一篇关于这个理论的论文。这个理论相当严整；它比较简单，它把许多事情都弄妥帖了。但我以前告诉过你，有好多乱七八糟的数据。在有些时候，我们竟然能走得这么远，能说出哪些实验是错误的。

这方面的一个好例子，是瓦伦丁·特勒第（Valentine Telegdi）做的一个实验。在这个实验中，他测量了当一个中子衰变的时候，向各个方向飞出的电子数。我们的理论预言，各个方向上的电子数应该是一样的，但特勒第发现一个方向上的电子数要比另一个方向上的多11%。特勒第是一个优秀的实验家，做事很仔细。有一次，他在什么地方讲话，提到了我们的理论，说："理论家的麻烦，是他们从来也不留心实验！"

特勒第还给我们寄了封信，话说得并不严厉，但无论如何还是在表明，他确信我们的理论是错误的。在信末，他写道：“关于贝塔衰变
254 的‘费盖（费曼、盖尔曼）理论’，得‘费劲掩盖’点儿什么。”

盖尔曼说：“我们拿这事儿怎么办？你知道，特勒第善于做实验。”

我说：“我们权且等待。”

两天之后，从特勒第那儿又来了一封信。他心服口服了。根据我们的理论，他发现：从中子弹出来的质子，在所有的方向上是不同的，这样一种可能性，他忽视了。他想当然地认为那是相同的。用我们的理论所预言的数据，来修正他一直在用着的数据，实验结果就没有掣肘的地方了，理论和实验完全一致。

我知道特勒第非常出色，跟他顶牛儿，不大容易。但在当时，我已经确信他的实验必定什么地方出了差错，而且他也会发现——他自己找漏子，要比我们去找，好得多。我说我们不应该去琢磨那件事儿，而是权且等待，原因就是如此。

我去了巴舍尔教授那儿，把我们的成功告诉了他，他说：“是啊，你们挺身而出，说中子-质子耦合是V而非T。大家在以往都以为那是T。说它是T的那个基本实验在哪儿？你为什么不看看以前的实验结果，找找那些实验出了什么毛病。”

我离开他，去找到了关于那个实验的原始文章，文章说中子-质子耦合是T，有什么东西让我大吃一惊。我记得我以前曾经读过这篇文章（以前，《物理评论》上的文章，我篇篇必读——那时它还不厚）。我记得，当我再看到这篇文章的时候，看着那条曲线，心里想：“那什么也证明不了啊！”

你看，它依靠的是整个数据范围靠边上的一两个点，有一个原

则：在数据范围靠边上的一点——最后一个点——是不够好的，因为，如果它足够好的话，那就还有一个更靠外的点。我本来就意识到，中子-质子耦合是T这整个观念，就是基于那最后一个点的，那个不很好的点，因此它证明不了什么。我记得我注意到了这个！

等我对贝塔衰变感兴趣的时候，我就直接阅读那些“贝塔衰变专家”的报告，都说那是T。我从来没看过原始数据；我只读那些报告， 255
跟个傻瓜似的。假定我是个好物理学家，那么以前在罗彻斯特会议上，我想到原来那个观念的时候，本来立刻就会检查“我们知道那是T，果真可靠吗？”——那才是明智之举。我本来会马上意识到我早就注意到那并没有令人信服地证明任何东西。

打那以后，对“专家们”的任何东西，我再也不费心思了。什么东西，都是我自己计算。当人们说夸克理论相当不错的时候，我让两个博士，费恩·拉芬达尔（Finn Ravndal）和马克·基斯令格（Mark Kislinger）与我一道，把这个理论从头到尾搞了一遍。只有这么个搞法，我才能检查出这个东西还确实能得出相当妥帖的结果，而且它是一个值得重视的好理论。我再也不会犯那个错误了，只读专家意见的那个错误。当然，你只有一次生命，你把什么错误都犯过了，这才知道不该做什么，而你这一辈子也完了。

256 十三次

有一次，在一个地方市立大学里教科学的一个老师，过来问我，愿不愿意到那儿讲个话。他给我50块钱，但我告诉他，我不在乎钱。“那是个市立大学，是吗？”

“是。”

我想到的是，当我跟政府打交道的时候，我通常不得不缠在一大堆例行公文当中，于是我笑道：“我很高兴去讲话。整个事情，只有一个条件。”——我卖了个关子，继续说——“我签名，决不超过十三次，还得包括签支票那次！”

那家伙也笑了。“十三次！没问题。”

签字的事儿，这就开始了。首先，我必须签一个东西，说我忠于政府，否则我就不能在市立大学里讲话。我还必须签两次，是吧？然后呢，我必须签某种把什么权力出让给市政府的文件——我记不得是个什么玩意儿。很快，签字次数就一路攀升。

我必得签一个东西，说我是个货真价实的教授——这是当然的，因为那是市政府的事儿啊，那就得保证经办者别偷偷让自己的老婆和朋友来上课，或者甚至根本不请人上课。有各种各样的事儿，都要保证，签字次数一直在上升。

这下好了，那个开始还笑的家伙，好紧张啊，但我们刚好把事情办完。一次不差，我签了十二次。还有一次，好签支票，于是我们就出发，去讲话。

几天之后，那家伙过来送支票，他真是满头大汗啊。他说，我确实讲过这个话，但除非我签一个表格，他就没办法给我钱。 257

我说：“如果签这个表，我就签不成支票。但是你在场；你听到了那个讲话；为什么你不签？”

“我说，”他说，“你搞的这一套，是不是有点儿傻啊？”

“不傻。在开头，我们就弄了这么个协议。我们真没想到会需要十三次签字，但是我们彼此都同意了，我认为我们应该坚持到底。”

他说：“我是尽力了，到处打电话。什么我都试过，他们说，那是不可能的。除非你签这个表格，否则你就是拿不到钱。”

“不拿就不拿，”我说，“我已经签了十二次，我也讲了话。那钱，我不要了。”

“但我太过意不去了。”

“没事儿。我们说定了；别担心。”

第二天，他打来电话。“这钱，他们不能不给你！他们已经把这钱拨出来了，已经从账里出来了，因此他们必得把这钱给你啊。”

“那好，如果他们必得给我这笔钱，让他们给我好了。”

“但你必须签这个表。”

“我不签这个表！”

他们都给卡住了。这人该得这钱，可他不想为它签字，这钱没地方搁了。

最后，事情弄妥了。费了好长时间，事情很复杂——但我用第十三次签名，兑了我的支票。

258 “鸡母牛，鸡母牛！”

我不知道是怎么回事儿，反正我去旅行的时候，总是粗心大意。地址啊，电话号码啊，邀请我的那些人的情况啊，我都不留心。我琢磨着，会有人来接我，或者别的一个人知道我们要到哪儿去，但不知怎么，我能把事情弄妥。

有一次，那是在1957年，我去参加在北卡罗莱纳大学举行的一个引力会议。有人把我看成不同领域中的一个也关心引力问题的专家。

那天，我在机场降落的时候，已经赶不上会了（第一天我没参加），我出了机场打出租车，对车辆调度员说：“我想到北卡罗莱纳大学。”

“你要到哪个北卡罗莱纳大学，”他说，“是在罗利（Raleigh）[1]的北卡罗莱纳州立大学，还是在教堂山（Chapel Hill）[2]的北卡罗莱纳大学？”

不需要说，我一点也不清楚了。“它们在哪儿呢？”我问，以为这两个大学一定相距不远。

“一个在北边儿，另一个在南边儿，距离大约一样。”

1　北卡罗莱纳州的首府，位于该州的中东部，达勒姆市的东南。

2　北卡罗莱纳州中北部的一个城镇，位于罗利西北偏西的彼得蒙边界。

我身上没带什么东西能告诉我会场在哪儿，天色都那么晚了，也没别的人往会场那边去了。

我灵机一动。“听我说，”我对车辆调度员说，“会是昨天开始的，因此有一大群家伙都往会场那边去，他们昨天一定是从这儿走的。让我告诉你，他们是个什么德性：他们都是一副懵懵懂懂的样子，互相谈着什么，不大在意到哪儿去，互相说的话，好像是这么个声音：‘鸡母牛，鸡母牛（G-mu-nu）[3]’。”

他眼睛一亮。“啊，是的，”他说，“这么说，你是要到教堂山 259
了！”他对下一辆正在排队的出租车说：“把这位先生送到教堂山的大学。”

“谢谢。”我说，然后我就奔会场了。

---

3 物理学家们说的显然是$G\mu\nu$，描述引力场的张量。

260 但那是艺术吗?

有一次，我在一个聚会上打邦戈鼓，打得蛮热闹。有个家伙，特受鼓声的感染。他进了洗澡间，把衬衫脱了，用剃须膏在胸膛上画了个可笑的图案，出来发疯地跳，耳朵上还挂着樱桃。很自然，这个发疯的傻瓜和我立刻成了好朋友。他的名字是杰瑞·左提安（Jerry Zorthian），他是个艺术家。

关于艺术和科学，我们进行了长时间的讨论。我说的是类似这么一种意思："艺术家，找不着北：他们没什么主题！他们习惯于宗教主题，但他们丢失了自己的宗教，现在他们什么也没了。他们不懂这个他们身在其中的技术世界；对于那个真实世界的美，那个科学世界的美，他们一无所知。因此，他们心里没什么东西好画的。"

杰瑞会这么回答：艺术家不需要物理的主题；可以用艺术来表达的情感，多了去了。此外，艺术可以是抽象的。不仅如此，科学家把自然打碎了，把它变成了数学方程式，破坏了自然美。

有一次，我到他那儿给他过生日，那一次的这类愚蠢争论，一直延续到下半夜三点。第二天早晨，我打电话把他叫醒了："听着，杰瑞，"我说，"我们这么吵，也吵不出个所以然，原因是，关于科学，你啥也不知道，我呢，关于艺术，也啥也不知道。因此，每个星期天，我们轮换着，我给你上科学课，你给我上艺术课。"

"那好，"他说，"我教你怎么画画。"

“那不可能。”我说，因为，我在上高中的时候，我只会画沙漠上 261
的金字塔——主要是直线构成的嘛——我时不时地想试着画棕榈树，加上个太阳。我绝对无才。跟我坐一块儿的那家伙，跟我一样有才华。要是让他想画什么就画什么，他画的那东西，是两个脏乎乎、扁歪歪的椭圆形，像两个摞在一块儿的轮胎，轮胎里头伸出根杆子，杆子头儿变成了个绿色的三角形。我们得假定那是棵树。因此，我跟杰瑞打赌，他教不会我画画。

“当然了，你得用功啊。”他说。

我保证用功，但还是打赌他教不会我画画。我非常想学会画画，原因只有我自己知道：我想传达一种感情，我对这个世界的美的感情。那很难说得清楚，因为那是感情。那种感情，跟宗教感情差不多，这个宗教和一个控制着整个宇宙的神有关系。事物显得这么不同，行为也这么不同，可在“布景背后”，它们都受着同一种组织、同样的物理规律的支配，思想此事，你会感觉出有一种普遍性。这是对自然的数学之美的赏识，是对这种美的工作方式的欣赏，是对我们从原子之间内在作用的复杂性当中看出来的意识；是一种关于这种美有多么戏剧化、有多么奇妙的感觉。那是一种敬畏之感——科学的敬畏——我觉得可以通过绘画，把这感觉传达给别人，别人也有这种感情的。我的画可以提醒他，让他暂时记起宇宙的壮丽。

原来，杰瑞是个好老师。他首先告诉我说，回家，想画什么就画什么。于是我就想画一只鞋；然后画盆花。画得乱七八糟！

我们下次见面的时候，我给他看了我的习作：“哦，你看！”他说。“你看，这靠后的这个地方，花瓣的这个线条，没碰着叶子。”（我本意是要它碰着叶子的。）“这很好哇。这是一种表现深度的办法啊。

你很聪明。”

“你没把全部的线条都搞得一般粗（我不是故意那么做的啊），是很好的。全部线条都一般粗，那种画，发呆。”他又继续说了类似的一些话：我什么都想错了啊，他习惯于以积极的方式来教我点儿东西。
262 因此，我坚持努力，渐渐有点儿起色，但我怎么也不满意。

为了练习得更多，我还报名参加了一个函授学校的班，“国际函授学校”的班，我不得不说这个学校好。他们让我开始画三棱锥和圆柱体，还加上阴影什么的。我们涉猎了许多领域：素描，蜡笔，水粉还有油画。学期快结束的时候，我却渐渐疲塌了：我给他们画了一幅油画，但总也没寄出去。他们不停地给我来信，敦促我不要半途而废。他们非常好。

我一直都在练习画画，对它越来越感兴趣。如果我在开会，会却开得不顺利的时候——像那次卡尔·罗杰斯（Carl Rogers）到加州理工学院来，跟我们讨论，加州理工学院该不该搞一个心理学系——我就画别人。我带着一打子小开本的纸，走到哪儿都练习画画。因此，杰瑞教我的时候，我很用功的。

另一方面，杰瑞的物理学学得并不多。他心猿意马。我想教他电学和磁学的什么东西，但我一提起“电”，他就告诉我，他那个转不起来的电动机的什么事儿，他怎么或许能把它修好。我想让他看看电磁铁是怎么工作的，我就卷了个小线圈，把一根钉子系在一根线上，我给它通上电，钉子呢，摇摇晃晃地就进了线圈里，杰瑞说：“噢噢！就跟性交似的！”只好作罢了。

因此，现在我们又发生了新的争论——究竟他是个比我好的老师，还是我是个比他好的学生。

想让一个艺术家来赏识我对自然的那种感情，还想让他能描绘这种感情，这个念头，我打消了。现在我就得加倍努力，学习画画，那样我就能自己来办了。这是个野心勃勃的事业；这个想法，我谁也没告诉，因为我多半是永远也做不到。

在我开始学画画的时候，一个我认识的女士，看了我的习作，说："你应该上帕萨迪纳艺术博物馆那儿。他们那儿有绘画班，有模特呢——裸体模特。"

"不去，"我说，"我画得不够好，我会很尴尬。" 263

"你很可以了啊；你应该看看别人画得什么样！"

于是，我鼓足了勇气到那儿去了。第一节课上，他们说，要准备好印报纸的那种纸——大幅的纸，跟报纸那么大的——还有各种各样的铅笔和炭笔。第二节课，一个模特进来了，她开始摆了十分钟的姿势。

我开始画这个模特，到我才画了一条腿的时候，十分钟用完了。我往四周看了看，人人都已经画好了一幅完整的画，背后还加了阴影呢——整个完工了。

我明白自己是半瓶子醋。可是，到最后，那个模特要摆三十分钟姿势。我画得很卖力气，费了吃奶的力，倒也能画完她整个的轮廓。这次，我有了一半儿的希望。因此，这次我也不把我的画盖住了，因为我已经画完了前一次该画的那些。

我们转来转去，看看别人画得如何，我发现了他们的真本事：他们画的那个模特，惟妙惟肖，明暗有度，连坐着的那个椅子上的那个小挎包也画上了，台子也画上了，什么都画到了！他们手执炭笔，嚓、嚓、嚓、嚓，一气呵成啊，我琢磨着，我是没指望了——彻底没指望了。

我回去把我的画盖上了，它只画了几根线，挤在报纸的左上角那儿——那之前，我只在书本大小的纸上画——但班上的人，都在近旁站着呢：“噢，看看这个，”他们当中有个人说，“笔笔不虚啊！”

我不确切知道这话是什么意思，但我得到的鼓励，足够让我下次课还来。与此同时，杰瑞不停地告诉我，画得太满，没任何好处。他告诉我不必在意别人，因此他告诉我，他们也不怎么样。

我注意到，那个老师没对大家说得太多（他只告诉我，说我的画在那页上太小了）。他却努力鼓励我们实验新方法。我想起了我们是怎么教物理的：我们有那么多技巧——那么多数学方法——我们从来没停止告诉学生怎么做事情。另一方面，这位画画的老师，怵于告
264 诉你任何事儿。如果你的线条笔力太重，这个老师不会说：“你的线太重了啊。”因为有些艺术家琢磨出了一种办法，能用很重的线条搞出了不起的画来。老师不想把你推到某种特别的方向上去。因此，怎么通过潜移默化的方式，而不是下达指令的方式来和学生交流，绘画老师就有这种麻烦了。物理老师的麻烦，是总教怎么解决物理问题的技巧，却不教精神。

他们总告诉我要“放松”，要无拘无束地画。我琢磨着，这并不比告诉一个掐着方向盘学开车的人“放松”，更起作用。那么说，是没有用的。只有在你知道怎么仔细地弄它的时候，你才开始放松。所以，我抵制这种没完没了的叫人放松的玩意儿。

他们发明的一个叫我们放松的练习，是画的时候，不看纸。你的眼一直盯着模特；在纸上画线条的时候，只看着她，不看你画的那些东西。

有个家伙说：“我就是忍不住要看。我没办法不自欺欺人。我敢打赌，大家都在自欺欺人！”

“我不自欺欺人！”我说。

“哇噢，装蒜！”他们说。

我把练习做完了，他们过来看我画的是什么东西。他们发现，确实，我没自欺欺人；一开始的时候，我的铅笔尖儿就断了，纸上除了压痕儿，空空如也。

等我把铅笔弄得好用了，我又来试。我发现，我的画有某种力度——一种可笑的、毕加索式的力度——这让我自己很得意。我觉得这画好，原因是，我知道那样画，是不可能画好的，因此呢，你不必画好——那才是这种放松练习的目的所在。我本以为“放松”的意思是“信笔涂鸦”，但实际上是别担心画出来的画是个什么样子。

我在这个班里，进步不小，我感觉颇为不错。到最后一个学期，我们的模特都是身量庞大得走了形的那种，画这种模特很好玩儿。可是，最后一堂课，我们的那个模特却是个体态匀称、金发碧眼的妞儿，比例非常完美。到那个时候，我才发现，我仍然不知道怎么画画：
我能画出来的东西，怎么看也不像这个漂亮的女孩儿！画别的模特， 265
你画什么东西，如果画得大点儿或者小点儿，无所谓，因为反正是个走形儿。但是，如果你画的这个东西装配得这么好，你就不能自欺欺人了，一定得画好才是！

有一次在下课的时候，我无意听到那个真会画画的家伙问这个模特，她能不能单独为他摆姿势。她说，可以。“那好。但是，我还没有画室呢。我必得先把这个问题解决了。”

我琢磨着，我可能从这个家伙那儿学到不少东西；除非我想点儿办法，我就没机会再画这个体态匀称的模特了。“对不起，”我对他说，“我房子楼上有个房间，可以用做画室。”

他们俩都同意。我把这家伙的几幅画拿给杰瑞看，但他吓呆了。“这些东西，不是那么好啊。”他说。他努力解释为什么，但我实在是听不懂。

在开始学画之前，我从来没有太大的兴趣去看看艺术。对艺术的东西，我不怎么欣赏；要说欣赏，也不经常，比方说，那次我在日本的一个博物馆里的时候。我看到一幅在泛黄的纸上画的竹子。在我看来，这画的妙处，在于它不过是寥寥几笔，但它同时又是竹子，这二者之间有一种完美的平衡——我可以随心所欲地一会儿把它看作笔触，一会儿把它看作竹子。

绘画班之后的那个夏天，我在意大利参加一个科学会议，我想看看西斯廷教堂。早晨我早早就去了，比任何人都先买了票，然后一开门，我就跑上台阶。因此我享受了一段不寻常的时光，在别人来之前，在宁静的敬畏中，看着这整个教堂。

游客们很快就来了，一群一群的人到处乱转，说着不同的语言，指指点点的。我到处走，看了一阵子天顶。然后，我的视线稍微向下移动了一点儿，我看到了一些巨幅的、装了框子的画，我想，“嚯！我以前不知道这个！”

不幸的是，我把导游手册忘在旅馆里了，但我心里想：“我知道为什么这些画不出名了；这些画不怎么好啊。”但是，我接着看另外
266 一幅，我说：“哇噢！那幅好啊。”我看了另外那些。“那个也好，那个也是一样，但那个稀松。”我从来没听说过这些画，但我拿得准，这些画都好，只有两幅是例外。

我到了一个叫“拉菲尔”的地方——拉菲尔展室——我注意到了相同的现象。我心里想，“这拉菲尔，参差不齐啊。他画得不总是好。有的时候，他很好。有的时候，就是垃圾嘛。”

等我回到了旅馆，我那本导游手册，关于西斯廷那部分，说：“在米开朗基罗的那些画下面，有十四幅是波提切利（Botticelli）和佩鲁吉诺（Perugino）的”——这都是大艺术家——“还有两幅是什么什么人的，没什么重要性。”这对我来说，可是太兴奋了，我也认得出来一个美的艺术品和一个不美的艺术品之间的区别啊，虽然那究竟是怎么个区别，我也说不准。作为一个科学家，你总是认为你明白自己做的事儿；可是，艺术家，说“那个很伟大”，“那个不怎么样”，过后却说不出个所以然来，就像杰瑞对我带给他看的那些画所发表的评论那样，你就信不过他们了。但现在我也是这样：我也能这么干！

拉菲尔展厅，有个秘密，原来是这样：只有一部分绘画，才是大师手笔；其余的，是学生弄的。我喜欢拉菲尔的那些。这让我对自己的艺术欣赏力自信大增。

不管怎么说，艺术班的那个家伙和那个体态匀称的模特，来过我家好几次，我想画她，我想学他。做了许多习作之后，我终于画了一幅我觉得实在好的画——她的头像——第一次成功，我很兴奋。

我有了足够的自信，问我的一个叫史蒂夫·德米垂阿德（Steve Demitriades）的老朋友，可否请他漂亮的妻子为我摆姿势；作为回报，我把肖像送给他。他笑了。“如果她愿意浪费时间为你摆姿势，我不介意，哈、哈、哈。”

我为她的这幅肖像工作得很卖力，等他看到了，他完全站到了我的立场上：“画得可真漂亮啊！”他叫起来。“你能不能把它用照相机照下来，多复制几份？我想寄一份给我在希腊的妈妈！”他妈妈从来也没见过儿媳妇。想到我已经进步到有人要我的画的地步，这事儿来劲啊。

相似的一件事儿，发生在加州理工学院的一个家伙搞的一次小
267 型艺术展览会上，我贡献了两幅素描和一幅油画。他说：“我们应该在画上贴个价格标签。”

我想：“别犯傻了！我不打算卖啊。”

“那会使这个展览更有意思一点儿嘛。如果你不是舍不得的话，那就弄个标签上去。”

展览之后，那个家伙告诉我，一个女孩儿已经买了我的一幅素描，还说想跟我说说话，以便发现这画的更深的寓意。

那画名为“太阳磁场”。为了这幅特别的画，我借了一幅在科罗拉多的太阳实验室拍的漂亮的日冕照片。因为我明白太阳磁场是怎么把火焰拽起来的，而且在当时，我琢磨出了一种技法，来画磁力线（跟女孩儿飘动的长发相似），我想画画家们都没想到要画的某种漂亮的东西：磁场中的那种相当复杂和翘曲的线，在此处聚拢，却在彼处散开。

我把这些都解释给她听，还给她看了使我有了这个主意的那幅照片。

她告诉了我这么个故事：她和她丈夫去看过展览，他们都非常喜欢这幅素描。“我们干吗不买下来？”她建议。

她丈夫，是那种从来也不会当机立断的人。“让咱考虑考虑再说吧。”他说。

她想起来，再过几个月，就是他的生日，于是她当天返回，自己

买了。

那天晚上，他下班回家，心情抑郁不振。她终于弄明白了他是怎么回事儿：他觉得，把那幅画买来给她，那才好；但是，等他回到展览会，有人告诉他，那画已经卖出去了。因此，她就把这事儿秘而不宣，等他过生日的时候，好给他个惊喜。

我从这个故事中得到了启示，这启示对我还是很新鲜的：起码从某些方面说，我终于理解了艺术确实有什么用处。艺术给某个单个的人以快乐。你能制造出一个东西，有人宝贝之至；他们或者沮丧，或者愉快，都是因为你制造的这破玩意儿！在科学中，那是一种普遍而大的东西：你不知道直接欣赏它的那些单个的人。

这个使我明白了这么一件事儿：卖画，并非为钱，而是为了踏踏 268
实实地知道，那画实在想要属于一个人；那个人，要是得不到它，就茶饭不香。这事儿透着好玩。

因此，我决定卖画。然而，我却不希望大家来买我的画，是因为他们想当然地以为我这个物理学教授没画画的本事，这可够你咂摸味儿的，所以我就起了个假名字。我的朋友建议我叫“奥菲”（Au Fait），在法语里是“办妥”之意，我却把这个名字写成“阿飞”（Ofey），这刚好就是黑人送给“白鬼”（whitey）的那个称呼。但我毕竟是个白鬼，所以正合适。

我的一个模特，想让我给她画幅画，但她没那份钱。（模特没钱；如果她们有钱，就不干模特这行了。）如果我给她一幅画，她就愿意免费为我摆三次姿势。

“事儿得倒过来，”我说，“如果你白为我摆一次姿势，我会给你三幅画。”

她把我给她的画中的一幅，挂在她的小房间的墙上，很快，她的男朋友注意到了。他太喜欢这画了，他想出钱为她画一幅肖像。他要付我60块钱。（我现在涨了行市了。）

她有个念头，想当我的经纪人：她到处兜售我的画，能赚点儿小小的外快，她会说："在阿尔塔迪纳，新出了一位艺术家……"身处另一个世界中，这堪为乐事啊！她做了一番筹划，把我的一些画摆到了"小公牛"，这是阿尔塔迪纳最雅致的一家百货商店。她和艺术部的那位女士来挑了我的几幅画——是几幅我早先画的植物（我不喜欢）——全都装了画框。然后呢，我得到了"小公牛"的一份签了字的文件，说他们接受委托，取走什么什么画。当然，没有卖掉任何一幅，但我是大大成功了：我的画在"小公牛"那儿卖啊！把画放在那儿，也是乐事啊。这样，有朝一日我就可以说，在艺术世界里，我曾经达到那样一种成功的巅峰。

我大多数的模特，是通过杰瑞搞到的，但我也想自己找一些模特。每当我遇到个年轻女人，看样子好像对画画感兴趣，我就让她为我摆姿势。最后的结果，总是我画她的脸，因为我不怎么知道如何处理裸体这个主题。

269 有一次我在杰瑞那儿，我对他妻子达布妮（Dabney）说："我没办法让女孩儿们光着身子摆姿势，我不知道杰瑞是怎么弄的！"

"哈，你从来也没有要求她们那么做？"

"哦！我连想都没那么想。"

我遇到的下一个女孩儿，想要她为我摆姿势，是加州理工学院的一个学生。我问她愿不愿意为我裸体摆姿势。"当然。"她说，事儿就这么成了！因此，这事儿容易。我猜，我心里杂念太多，以为那么要求人家，不知道怎么就不对。

到现在，我已经画了很多画，我已经到了这么一种造诣，最喜欢画裸体。据我所知，严格来说，那不是艺术；那是一种混合物。谁知道这混合物中的各种物质的百分比是多少?

我通过杰瑞认识的一个模特，曾经是《花花公子》杂志的花花女郎。她身材颀长，美艳无比。然而，她觉得自己太高了。这个世界上的每个女孩儿，瞧她一眼，都嫉妒得要死。在她进一个房间的时候，上半身得弯着进去。在她摆姿势的时候，我想教教她，请她站起身来，因为她是如此优雅，如此耀眼。我终于说动她照着我说的做了。

她接着就有了另一种担忧：她的腹股沟那儿有些“凹坑儿”。我不得不找出一本解剖学书，给她看那是肌肉与肠骨的接合部，还为她解释，你不是在每个人身上都能看到那些“凹坑儿”的；要想看到，那必须一切都刚好合适，完完全全地合乎比例，就像她那样。我从她那儿了解到，每个女人，无论她们多么漂亮，都担心自己的长相。

我想用彩色为这个模特画一幅画，用粉蜡笔，仅仅是为了做实验。我觉得应该先用炭笔勾勒轮廓，再用粉蜡笔覆盖。在我用炭笔勾完了之后，我不操心这画以后会是个什么样子了，我意识到这就是我画过的最好的画之一。我决定，这样就行了，别在这幅画上用粉蜡笔了。我的“经纪人”看到这画，想把它带走。“这幅画，你卖不出去，”我说，“它画在报纸纸上啊。”

“哦，别担心，”她说。

几个星期后，她回来了，带着这幅画，用漂亮的木头画框给装了起来，红色的镶边，金色的边框。这事儿够滑稽的，一定会让一般的艺术家们闷闷不乐——你给一幅画装了框子，这对它的改善也太大 270

了。我的经纪人告诉我，某位女士，对这画整个着了迷，我的经纪人就把这画送到画框师那儿了。他告诉她，有一种特别的技术，来装画在报纸上的画：用塑胶使之饱和，这么捣鼓，那么捣鼓。因此，这个女士必得遭受我画的这画带来的这些麻烦，然后呢，她还要让我的经纪人把画带给我看。“我想，这位艺术家或许想看看，它装了画框的时候，有多么可爱。”她说。

我肯定想看。有人从我的一幅画中得到了这种直接的快乐，这又是一个例子。因此，卖画，还真是件乐事儿。

有那么一段时间，城市里有脱衣舞饭店：你可以到那儿吃午饭或晚饭，女孩儿们光着上半身跳舞，跳着跳着，就一丝不挂了。有这么一个地方，离我住的地方也就是2500米，因此我经常到那儿。我坐在包厢里，在圆齿边线的纸上做一点儿物理计算；有的时候，我画一个跳舞的女孩儿，或者画一个顾客，仅仅为了练习。

我妻子格温妮丝（Gweneth），是个英国人，我到这么个地方，她态度端正。她说：“英国男人都有俱乐部可去。”因此，那儿就跟我的俱乐部似的。

那地方墙上挂着一些画，但我不是太喜欢那些画。那是用荧光性的颜料画在黑色的天鹅绒上的——有那么点儿丑——画的是一个正在脱衣服的女孩儿什么的。我有一张相当不错的画，那是我用我的模特凯西画的，于是我就把这画送给了饭店老板，好挂在墙上，他很高兴。

给了他这么一幅画，结果产生了一些有用的结果。老板对我非常友好，我的饮料一直是免费的。现在，我每次到这个饭店，一个女服务员就给我端来免费的“七喜”（7－Up）。我一边看女孩儿跳舞，一边做做物理学研究，备备课，或者画点儿什么玩意儿。如果我有点儿累了，我就看一会儿节目，回头再做点儿研究。老板知道我不想有人打扰，因此，如果有个喝多了的主儿凑过来，要跟我说话，立刻就过来一个女服务员把他支走。如果有个女孩儿过来，他就不多事儿了。271
我们关系很好。他叫乔诺尼（Gianonni）。

我的画在那儿展览，有另一个效果，大家都问他，这画是怎么回事儿。有一天，一个家伙走到我这儿来说：“乔诺尼告诉我，那画是你画的。”

“是啊。”

“很好。我想请您画幅画。”

“行啊；你喜欢什么？”

“我要的这幅画，得画一头长着男人头的公牛，正在向一个裸体女斗牛士冲击。”

“那个，呃，要是我知道这幅画派什么用处，那会对我有点儿帮助。”

“我的开业典礼用得着。”

“什么买卖的开业典礼啊？”

“按摩廊。你知道的，小私密房间，按摩女——明白这事儿？”

“对，我明白这事儿。”我不想画一头长着男人头的公牛，正在向一个裸体女斗牛士冲击，于是我就想说服他放弃这个念头。“那会对顾客留下什么印象？那会让女孩儿们有什么感觉？你想过吗？男人们到那儿去，你用这画，把他们搞兴奋了。你希望他们那么对待那些女孩儿？”

我没把他说服气。

“假定警察进来了，他们看到这幅画，而你声称这是一家按摩廊。”

“对对对，”他说，“你说得对。我改主意了。我想要的这幅画嘛，如果警察看它，对一个按摩廊来说，那没什么不合适的；但是，顾客一看，他就会明白点儿事儿。”

“那好。”我说。我们商定了60块钱的润笔，我就开始画这画。首先，我得琢磨，这画怎么个画法。我想啊、想啊，觉得还不如当初就依了他，干脆画个裸体女斗牛士得了！

最后，我琢磨出了怎么来画：我画个想象中的罗马年轻女奴，在为某个重要的罗马人按摩——或许是个元老院议员。因为她是个女奴，她脸上就有某种表情。她知道下面要发生什么事儿，而她也只能听天由命。

我在这画上花了不少劳动。我让凯西当模特。后来，我找到了另一个模特来画那个男人。我做了许多研究，模特费很快就已经到了80
272 块。我不在乎钱，我喜欢受托作画这一挑战。最后，我画完了一幅画：一个肌肉壮实的男人，躺在一张桌子上，女奴在给他按摩。她穿着某种长袍，盖住了她的一个乳房，另一个乳房裸着，我把她的那种听天由命的表情，表现得恰如其分。

我正准备着去交差，把我的大作给按摩廊送去，乔诺尼却告诉我，那家伙给抓起来了，下了大牢了。于是我就问这个脱衣舞饭店的女孩儿，帕萨迪纳这方圆之内，有没有好的按摩廊愿意挂我这幅画。

她们告诉我帕萨迪纳和周围几家按摩廊的名字和地点，还告诉了我这么些事儿：“如果你到了什么什么按摩廊，就说要找弗朗克——他是个挺不错的家伙。要是他不在，那就别进去。”还有：“别搭理艾迪。艾迪可不懂一幅画有什么用处。”

第二天，我把画卷起来，把它放在我汽车的后座上，我妻子格温妮丝祝我好运，我就出发去访问帕萨迪纳妓院，去兜售我的画。

就在去我名单上的第一家妓院的时候，我心里想：“你知道，我到其他地方之前，我应该先到原先那家按摩廊，说不定那儿还在营业呢，说不定新经理也要我的画呢。”我就去了那儿，敲门。门开了个缝儿，我看到了女孩儿的一只眼。“是熟客吗？”她问。

“不，不是，可你不想在门厅里挂一幅挺合适的画吗？”

“抱歉，”她说，“我们已经联系了一位艺术家为我们画画，他眼下正画着呢。”

“我就是那位艺术家，”我说，“你们的画，画好了！”

原来，那家伙在入狱之前，把我们的安排跟他老婆说了。于是，我就进去了，给她们看这幅画。

这家伙的老婆和他妹妹，现在操持着这个地方，不十分喜欢这画；她俩想让女孩儿们也来参谋参谋。我把画挂在墙上，就挂在休息室里，姑娘们都从后面不同的房间里过来看，并且开始发表评论。

有个女孩说，她不喜欢女奴脸上的表情。“她看起来，不怎么 273
乐，”她说，“她该笑才对。”

我对她说：“告诉我——你给一个家伙按摩的时候，可他连看你也不看，你还会笑？”

“哦，不！”她说，“我觉得我真真儿地就是她那副样子！但把这画挂起来，不是个事儿啊。”

我把画留在她们那儿了，在我为这画反反复复担心了一个星期之后，她们决定不要这画了。原来，她们不想要这画的真正原因，是那个裸着的乳房。我解释说，我画这画，要比原来要求的节制得多，但她们说她们对这画的看法，和那个家伙的看法有所不同。我想，这可够讽刺的，开了这么一家买卖的这些人，对一个裸露的乳房如此谨小慎微，真可博人一笑，我就把画拿回家了。

我那位做生意的朋友，达德利·赖特（Dudley Wright），看到这画，我就把这故事讲给他听了。他说："你应该把价码提高到三倍才是。艺术这玩意儿，真没人知道它值多少，因此呢，大家就想啦，'要是价码高，它的价值想必就大！'"

我说："你疯了！"但是，仅仅是为了逗乐儿，我买了一个20块钱的画框，把这画装起来，好准备着卖给下一个顾客。

有个家伙，在气象台干活儿，看到了我给乔诺尼的那幅画，问我有没有别的画。我邀请他和他老婆，到我家楼下的"画室"来，他们问了那幅新装了框子的画。"那幅嘛，200块。"（我把60块乘以3，外加20块的画框费。）第二天，他们回来把那幅画买了。这就是说，按摩廊的画，最终挂在了一个气象预报员的办公室里。

有一天，一个警察突袭了乔诺尼的脱衣舞饭店，逮捕了几个脱衣舞女。有人想要乔诺尼停止脱衣舞表演，乔诺尼不想停。于是就起了一场大官司；这事儿，当地的几家报纸上都登着呢。

乔诺尼四处奔走，求顾客们为他作证，支持他。人人都找借口："我开了一家夏令营，要是家长们知道我到这么个地方来，他们就不
274 会再把娃娃送到我这儿来了……"或者："我做的是什么什么买卖，要是公众知道我溜到这儿来，我们会失去顾客的啊。"

我心里想："这里只有我是自由人了。我没什么借口啊！我喜欢这

个地方，我愿意看到它继续开下去，我看不出脱衣舞有什么不对的。”因此，我对乔诺尼说：“好的，我很高兴为你作证。”

在法庭上，这个大问题是，脱衣舞对社区而言，是可取的吗？——社区标准允许脱衣舞吗？

辩护律师试图把我弄成个社区标准的专家。他问我，我是否也去别的酒吧。

“去的。”

“平均而言，您每星期去乔诺尼饭店几次？”

“一个星期五六次吧。”（这一点都记录在案了：加州理工学院的这位物理教授，一个星期六次去看脱衣舞。）

“乔诺尼饭店的顾客，都包括社区的什么样的人？”

“几乎什么人都包括：有一些干房地产的家伙，有一个家伙是市府的，加油站的一群工人，工程公司的一些家伙，一个物理学教授。”

“既然这个社区许多阶层的人都在看脱衣舞，都喜欢看，那么，您是否会说脱衣舞娱乐活动，对社区而言是可以被接受的呢？”

“我倒想知道，你说‘对社区而言是可以被接受的’，是什么意思。没什么事儿，人人都接受。因此，为了使‘对社区而言是可以被接受的’这一说法成立，社区人口接受某事必须是多大百分比才成？”

这位律师建议了一个数字。其他律师反对。法官宣布休庭，他们在密室里待了15分钟，这才决定“对社区而言是可以被接受的”，意思是社区50%的人接受。

尽管事实上是我让他们把事儿弄得准确了，我却没有精确的数字可作证据，于是我说：“我相信社区50%以上的人，都接受脱衣舞，因此，脱衣舞对社区而言是可以被接受的。”

乔诺尼暂时输掉了官司，但他的这个案子和与此相似的另一个
275 案子，最终上诉到了最高法院。与此同时，他的饭店还在经营着，我得到了更多的“七喜”饮料。

大约是在那个时候，加州理工学院做出了一些努力，以便培养学生对艺术的兴趣。有人捐钱把一座破旧的植物科学大楼，改造成了艺术工作室。设备和材料买来了，供学生们使用，他们还从南非雇了一个艺术家，来组织和支持加州理工学院的艺术活动。

各色人等都来教课。我把杰瑞·左提安弄来讲素描课，别的一个家伙来教版画，我想学这个。

这位南非艺术家来过我家一趟，看了我的画。他说，他认为举办一次个人画展，是很有意思的。这次，我可自欺欺人了：如果我不是个加州理工学院的教授，大家就不会觉得我的画有价值。

“我的一些比较好的画都卖了，给那些人打电话，我会觉得不安。”

“你不必担心，费曼先生，”他给我打气儿，“电话不必你打。一切都由我们来操办，画展一定会办得像模像样，没有差错。”

我给了他一个名单，那些人，都买过我的画，他们很快就接到了他的电话。“我们了解到您那里有一幅阿飞的画。”

“啊，是的！”

“我们正在筹划一次阿飞画展。我们在考虑，您是否可以把它暂时借给我们一用。”当然，他们很乐意借。

画展在加州理工学院教职工俱乐部“雅典娜神庙”的地下室里举行。一切都跟真事儿似的：所有的画都有标题，那些受托从拥有者那儿借来的画，都有所有权确认说明：例如，“乔诺尼先生热情出借。”

有一幅，画的是艺术班的那个金发碧眼的漂亮模特，那本来是我

打算研究阴影效果的：我把灯光放在她腿的高度，放得斜一点儿，灯光向上射。她坐着的时候，我想照实际情形画阴影——她的鼻子颇不自然地在她的脸上投下了一道影子——这不是那么难看。我把她的躯干也画得很好，因此你也可以看到她的乳房，以及乳房投下的影子。我把这幅画和其他展出的画凑在一块儿，名之曰“居里夫人在观 276
察镭的辐射”。我意在传达的信息是：没人把居里夫人看成个女人，没人把她看成一个秀发飘然、赤裸着乳房的女性。大家一看居里夫人，只想着镭。

展览之后，一位著名的工业设计家亨利·德瑞法斯（Henry Dreyfuss），邀请了各色人等到他家参加一个招待会——那个捐钱赞助艺术的女人，加州理工学院的校长和他妻子，等等。

一个艺术爱好者也来了，开始跟我聊：“告诉我，费曼教授，你画画，是用照片还是用模特？”

“我从来都是直接用模特来画。”

“呃，您是怎么让居里夫人为您摆姿势的？”

大约在那个时候，“洛杉矶县艺术博物馆”（Los Angeles County Museum of Art）有个看法和我的相似：艺术家对科学一点儿不理解。我的看法是：艺术家不理解自然的内在普遍性和自然之美，不理解自然规律（因此，不能在他们的艺术中描绘这类东西）。这个博物馆的想法是：艺术家应该更多地知道技术：他们应该更熟悉机械以及科学的其他实用功能。

这个艺术博物馆制订了一个计划，他们将让当时一些真正的艺术家，到各种各样的公司去，这些公司自告奋勇为这个计划出时间、出钱。艺术家们将到这些公司四处溜达，寻找有意思的东西，好用在他们的作品当中。博物馆认为，如果有个人明白一些技术上的事儿，那么艺术家参观公司的时候，他就可以时不时地做个艺术家的联系人什么的。因为他们知道，向人家解释事儿，是我的拿手好戏；说到艺术，我也不完全是个二百五（实际上，我想他们知道我在努力学画画）—— 无论怎么说吧，他们问我愿不愿意干这个差事，我同意了。

和艺术家去参观公司，乐事儿很多。经常发生的事儿，是某个家伙给我们看一根管子，里头放电火花，蓝盈盈的，曲曲折折的，漂亮。艺术家们全都兴奋了，问我，在展览的时候，怎么用用这个东西。搞
277 这个东西，需要什么必要的条件?

艺术家都是些非常有趣的人。他们当中有一些，绝对是冒牌货：他们自诩为艺术家，别人也都承认他们是艺术家；但等你坐下来跟他们聊聊，他们简直就是言语无味！有个家伙，最是突出，是个最大的冒牌货，穿得总是滑稽，戴着一顶好大的圆顶硬礼帽。他回答你的问题的时候，用的是人人不懂的方式；等你问他用的一些词是什么意思，以便搞清楚他刚才说的那些话是什么意思的时候，我们在另一个方向上又堕入云里雾里了！最后，他对艺术和技术展览的唯一贡献，是他的一幅自画像。另一些艺术家，我跟他们说话，开始的时候，你听不出什么意思来，但他们会不遗余力地为你解释他们的想法。有一次，和罗伯特·欧文（Robert Irwin）一起，我到了个地方，这也是计划的一部分。那是一次为期两天的旅行，费了好大劲，反反复复地讨论了很多，我终于理解了他试图向我解释的东西，我认为那很有意思，也很奇妙。

还有些艺术家，对真实世界绝对没有任何看法。他们以为科学家

是某种大魔术师，他们什么东西都搞得出来，说的话像是这个样子："我想做一种三维的画，里头的形象是悬在半空中的，而且还发光，一闪一闪的。"他们制造他们希望的那样一个世界，但制造什么是有道理的，制造什么是胡扯淡，他们是没有什么理解的。

最后，有一个展览，他们要求我当评委，来评判艺术品。尽管那儿有一些好东西，艺术家通过参观公司而得到灵感的好东西，但我认为，大多数的好艺术品，是那些在最后一分钟逼出来的东西，和技术实在风马牛不相及。评委会的其他成员全都不同意我的看法，我发现自己处境尴尬了。艺术批评，我不擅长，我一开始就不该当这个评委。

在县艺术博物馆里，有个家伙，名字叫毛里斯·杜克曼（Maurice Tuchman），在谈到艺术的时候，确实知道自己在讲什么。他知道我在加州理工学院搞的那个个人画展。他说："你知道，你再也不会画画了。"

"什么？胡说！我为什么再也不……"

"因为你已经搞过个人画展了，而你不过是个业余画家。"

尽管自那以后我还是画画，但我不像以前那么卖力、那么投入 278
了。我也再没卖过一幅画。他是个聪明的伙计，我从他那儿学到了不少。如果我不是那么固执，我还可以学得更多。

279 电是火吗?

50年代早期，我暂时得了一种中年病：习惯于就科学发表哲学性质的讲话——科学是怎么满足好奇心的，科学怎么给你一个新的世界观，科学怎么赋予人做事情的能力，科学怎么给人力量——问题是：从新出现的原子弹这个东西来看，给人那么大的力量，是个好主意吗？我还思考过科学和宗教之间的关系。大约是在那个时候，我得到邀请参加在纽约的一个会议，讨论“平等的伦理学”问题。

在长岛那地方，这些老人以前曾经在那儿开了个会，今年他们决定让一些年轻点儿的人加入进来，来讨论他们在另一次会议上搞出来的一些论文。

在我赴会之前，他们到处散发一个列表：“这里是一些您或许有兴趣来读的书，请告诉我们你希望别人也来读的书，我们将在图书馆里收藏这些书，好让别人也来读。”

于是我就有了这么一个奇妙的书籍列表。我开始读第一页：其中的书，我一本也没读过，我很不自在啊——我不入流啊。我看第二页：我一本也没读过。整本列表看完了，我发现，这些书，我一本没看。我必定是个白痴，一个文盲！里头有好书，如托马斯·杰弗逊的《论自由》(*On Freedom*)之类的书。其中的作者，我也不知道几个。

有一本书是海森伯[1]写的，一本是薛定谔写的，还有一本是爱因斯坦
写的，但像爱因斯坦的《我的晚年》(*My Later Years*)和薛定谔的《生 280
命是什么》(*What Is Life*)，和我以前读过的东西有所不同。因此，我觉得自己真是一筹莫展了，我不该参加这个会议。或许我可以静悄悄地坐着听。

我去参加了第一次好大的见面会，一个家伙站起来，解释说，我们有两个问题要讨论。第一个问题，有点儿云山雾海的——是关于伦理学和平等的什么玩意儿，但我听不明白这问题到底是什么。第二个问题，是“通过我们的努力，我们将展示一条道路，一条来自不同领域的人们之间可以进行对话的道路。”那儿还有个国际律师，一个历史学家，一个耶稣会的牧师，一个犹太教的拉比，一个科学家(我)，等等。

好了，我的那个逻辑头脑立刻就这样转起来了：第二个问题，我完全不必在意，因为如果那行得通，它就行得通；如果它行不通，它就行不通——如果我们没什么可谈的，那么我们之间可以对话，这也用不着证明了，也用不着讨论了！因此，主要的问题是第一个，可那个，我又不懂。

我正想举手说：“你能不能把第一个问题定义得好些。”但我当时想：“别了，我不学无术；我最好还是听着点儿。我不想一开始就添乱。”

我所在的那个小组，应该讨论“教育平等的伦理学”。在我们小组的几次会议中，那个耶稣会牧师总在谈“知识的分崩离析”。他说：

---

1 维尔纳·卡尔·海森伯(Werner Karl Heisenberg，1901—1976)，德国物理学家，量子力学的奠基人。因其不确定原理而荣获1932年诺贝尔物理学奖。

"教育平等的真实问题，是知识的分崩离析。"这位耶稣会牧师回顾了13世纪，其时天主教会主宰着全部的教育，整个世界都是简朴的。存在一个上帝，一切都来自上帝；一切都井然有序。可是，今天，理解任何事情，都不那么容易了。因此，知识已经分崩离析了。我觉得，"知识的分崩离析"和"一切"没关系，但他从来也没定义什么是"一切"，因此我没办法证明他的话。

最后，我说："这个伦理学问题，怎么就和知识的分崩离析扯上了关系呢？"他呢，只是用大团大团的烟雾来回答我，我说："我听不懂。"可是别人都说听得懂，而且他们还努力为我解释呢，但他们没办法给我解释清楚！

281 因此，这个小组里的人，就让我把我认为知识的分崩离析不是一个伦理学问题的理由写下来。我回到宿舍，仔仔细细地写，尽量写得好，我认为"教育平等的伦理学"这个主题或许是个什么问题，我还举了各种各样的问题实例，我认为我们或许应该讨论这些东西。比方说，在教育中，我们增加差异，这是合乎道德的吗？然后，在又举了几个例子之后，我继续说，"知识的分崩离析"之所以是个麻烦事儿，是因为世界的复杂性使我们很难理解事物，照我对这一主题范围的定义，我看不出知识的分崩离析，怎么就和任何近似于教育平等的伦理学问题的任何东西有关系。

第二天，我把我的论文带进了会场，那个家伙说："是的，费曼先生已经提出了一些非常有意思的问题，我们应该讨论这些问题，我们暂且把这些问题放一放，留待将来可能的时候再讨论吧。"他们完全没能理解我的主旨。我是想把问题定义清楚，然后表明为什么"知识的分崩离析"和我们的问题没任何关系。在那次会议上，没什么人能够说清楚任何事儿，原因就在于他们还没有把“教育平等的伦理学”这个问题定义清楚啊，因此，没人确切地知道他们该谈什么。

有个社会学家，写了一篇论文给我们大家读——这东西是他提前写的。我开始读这个鬼东西，我的眼珠子都要掉下来了：我简直搞不清楚它说的是个什么子丑寅卯！我琢磨着，之所以是这个样子，是因为我不曾读过列表上的那些书。我有一种颇不自在的感觉，“我学养不厚啊”，直到最后，我对自己说：“我得停下来，只慢慢读一个句子，那样我就能琢磨出它究竟是个什么意思。”

于是我就停下来——随便停在哪儿——然后读下一个句子，读得非常仔细。我不能精确地记得那个句子，但它非常近似于这么一个东西：“社会大众的每一成员，常常是通过视觉的、符号的渠道来接受信息的。”我来来回回读了好几遍，还把它翻译成别的句子。你知道它是个什么意思？“人们阅读。”

然后，我过渡到下一个句子，我发现我也能翻译这个句子。结果
它就变成了这么一种空虚无聊的玩意儿：“有的时候人们阅读，有的 282
时候人们听收音机”，如此等等，但是它写得如此花里胡哨，我开始的时候都看不明白，等我终于把它破译了之后，它却空无一物。

那次会，只有一件事儿，是愉快的或者好玩的。在这次会议上，每一个家伙在每一次全体会议上说的每一个字，都太重要了，他们弄了速记打字员在那儿，把每一件混账事儿都打了下来。在第二天的某个时候，那个速记打字员走到我这儿说：“您什么职业？肯定不是个教授。”

“我是个教授。”我说。

“什么教授？”

“物理学的——科学。”

“哦！难怪。”他说。

“难怪什么？”

他说：“您瞧，我是速记打字员，把人家说的什么都打下来。别的伙计讲话的时候，他们说什么，我就打什么，但我听不懂他们在说什么。但每次您站起来问个问题，或者说什么东西，我完全明白您是什么意思——明白问题是什么，您说的是什么——因此，我还以为您不可能是教授！”

到了一定的时候，有个特别的晚宴，一个神学院的院长，一个很好的、很犹太的人，发表了演说。那是个很好的演说，他也很会说话，因此，尽管在我现在说这事儿的时候，那演讲听起来是发疯，可在当时，他的主要思想，听起来却是完全明显而真实。他讲的是各国福利上的巨大差别，这引起了嫉妒，导致了冲突，现在，既然我们已经有了原子武器，那么无论是什么样的战争，我们都在劫难逃，因此追求和平的正确出路，在于确保每个地方不存在差别，因为在美国我们有的东西过多了，我们就应该把几乎全部的东西都放弃，都送给别的国家，直到大家扯平了为止。大家都在听这个，我们全都充满了牺牲的情感，大家都认为我们应该这么办。但是，在回住处的路上，我恢复了理智。

第二天，我们小组的一个家伙说：“我认为昨天晚上那个演讲，太好了，我们大家都应该签字认可，它应该成为我们这次会议的纲领性文件。”

283 关于平均分配一切东西的这一思想，我开始说，它建立在这么一种理论上：全世界只有X量的东西，不知怎么我们首先从比较穷的国家那儿把东西抢了过来，因此，我们应该把东西还给人家。但是，这个理论没有考虑到国家差别的真正原因——即用来种植作物的新技术发展，用来种植作物和做其他事情的机械发展，以及所有这些机器需要资本的集中这一事实。问题不在于东西，而在于制造东西的力量，那才是重要的。但我现在意识到，那些人不在科学之中，他们不理解这个。他们不理解技术；他们不理解自己的时代。

这次会议使我神经大受刺激，我在纽约认识的一个女孩儿不得不让我安静下来。“瞧你，”她说，“你都哆嗦呢！你绝对变成了个大傻瓜！有什么大不了的啊，别把事儿看得那么严重。退后一步，把事儿看清楚了。”于是我就思考这次会议，它多么傻，它多么坏。但是，如果有人要求我再参加那种东西，我将羞臊得像个疯子似的逃之夭夭——我的意思是，零！不！绝对不参加！直到今天，我仍然收到参加那种玩意儿的邀请函。

到最后评价这次会议的时候，别人都说，他们从本次盛会得到了那么多的教益，这是一次成功的大会，诸如此类。他们问我的时候，我说：“这次会议，比罗尔沙赫氏测试（Rorschach test）[2]还糟糕：那儿有一团毫无意义的墨迹，别人问你，你认为你看到了什么，等到你告诉他们你看到了什么，他们就开始跟你吵闹！”

比这更坏的是，在会议结束的时候，他们要去开另外一个会议，但这次有公众参加进来，负责我们小组的那个家伙有胆量说，因为我

2　瑞士精神病学家赫尔曼·罗尔沙赫（Hermann Rorschach）相信，人们在解释墨迹图案的时候，他们的人格特征和潜意识会被揭示出来。心理学家给一个人十张有墨迹图案的卡片，然后要求他描述他看到了什么，然后问他们问题。

们已经有了这么多收获，再说也没有什么进行公众讨论的时间了，所以我们干脆告诉公众我们已经得到的收获。我眼珠子都要爆出来了：我认为我们一点混蛋收获也没有嘛！

最后，在讨论我们是否已经发展出了一种在来自不同学科的人们之间进行对话的途径这一问题——我们的第二个基本“问题”——的时候，我说，我注意到某种有意思的事儿。我们每个人都谈了我们
284 所认为的“关于平等的伦理学”是个什么东西，都是从我们自己的观点来谈的，却不在意别的家伙的观点。比方说，这位历史学家建议，理解伦理学问题的途径，是历史地看那些问题是怎么发展起来的；国际律师建议，搞这个途径，是看人们在不同的情况下是怎么发出不同行动的，以及是怎么做安排的；这位耶稣会牧师，总是提起“知识的分崩离析”；我呢，作为科学家，建议我们应该把这个问题单独来处理，在方式上应该像伽利略做实验的那种技巧；如此等等。“因此，在我看来，”我说，“我们还完全没有什么对话。恰恰相反，除了一团乱麻，我们什么也没有！”

我理所当然地遭到了攻击，来自四面八方的攻击。“难道您不认为秩序是从混乱中产生的吗？”

“啊，那个，作为一个一般原则，或者说……”我搞不明白这怎么扯上了“秩序是从混乱中产生的吗”这个问题。是，不，这怎么说呢？

在那次会上，傻瓜有的是——自负而浮夸的傻瓜——这种傻瓜，能把我逼得上墙。一般的傻瓜，无可指责；你可以跟他们谈，努力帮助他们把事儿搞明白。可自负而浮夸的傻瓜——就是那种又傻、又掩盖其傻，并且一门心思地要给大家留下深刻印象的傻瓜，他们连哄带骗，以此显示他们多么有能耐——那个，我无法忍受！一般的傻

瓜，并不装模作样；诚实的傻瓜，无可指责。但是，一个不诚实的傻瓜，可怕！这就是我在这次会议上的收获，自负而浮夸的傻瓜，都成串儿了，我心烦意乱。我再也不让自己心烦意乱了，因此我再也不参加跨学科会议了。

在开会期间，我待在“犹太教神学院”，在那里，年轻的拉比们——我认为他们是正统教派——在做研究呢。因为我有犹太背景，他们告诉我的那些关于《犹太法典》的事儿，我也略知一二，但我从来没看过《犹太法典》。这法典很有意思：大开本，页角上的小方框里，是原文的《犹太法典》，然后在一种L形的页边上，围绕着这个方框，是不同人写的注解。《犹太法典》已经发展了，一切都经过反反复复的讨论，讨论得非常细致，用的是一种中世纪的推理方式。我认为，那些注解，到13或14或15世纪，就停了——没有什么现代 285
的注解。《犹太法典》是一本奇书，是一只装着各种各样事儿的大罐子：琐屑的问题，困难的问题——例如，关于教师的问题，如何教学的问题——接着又是一些琐事，等等。学生们告诉我《犹太法典》从来没有被翻译为其他文字，这事儿透着怪，因为这书是这么有价值。

有一天，两三个年轻的拉比来找我，说：“我们意识到，在现代世界上，要是不知道科学的事情，我们学不成拉比的，因此我们想问您一些问题。”

当然，发现科学的地方，何止千万，哥伦比亚大学就在附近嘛，但对他们要问什么样的问题，我感兴趣。

他们说：“那个，比方说，电是火吗？”

“不是，”我说，“但……干吗问这个？”

他们说：“《犹太法典》里说，安息日汝不得举火，因此，我们的问题是，在安息日我们可以用电器吗？”

我深感震惊。他们对科学完全不感兴趣！科学影响他们生活的唯一方式，是他们或许能更好地解释《犹太法典》！他们对外部世界、对自然现象，没兴趣；他们唯一感兴趣的事儿，是消化《犹太法典》提出的问题。

后来，有一天——我猜是安息日——我去用电梯，有个家伙站在电梯旁边。电梯来了，我进去，他也跟我进来了。我说：“几楼？”我伸手要去按电钮。

“不，不！”他说，“该是我为您按电钮的。”

“什么？”

“是的！这儿的小伙子们说，安息日是不可以按电钮的，因此我一定要为他们按电钮。您知道，我不是犹太人，所以我按电钮没关系。我站在电梯边儿，他们告诉我几楼几楼，我就为他们按电钮。”

唉，这真是让我闹心，于是我决定在一场逻辑讨论中把这些学生置于尴尬境地。我是在一个犹太家庭长大的，因此我知道他们用的那种吹毛求疵的逻辑，我想：“这是个乐子！”

286 我的计划是这样的：我一开始就会问：“犹太观点是任何人都可以采纳的观点吗？因为，如果不是，那么这种观点肯定就不是对人类真有价值的东西……”于是，他们会说：“是的，犹太观点任何人都可以采纳。”

然后，我会牵着他们的鼻子再走上一圈儿，我问：“一个人雇另一个人来做对自己来说是不道德的某事，是道德的吗？比方说，你们会雇一个人来为你们抢劫吗？”慢慢地，非常小心地，我不停地把他们往套子里引，直到我把他们——逮住！

你知道真正发生了什么事儿？他们都是犹太教学生，是吧？他们比我强十倍！他们一看出我能把他们赶到窟窿里，就挣扎、扭动、挣扎——我记不得他们是怎么挣扎、怎么扭动的——挣脱了！我还以为我遇到了个原创的观点呢——呸！他们的观点，在《犹太法典》里，已经讨论了好几个时代了！他们收拾我，就跟吃馅儿饼那么容易——他们完全挣脱了困境。

最后，我想让这些犹太教学生确信，他们在按电梯按钮时出现的那种让他们不安的电火花，不是火。我说："电不是火。电不是化学过程，火是。"

"哦？"

"当然，在火中的原子之间，是有电的。"

"啊哈！"他们说。

"世界上发生的任何其他现象里，都有电。"

我甚至还建议了一个消除火花的可行办法。"如果那个东西让你闹心，你可以在开关上加一个电容器，那样的话，电断开、接上，都不会有任何火花——任何地方都不会有。"但不知道是什么原因，他们也不喜欢这个主意。

这实在叫人失望。他们待在我这儿，慢慢缓过神来，仅仅是为了更好地解释《犹太法典》。你想想啊！身在这么一个现代化的时代，那些家伙在研究，以便走向社会，去干点事儿——去当个拉比——他们想到科学或许有意思的唯一方式，是他们那些古老的、狭隘的、中世纪的问题，稍稍受到了某种新现象的骚扰。

当时还发生了另一件事儿，也值得在这里提一提。犹太教学生和我仔细讨论过的问题，有一个是为什么在某些学术的事情上，比方说

287 理论物理学方面，犹太孩子在其中所占的比例，高于一般人口在其中所占的比例。犹太教学生认为，其原因在于，犹太人有着尊重学习的历史：他们尊重他们的拉比，拉比实际上是教师，他们也尊重教育。犹太人一直在家庭里把这种传统传承了下来，因此，如果一个小伙子是个好学生，那他就和好的足球队员一样好，即使不更好。

就在当天下午，他们提醒我这种说法有多么真实。我应邀到了一个犹太教学生的家里，他把我介绍给他妈妈，她刚从华盛顿回来。她两手一击，喜出望外，说："哎哟喂！我这一天，算是功德圆满了。今天，我见到了一位将军，还有一位教授！"

我心知肚明：没有多少人认为见到一位教授，和见到一位将军一样重要、一样好。因此，我猜，学生的那种说法，真有道理哟。

书好书坏，看看封面 288

战争之后，物理学家常常被召到华盛顿，给各政府部门，特别是军事部门，献计献策。何以如此？我猜是这样：由于科学家已经制造了那些如此重要的原子弹，军方就觉得，我们这些人，在某些事情上，还可以派派用处。

有一次，有人要求我在一个委员会里当差，这个委员会要为军方评估各种各样的武器，我写了封回信，解释说，我只是个理论物理学家，我不知道任何关于军队用的武器的事儿。

军队的反应是，根据他们的经验，他们已经发现理论物理学家在他们决策的时候，是非常有用的，因此，我可否再做考虑？

我又回了封信，说我实在一无所知，我怀疑我能帮他们什么忙。

最后，我收到了陆军部长的一封信，信中建议了一个折中方案：我去参加第一次会议，我可以听听，看我能不能有所贡献。然后呢，我再决定我是否继续干下去。

我说，我去，当然。我还能怎么办啊？

我去了华盛顿，我参加的第一个玩意儿，是一个鸡尾酒会，好认识各位。那儿有将军和陆军来的其他重要人物，大家都在聊着。这很令人愉快。

一个穿军服的家伙朝我走来，告诉我，物理学家给军方献计献策，军队是很高兴的，因为军方问题很多。其中的一个问题，是坦克

289 耗油太快，所以跑不远。因此，问题就是：怎么在坦克跑着的时候给它加油？这个家伙，当时脑袋里有个主意：既然物理学家能从铀里捣鼓出能量，那么我能不能搞出一个办法，把二氧化硅——沙子，泥土——用作燃料？假如此事可行，那么只需要在坦克下面装个小铲子，它一往前走，铲子就挖土，把土当燃料！他觉得这主意相当伟大，我需要做的事儿，不过是搞出具体的细节而已。我想，这就是我们次日开会讨论的那类问题了。

我去开会，注意到在鸡尾酒会上把我介绍给大家的那主儿，就挨着我坐着。他显然就是一个受命跟在我屁股后面的奴才。我的另一边，是一个高级的将军，我以前听说过。

在第一次会上，他们谈了些技术上的事儿，我稍微评论了几句。但后来，快到会议结束的时候，他们开始讨论后勤方面的某个问题，这我就一无所知了。这问题是要琢磨出在不同时间、不同地点，你应该有多少东西。尽管我努力想闭紧自己的嘴，但人处在那种情况中，你跟这些"重要人物"围坐一张桌子，讨论这些"重要的军国大计"，你就是不能把嘴闭上，尽管你啥也不知！因此，我在那次讨论中，也发表了一些评论。

下次咖啡时间，那个跟牧羊犬似的受命不离我左右的家伙说："您在讨论时说的那些事情，给我留下了非常深刻的印象。那确实是一个重要的贡献。"

我沉吟片刻，思忖我对后勤工作的"贡献"，意识到，一个在商店里负责为圣诞节订货的家伙，在琢磨那种问题的时候，会比我更在行。因此，我的结论：a）如果我确实有所贡献，那是瞎猫撞到了死耗子；b）这种事儿，任何别人都做得来，但大多数比我都做得好；c）

这种恭维应该让我清醒一下了，实际上我贡献不了多少。

他们迅即在会上决定，他们最好是讨论一下科学研究的组织方式，（比方说，科学发展应该归工兵团管还是归军需处管？）而不是讨论具体的技术问题。我知道，如果我有希望做出任何真正的贡献，那也只能是在某些具体的技术问题上，我实在不知道怎么组织军队中的研究。

直到那时，我也没让这次会议的主席——就是那个邀请我来参 290
加会议的大腕儿——知道我对这种情况的感觉。在我们收拾行囊要走的时候，他满面微笑地对我说：“你这就跟我们同舟共济了，那么，下次会议……”

“不，我不来了。”他脸色顿时为之一变，这我看得出来。他很吃惊我在做出了那些“贡献”之后，竟然会说不。

60年代初，我的许多朋友仍然在向政府献计献策。与此同时，我没什么社会责任感，尽可能拒绝到华盛顿去；在那年头，这是需要一定勇气的。

那时我为大学新生开了一系列物理课，在其中的一门课讲完之后，帮助我在上课时做演示的汤姆·哈维（Tom Harvey）说：“你可得看看课本里的数学是怎么回事儿！我女儿带回家好多发疯的玩意儿！”

我没把他的话当回事儿。

但第二天我接到个电话，是帕萨迪纳一位颇有名气的律师诺瑞斯（Norris）打来的，当时他是“州教育委员会”的人。他问我愿不愿意为“州课程编制委员会”服务，这个委员会得为加利福尼亚州选择一些新课本。你知道，这个州有一项法律，全部公立学校的所有孩子用的课本，都必须是州教委选择的，因此他们设立了委员会来检查课本，向他们提出建议应该选哪些书。

原来，许多课本都是根据教算术的新教学法（他们称之为“新数学”）来编写的。因为通常看这些书的人，只是老师和主管教育的官
291 员，他们认为，让一个在科学上运用数学的人帮忙评价课本，会是个好主意，这样的人知道最终产品是什么，也知道我们教数学是为了什么。

我当时若不跟政府合作，一定有负疚感，因为我同意参加这个委员会。

立刻，我就开始接到出版社的信和电话。他们说的是这么些话，“我们很高兴获悉您在委员会里，因为我们确实需要一位懂科学的人……”还有，“委员会有一位科学家是很好的，因为我们的课本就是以科学为指针……”但他们还说这样的话，“我们愿意向您解释我们的课本……”以及“我们很乐意以任何力所能及的方式帮助您来评估我们的课本……”这在我看来是发疯。我是个客观的科学家，在我看来，孩子们在学校里得到的唯一东西就是课本（教师有教学指南，我也得看）。出版公司多余的解释是捣乱。因此，我不想和任何出版社说话，我总是这么回答：“你们不必解释，我相信书会自己说话。”

我代表一个区，这包括洛杉矶的大部分地区，只是洛杉矶市区除外。洛杉矶市区的代表是一位很好的女士，在洛杉矶学校系统工作，名字叫怀特豪斯（Whitehouse）夫人。诺瑞斯先生建议我应该跟她见见面，看看委员会干的是什么，怎么干。

怀特豪斯夫人开始告诉我他们下次会议要谈的事儿（他们已经开过一次会，我任命得晚）。“他们要讨论数字计算的问题。”我知道

那是什么意思，但后来知道那是他们称之为整数的东西。每种东西，他们都另有名称，所以我一开始就麻烦不少。

她告诉我，委员们通常是怎么来给课本打分的。每本书，他们会收到好些册，然后分给他们区里的许多老师和官员。然后，他们收报告，报告上有这些人对这些书的看法。因为我不认识很多老师和官员，还因为我觉得我得自己读那些书，我才能拿得准在我看来怎么样，所以我宁肯亲自读书。（我区里有些人，早就希望看这些书呢，292
希望有机会发表自己的意见。怀特豪斯夫人建议把这些人的报告，和她的报告放在一起，那样他们会感觉舒服点儿，我也不必担心他们发牢骚了。他们满意，我也没惹很多的乱子。）

几天后，书库的一个家伙打电话给我，说："我们准备给您寄书了，费曼先生；总共有300磅。"

我犯晕了。

"没关系，费曼先生；我们会找个人帮你看书。"

我琢磨不出你怎么帮我看书：你或者是自己看，或者是不看。我专设了一个特别的书架，放在楼下我的书房里（那些书摞起来有5米高），然后就开始读所有这些在下次会上要讨论的书。我们先从小学课本开始讨论。

这是个相当大的活儿啊，我一天到晚在地下室里工作。我妻子说，那段时间，她好像住在一座火山上。这火山会安静一阵子，可突然之间，"轰隆隆隆隆隆隆隆隆隆隆隆！"——下面的火山就会有一个大爆发。这原因是那些课本太稀松。满纸荒唐言，都是急就章。那些书倒是想严格一些，但用的那些例子（如用街上的汽车来阐述"集"的概念）是牵强的，总有些词不达意。定义不严格。一切都有那么点儿含糊其词——写书的人不够聪明，不理解“严格”是什么意思。他们胡乱编造。他们在教某种自己也不明白的东西，而且，事实上，在那个时候，那些东西对孩子们也没用处。

我明白他们意欲何为。在苏联放了卫星之后，许多人认为我们落后于他们，有人就让一些数学家出谋划策，怎么运用非常有趣的现代数学概念来教数学。这个目的是想提高那些觉得数学很乏味的孩子们的数学水平。

293 我给你一个例子：他们要讨论不同的进位制——五进制，六进制，等等——来表明不同的进位制是可能的。这对那些能够理解十进制的孩子来说，或许是有趣的——一种娱乐大脑的东西。但在这些书里，他们搞的那一套，结果是让每一个孩子必须学会另外一种进位制！紧接着，通常会有的那种恐怖就来了：“将下列七进制的数字，翻成五进制的数字。”把一种进位制的数，翻成另一种进位制的数，是吃饱了撑的。要是你会做，或许是个乐趣；要是你不会，就别理会它。这事儿没意义。

无论如何，我看所有的书，没有一本说过在科学中运用数学的事儿。如果有什么关于算术的用处的例子的话（大多数时候，那例子都是这种抽象的、新鲜的、现代的胡说八道），却是说的买邮票的事儿。

最后，我看到的一本书，说：“数学以许多方式运用在科学当中。我们将给你一个天文学的例子。天文学是关于星体的科学。”我翻过这一页，它说：“红色的星温度有4000度，黄色的星温度有5000度……”——到目前为止，还好。它继续说：“绿色的星温度有7000度，蓝色的星温度有10000度，紫色的星温度有……（一个很大的数）。”没什么绿色的或者紫色的星啊，但和其余的星相关的数字，大体算对。那是马马虎虎地对——但是，麻烦已经出现了！满篇都是这么搞法：一切都是由某个并不知道他自己在讲些什么的主儿写的，因此总是有一些小错误！用这种课本，写课本的人又不十分知道他们在讲什么，我们怎么可能教得好啊，我不能理解。我不知道为什么，但书是马虎的；普遍地差劲！

话说回来，这本书还是让我高兴的，因为把数学运用到科学上，这是第一本。等我读到星体的温度的时候，我有那么点儿不高兴，但我不是非常不高兴，因为它多少还算是对的——它只是例子错了。接着却出现了一串错误。它说："约翰和他爸爸出去看星星。约翰看到了两颗蓝色的星和一颗红色的星。他爸爸看到了一颗绿色的星，一颗紫色的星和两颗黄色的星。约翰和他爸爸看到的星星的温度一共是多少度？"——我厌恶之极，要爆炸了。 294

我妻子该说起楼下的火山了。那只是一个例子：那样的东西太多了。多得荒唐啊！把两颗星的温度加起来，是吃饱了撑的。没人曾经干过这样的事儿，除非接着求两颗星的平均温度，或许是例外，但不是要发现所有星体的温度总和！可怕！它不过是个让你做加法的游戏，他们也不理解自己在讲什么。那就好像读一个有几个排版错误的句子，接着，突然一整句都印反了。这种数学与此相似。简直没指望了！

然后，我去参加我的第一次会议。别的委员已经给一些书打了某种分数，他们问我，我的分数是怎么打的。我的分数经常和他们的不同，他们就问："您为什么给那本书打分打得那么低啊？"

我就说，那本书的毛病，是哪一页上的这个、这个——我做了笔记。

他们发现我是某种金矿：我详详细细告诉他们，在所有的书里，什么是好的，什么是不好的；我打的每一个分数，都有根据。

我问他们为什么给那本书打分打得那么高，他们就说："让我们听听您对这本书的想法。"我从来也没发现他们是按照什么方式来打分的。他们倒不停地问我是怎么想的。

我们检查到某一本书，它是一个公司出版的三本一套的小学课本中的一本，他们问我对这本书的看法。

我说："书库没给我寄这本书，但另外两本不错。"

有个人还要重复这个问题："您对这本书有什么看法？"

"我说过，他们没给我寄那本，所以我对它没法判断。"

书库的人在那儿，他说："对不起，我可以解释这件事儿。我没给您寄那本书，是因为它还没写完。有个规定，就是必须在某个时间之
295 前把书都送来，那家出版社赶不及，因此他们只把封面发给我们，里头都是白纸。出版公司写了个条子来表示歉意，并希望他们那一套三本书能够列入考虑之中，虽然第三本要晚一些。"

我却发现，某个委员给那本无字之书也打了分！他们不相信那是本空白书，因为那本书有分数啊。事实上，那个分数比另外两本还高一点儿呢。书里空空如也，这个事实竟然和分数无关。

我相信，出这种事儿，其原因在于这个制度就是这么个方式。在你把书分发到这个地方的一些人手里的时候，他们忙；他们马虎；他们是这么想的，"哎呀，反正有那么多人都在读这本书嘛，打多少分无所谓。"他们就信手画上个分数——至少有些分数是这么打的，不是全部，但有些是这么打的。然后，你收到了报告，你不知道为什么这本特殊的书得到的报告比别的书少——于是你就把你得到的报告

上的分数一平均，你没把没给你报告的那些人打的分平均在内——就是说，或许一种书发下去了十本，这本书有六个人写了报告——于是你就把写了报告的人打的分数一平均；你没有把没写报告的人的分数也平均了，于是你得到了一个看似合理的分数。这种一直在求平均数的过程，忽视了一个事实：在那本书的书皮之下，绝对是空空如也！

我之所以搞出了这么一个理论，是因为我看到了在课程编制委员会里发生的事儿：那本无字书，十个委员中有六个写了报告；可是，别的书，十个委员中有八九个写了报告。他们把六个分数平均一下得到的分数，和把八九个分数平均一下得到的分数，一样好。发现给那么一本书也打了分，他们非常尴尬，这事儿却给了我更多的自信。原来其他委员把大量工作花费在发书和收报告上，再就是去开会。在会上，出版社在他们看那些书之前，为他们解释那些书。委员会中，只有我自己一个人看了全部的书，也没采纳从出版社那里来的任何信息，除了课本之外，而课本是最终进入学校的东西。

想搞清楚一本书是好是坏，是仔细地去读，还是从许多漫不经心的人那里收报告，这个问题和那个有名的古老问题有几分相似：没有人获准看到中国皇帝，问题是：中国皇帝的鼻子有多长？为了找到答案，你遍访全国人民，问他们认为中国皇帝的鼻子有多长，然后你把 296
不同的长度平均一下。你以为那是非常“准确的”，因为你把那么多人的数据平均了。但是，要发现点儿东西，那不是个法子；你让范围那么广大的人来贡献数据，可他们全都漫不经心，通过求平均数，你是不能知道得更准确一点儿的。

起先，没人指望让我们讨论课本的价格。有人告诉我们，我们可以选多少种书，于是我们就设计了一个工作程序，允许许多补充课本，因为全部的新书都有这样那样的缺陷。最严重的缺陷，在“新数学”课本里：没有应用题；用文字表述的问题，不够多。连卖邮票的事儿也不谈，换算和抽象的东西倒说得太多，却没把这些东西转化为现实世界里的实际应用。你干的是什么：加、减、乘还是除？因此，我们建议把确有一些实际应用的书当作补充课本——每个班有一两种——作为学生课本的一个补充。花费了许多讨论时间，我们把一切都搞得平衡妥帖了。

等我们把推荐意见交给教委的时候，他们告诉我们，钱没有他们预期的那么多，因此我们不得不返工重来，砍掉这个，砍掉那个，现在要把费用考虑进来，原先那个四平八稳的方案就给毁了，在毁了的那个方案中，教师有机会找到他们需要的东西的一些实例。

既然他们改变了我们可以推荐多少书的老规矩，我们就不可能把事情搞得平衡了，这是个相当平庸的方案。等参议院拨款委员会得到这个方案的时候，这个方案还在挨砍呢。现在，它可真是差劲了！在讨论这个问题的时候，有人让我去见州参议员，但我拒绝了：到那个时候，为这事儿争来争去的，我也累了。我们把提交给教委的推荐报告都预备好了，我也认为把这个推荐报告提交给州里，是他们的工作——这在法律上是没问题的，但在政治上不那么稳妥。我不该这么快就放弃，但是，为了那些书，花了那么大力气，费了那么多口
297 舌，才搞出了那么一个相当平衡的方案，然后呢，把它从根儿上捣毁——这可不提情绪！这整个过程全是无用功，你本来应该反过来，从另一头儿做起：从课本费用为起点，你有多少钱，就买什么书。

第二年，我们要讨论科学课本，这事儿最后让我斩钉截铁，不干

了。我以为科学课本或许不同，因此我就看了几本。

同样的事儿又发生了：事情乍看起来还不错，接着就让你恶心透顶。比方说，有一本书，开始是四张图片：第一张是个弹簧驱动的玩具，接着是一辆汽车，接着是一个骑自行车的男孩子，接着是别的什么东西。每张图片下面说："什么让它动？"

我想："我知道这是个什么用意：他们要谈机械，玩具里的弹簧是怎么工作的；要谈化学，汽车发动机是怎么工作的；要谈生物学，肌肉是怎么工作的。"

这种事情，我爸爸谈过："什么让它动？一切运动，是因为太阳在照射。"我们接着讨论这事儿，就很有意思了：

"不对啊，玩具动，是因为里面的弹簧上紧了。"我说。

"弹簧是怎么上紧的？"他问。

"我把它扭紧了。"

"那么你怎么会动呢？"

"我吃饭有劲儿啊。"

"庄稼生长，仅仅是因为太阳在照射。因为太阳在照射，所有这些东西都在动"。那样我就得到了一个概念：运动仅仅是太阳能的转化。

我翻过这一页。关于那个玩具，答案是："能量让它动"。关于那个骑自行车的男孩儿，"能量让它动"。关于任何事儿，"能量让它动"。

那毫无意思啊。假定你不说"能量"，你说"老毛猴子"。那样的话，那个普遍原则就是："老毛猴子让它动。"这里面出不来什么知识。孩子理解不了任何东西，那不过是个词儿嘛！

他们应该做的，是看着这个玩具，看清楚它里面有弹簧，了解弹

298 簧是什么东西，了解轮子是什么东西，别把“能量”当回事儿。过后呢，等着孩子们理解了这玩具实际上是怎么工作的时候，他们才能讨论关于能量的更普遍的原理。

再说，“能量让它动”，这也不对，因为等玩具停的时候，你也同样可以说，“能量让它停”。他们谈的那件事儿，是浓缩起来的能量，正在转化为稀释了的形式，这是关于能量的一个非常微妙的方面。在这些例子里，能量，既不增加，也不减少；它只是从一种形式变为另一种形式罢了。当东西停下来的时候，能量变成了热，变成了一般的无序状态。

但是，所有的课本都是那个写法：说的那些事儿，没用、混乱、含混、迷惑，以及部分地不正确。谁能从这种书里学到科学，鄙人不知，因为那不是科学。

因此，我看到这些令人作呕的课本，毛病和那些数学课本一样，这时我就看到我的火山形成过程又开始发动了。读那一堆数学课本，使我精疲力竭；全部努力付诸东流，使我情绪低落。再这么折腾一年，我闻之色变，我得辞职。过了一阵子，我听说，那本“能量让它动”的课本，即将被推荐给教委的课程编制委员会，于是我就做了最后一个努力。委员会的每次会议，都允许公众发表评论，于是我就站起来，说我为什么认为那本书坏。

那个在委员会取代了我的主儿说：“什么什么飞机公司的65位工程师，都认可了那本书。”

我不怀疑那个公司有一些相当不错的工程师，但采纳65个工程师的意见，就是相信大范围人的能力——这必然要把一些相当可怜的家伙的能力也包括在内！这又是那个求中国皇帝的鼻子平均有多长的问题，又是那个给无字之书打分的问题。先让那个公司来决定谁是比较好的工程师，然后让这些比较好的工程师来检阅这个课本，那就会好得多。我不敢自称我比65个家伙更聪明——但我比65个家伙的平均数更聪明，却是肯定无疑的！

我没办法把这个道理给他们讲明白，委员会认可了那个课本。

在我还在委员会里的时候，我不得不去了几趟旧金山开了几次 299
会，等我第一次出差回到洛杉矶的时候，我在委员会办公室停了一下，报销我的费用。

“花销是多少，费曼先生？”

“那个，我坐飞机到旧金山，因此那就是机票，再加上我在离开以后把汽车留在机场那儿的停车费。”

“您带着机票？”

我碰巧带着机票。

“您有停车场的发票吗？”

“没有，但我把车停在那儿，花了2.45美元。”

“可我们必得要发票啊。”

“我告诉过你，那花了多少钱。如果你们信不过我，那么，关于那些课本，为什么还要让我来告诉你们什么叫好、什么叫坏呢？”

这事儿焖炖了不少时间。不幸的是，我以往都是为公司、大学或者普通人上课。我习惯于这么一种搞法：“您花销多少？”——“这么这么多。”——“这是您的钱，费曼先生。”

于是我决定：不管什么事儿，我是不打算给他们发票的。

第二次出差到旧金山之后，他们又要机票和发票。

“我啥票也没有。”

“这可不行啊，费曼先生。”

“在我接受为本委员会工作的时候，有人告诉我，你会为我支付开支。”

“但我们期望得到发票来证明开支啊。”

“我没什么东西来证明开支，但是你知道我住在洛杉矶，你知道我到了这些别的城市；你以为我究竟是怎么到了那些地方的？”

他们不肯通融，我也是。我觉得，当你身处此境的时候，你要真的跟这个“制度”较起真儿来，那你就必须愿意吃不了兜着走。因此，我心甘情愿，但我的出差费用始终没报销。

这是我玩儿的一种游戏。他们要发票？我偏不给他们发票。那么你就别要钱。那好，不要钱就不要钱。他们信不过我？见他的鬼去。
300 他们用不着给我报销。当然，这事儿荒唐！那是政府的工作方式，这我知道；那好，去他的政府！我认为，人应该把人当人来对待。除非我能得到人的待遇，我就不想和他们有来往！他们感觉不良？我也感觉不良。该怎么办就怎么办吧。我知道他们在“保护纳税人的利益”，但是，在下面这件事儿中，你看看，纳税人得到了什么样的保护。

在进行了很多次讨论之后，有两本书，我们形成不了决定；这两本书极其相似。所以，我们就把这事儿留给教委裁决。因为委员会现在开始考虑费用了，又因为那两本书半斤对八两，委员会就决定招标，取价低的。

问题接着就来了，“学校是在正常时间得到书，还是或许在新学期之前早一点儿得到书？”

一个出版社的代表站起来说：“我们很高兴你们接受了我们的投标；我们能够在下学期把书提前送去。”

那个输了标的出版社的代表，也在那儿，他站起来说："因为我们的标是根据较晚的期限投的，我认为，我们应该有按照较早期限重新竞标的机会，因为我们也可能早一点出书。"

诺瑞斯先生，在委员会里的帕萨迪纳的律师，问后面那个出版社的家伙："你早一点儿出书，我们要出多少钱？"

那家伙出了个价：便宜了一点儿。

头一个家伙站起来："如果他改变他的投标，我也有权力改变我的投标！"——他出价更低！

诺瑞斯问："哦，是那样吗？——我们提前得到书，并且更便宜？"

"是的，"一个家伙说，"我们可以用一种特别的印刷方法，我们一般不用的……"——这是在解释为什么会便宜。

另一个家伙随声附和："你做得越快，费用就越少！"

这可真是骇人听闻。最后是便宜了200万美元啊。这种突然的变化，真让诺瑞斯七窍生烟。 301

结果事情当然是这样：交货日期不定了，就开了口子让这些家伙重新投标。正常的情况是，当选书不考虑价格的话，那就没有理由降低价格；出版社想定什么价就定什么价。通过压价来竞争，没好处；他们那种竞争方式，是为了给课程编制委员会留下印象。

顺便提一下，只要委员会开会，出版社就招待课程制定委员会的人吃午饭，跟他们谈书的事儿。我从来没去。

事儿在今天看来，是一目了然的，但人在当时，遇到下面这种情况，我不知道那是怎么回事儿：我收到了一包干果，或者"西联公司"寄来的无论什么东西，里头还附带了一个纸条儿，"从我们家到你们家，感恩节快乐——帕米里奥一家。”

东西是从长滩（Long Beach）[1]这地方的一家人那里寄来的，但我不认识这家人。显然是有人想寄东西给他朋友一家，可把名字和地址搞错了，因此我想我还是把事情搞清楚的好。我打电话给“西联公司”，得到了那个寄东西的一家人的电话号码，然后给他们打电话。

“喂，我叫费曼先生。我收到了个包裹……”

“啊，哈喽，费曼先生，我是皮特·帕米里奥（Pete Pamilio）。”他说得亲亲热热，我都认为我应该知道他是谁！我通常就是这么个傻瓜，记不住人。

于是我说：“我很抱歉，帕米里奥先生，我记不大准你是哪位了……”

原来他是一家出版社的代表，我呢，替课程编制委员会评估他们的书。

“我明白了。但这可能会引起误解。”

“只是咱们两家子之间的来往嘛。”

“是的，可我眼下正在评估你们出的书，或许有人会胡乱解释你的好意！”我已经知道那是什么事儿了，但我故意装疯卖傻。

与此类似的另一件事儿，是一家出版社寄给我一个真皮的公文包，还把我的名字用金字漂漂亮亮地烫在上边。我对他们说了同样的
302 话：“我不能收；我在评估你们出的一些书。我觉得你不了解这事儿！”

有个委员，做的时间最长，说：“我从来没收东西；那让我心神不

1 加利福尼亚西南、洛杉矶县的一个城市。

宁。可一直有人送东西。”

但我真的错过一次机会。假如我脑子转得快，那我在那个委员会里的时候，真可以花天酒地。我晚上住在旧金山一家旅馆，等第二天好参加我的第一次会议，我想在城里溜达溜达，吃点儿东西。我从电梯里出来，坐在旅馆大厅里的两个家伙，跳起来，说：“晚上好，费曼先生。您这是上哪儿去啊？洛杉矶这地方，有没有什么东西，我们带您去瞧瞧？”他们是一家出版公司的人，我不想和他们搀和事儿。

“我出去吃点儿饭。”

“我们可以带您去用晚餐。”

“别，我想一个人。”

“呃，无论您想怎么办，我们都帮得上忙。”

简直盛情难却了，我就说：“那好，我想出去找麻烦。”

“我们认为，那个我们也能帮得上忙。”

“不，我想我可以照顾自己。”我接着就想，“错了！我应该让一切运作起来，记个日记，那样加利福尼亚州的人，就可以发现出版社办事儿有多过分！”等我发现出入竟然有200万美元的时候，老天爷知道那好处有多大！

303 诺贝尔的另一个错误

在加拿大，他们有一个很大的物理学学生协会。他们主办会议；他们发表论文，等等。有一次，温哥华分会要我去给他们讲话。主事儿的女孩儿和我的秘书早就筹划好了，不跟我打声招呼，就径直飞到洛杉矶。她就那么大摇大摆地进了我的办公室。她伶俐可爱，一个金发碧眼的妞儿。（这有作用的；不该这样，但这就是有作用。）这事儿的经费全是温哥华的学生出的，这给我留下了印象。在温哥华他们对我太好了，现在我知道了怎么接受人家的招待、怎么讲话的秘密了：等学生来请你。

有一次，我获得诺贝尔奖之后不几年，加利福尼亚大学欧文分校学生物理俱乐部的几个孩子，到我这儿来，想让我去讲话。我说："我喜欢去干这个事儿。我想做的，是只想跟物理学俱乐部的人说话。但——不客气地说——我从经验中得知，有麻烦的。"

我告诉他们，以前每年我都到当地的一个高中去跟物理学俱乐部讲相对论，或者讲任何他们让我讲的东西。接着，等我得了诺贝尔奖之后，我还去那儿，跟以前一样，没做准备，他们呢，把我树在三百个孩子面前。

那可叫一个乱啊。

这种让我害怕的事儿，大约有三四次，我成了个白痴，一时不知道怎么办了。那次我应邀到伯克利大学去讲物理学的什么东西，我准

备了一些非常专业的东西，指望像往常那样讲给物理系的人听。可等
我到了那儿，是个巨大的大教室，人满为患！我知道，在伯克利大学，304
能明白我准备的这个水平的东西，人数没这么多。我的麻烦是，我喜欢取悦于来听我说话的这些人，如果每个人连他的哥哥都来听我说话，我取悦不了他们了：我就不了解我的听众了。

等这些学生理解了我不容易到这个地方给物理俱乐部讲话之后，我说："让咱们杜撰一个听起来傻头傻脑的题目，再杜撰一个听起来傻头傻脑的教授的名字，那样的话，就只有真对物理学感兴趣的孩子们会不怕麻烦来听讲，那才是我们要的人，好不好？你们不必满世界张扬。"

有几张海报出现在欧文分校的校园里：来自华盛顿大学的亨利·沃伦教授，将于5月17日3点在D 102室宣讲质子的结构。

然后，我就来了，说："沃伦教授有点儿私人的麻烦事儿，今天不能来给诸位讲话了。他就打电话给我，能不能来给你们讲讲这个题目，因为我一直就在这个领域里做研究。因此呢，我就来了。"这办法，高。

但是后来，也不知怎么搞的，俱乐部的指导老师发现了这个诡计，对学生们好一个生气。他说："你们知道，如果大家知道费曼教授要下来，许多人都会来听他讲话的。"

学生们解释说："就是因为这个嘛！"可这位指导老师气急败坏了，因为炮制这个玩笑，竟然没有他的份儿。

听到学生们真有麻烦了，我决定给那个指导老师写封信，说明那都是我的错儿，说除非这么安排，我就不去讲话，说我已经告诉学生不要告诉任何人；我非常抱歉；请原谅我，啰里啰唆，啰里啰唆……

因为那个鬼奖金，我不得不搞这一套！

就在去年，阿拉斯加大学费尔班克斯分校的学生请我去讲话，这次很好，除了当地电视台的采访之外。我不需要接受采访；采访没意义。我是来给学物理的学生讲话的，就这么回事儿。如果满城的人都想知道那个，那就让学校的报纸告诉他们得了。正是因为诺贝尔奖，我才不得不接受采访——我是个大腕儿，对吧？

我的一个朋友，有钱——他发明了一种简单的数字开关——给
305 我讲了一些捐钱设奖或设讲座的人的事儿："对他们，你要时时留心，看看他们做过什么见不得人的事儿，需要用这个来安慰良心。"

我的朋友马特·桑德斯（Matt Sands）一度想写一本书，叫《艾尔弗雷德·诺贝尔的另一个错误》。

许多年，到诺贝尔奖快颁发的时候，我也会看看是谁得了奖。但过了一阵子，我连诺贝尔"季节"是什么时候，都想不起来了。因此，为什么有人在凌晨三点半或者四点给我打电话，我是一点都不明白了。"费曼教授？"

"嗨！凌晨这个点儿，你给我打的哪门子电话！"

"我原以为您愿意知道您已经获得了诺贝尔奖。"

"是的，但我在睡觉！要是你在上午给我打电话，就好了。"——我把电话挂了。

我妻子说："什么事儿啊？"

"他们告诉我，我得了诺贝尔奖。"

"哦，费曼，是谁？"我经常说话没正经，她也聪明得很，从来不上当，但这次，我逮着她了。

电话又响了："费曼教授，您听到……"

(无可奈何的声音)“听到。”

然后我开始想:“我怎么能就此打住?我一点儿也不想要这个!”因此,头一件事儿,是把电话从叉簧上拿下来,因为电话一个接一个地打来。我想再去睡觉,但我发现睡不成了。

我下楼到书房去想这事儿。我怎么办?或许我不要接受这个奖。那会出什么事儿?或许那做不到的。

我把电话放回去,电话立刻响起。那是《时代》周刊的一个家伙。我对他说:“听着,我有了个麻烦,因此你别记录我下面的话。我不知道怎么摆脱这个事儿。有办法不接受这个奖吗?”

他说:“您恐怕拿这事儿没办法,先生,您不如将就着得了,免得弄出更多无谓的乱事儿。”事儿明白了。我们谈了不少,15~20分钟
的样子,《时代》周刊的这个家伙从来也没发表这次谈话的任何东西。 306

我对《时代》周刊的这个家伙说,非常感谢你,就挂了电话。电话立即响了:报社打的。

“是的,您可以到报社来。是的,好的。对,对,对……”

其中一个电话,是瑞典领事馆的一个家伙打的。他将要到洛杉矶举行个招待会。我琢磨着,因为我决定接受这个奖,我就必得忍受这些事儿了。

这位领事说:“拟一个名单,是您想请的人,我们也拟一个名单,是我们想请的人。然后呢,我会到您办公室,我们比较一下两个名单,看有没有重复的,然后我们就写请柬……”

我就写了我的名单。大约八个人——我的街坊,我的艺术家朋友左提安,等等。

领事拿着他的名单到了我办公室:加利福尼亚州长,这个大员,

那个大腕儿；石油大王格蒂[1]；某个女演员——有三百人啊！不需要说，怎么也不可能有重复现象！

我就有点儿不安了。跟这么多达官贵人见面，这主意，吓坏我了。

领事看出我忧心忡忡。“啊，别担心，”他说，“大多数人不来。”

可好了，我不曾安排个聚会，邀请人家来，又明明知道人家不来！我不必向任何人磕头如捣蒜，给他们那种可以拒绝的邀请，让他们有沾沾自喜的机会；这很蠢嘛！等我回家的时候，我真的为这整个的事儿坐立不安了。我给领事打回电话，说：“我仔细想过，我意识到我没办法去应付这个招待会。”他乐了。他说：“您太对了。”我以为他也跟我一样——为这个抽风的事儿，不得不搞这么个聚会，那还不跟犯了痔疮似的难受。事儿到最后，皆大欢喜。没人想来，连贵客也不来！主人也乐得轻松！

在那一段时间，我总有某种心理上的困难。你知道，我是我那位一贯睥睨王室和排场的父亲养大成人的（他干的是制服的买卖，因此
307 他知道一个穿上制服的人和一个脱了制服的人之间的区别——是同一个人）。我实际上是学会了一辈子挖苦这类事儿，这种脾性如此强烈，深入骨髓，不带着点勉强，我都走不到一个国王的跟前去。这很孩子气，我知道，但我就是那么个教养，所以这是个问题。

人家告诉我，瑞典那儿有个规矩，在你接受了这个奖之后，你得倒退着离开国王，不可转身。你走下若干级台阶，受了奖，然后走回台阶上面。因此，我对自己说：“那好，等我去修理他们！”——我练

1　让·保罗·格蒂（Jean Paul Getty，1892—1976），美国商业经理，他聚敛了数亿美元资财并在加利福尼亚的马利布建立了一个博物馆（1953年），以公开展出他的大量艺术收藏。

习起了跳着上台阶，倒退着跳，表明他们的习俗有多么可笑。我这情绪太可怕了！那既蠢且傻，当然是。我发现那不再是个规矩了，你可以转身离开国王，你像个正常人类那样走路，朝你打算去的那个方向，把鼻子摆到前头。

我高兴地发现，并非全部的瑞典人，都像你认为的那样，把王室典礼当回事儿。等你到了那儿，你发现他们站在你这边儿。比方说，学生们为每一个诺贝尔奖得主举行特别的“青蛙授勋”典礼。在你得到这个小青蛙的时候，你必须学青蛙叫。

我在年轻的时候，反文化，但我父亲有些好书。有一本书，里头有古希腊的剧本《青蛙》，有一次，我在这个剧里瞥见了青蛙的叫声，字儿是这么写的：“brek，kek，kek”。我想：“没什么青蛙弄出那种动静；那样来描写青蛙叫声，是发疯！”于是我就自己试着那样叫，在练习了一阵子之后，我发现那确确实实就是青蛙的叫声。

因此，我偶尔一瞥阿里斯托芬的书，到后来证明是有用的：在学生的诺贝尔奖得主的典礼上。我学青蛙叫学得很出色！倒退着跳，也派上了用处。因此，我喜欢典礼的这一部分；那个典礼进行得很好。

在得到了许多乐子的同时，我自始至终确实仍然有这种心理上
的困难。我最大的麻烦，是在国王晚宴上不得不发表的“感谢您”演
讲。当他们给你那个奖的时候，他们也给几本装帧得很漂亮的书，写
的是前些年的事儿，你得到了以前写的全部的“感谢您”演讲，好像 308
那是什么了不得的事儿似的。因此，你就开始认为你在这种“感谢
您”演讲中说的话，是具有某种重要性的，因为它是要出版的呀。我
没有意识到的，是难得有什么人会仔细听这种演讲，而且没有什么人

会去读它！我已经方寸大乱：我不可能说个非常感谢你就拉倒啊，叽里呱啦，叽里呱啦；说个感谢的话，不是很容易嘛，但不容易啊，我说话得实在。可事实是，我真的不想要这个奖，因此，当我不想要的时候，这谢谢你，我怎么说得出口啊？

我妻子说，我是个神经过敏的废物，竟然为演讲里说什么话慌里慌张，但我最后琢磨出一个办法，来搞出一个听起来完全令人满意却又是完全诚实的演讲。那些听过这个演讲的人，可一点儿也不知道，这家伙在准备它的时候，都受了什么苦。

我开始的时候，是这么说的：在发现了我所做的事情时的那种欢乐当中，在别人运用我的研究工作这一事实当中，在什么什么当中，我已经得到了我的奖赏。我尽力解释了我已经得到了我期望得到的一切，与此相比，别的都无关紧要。我已经得到了我的奖赏。

但是，我接着说，突然之间，我收到了一大堆信——在演讲里，这个事儿说得比较好——这让我想起了我认识的所有的人：那些信，有的来自童年玩伴儿，当他们读早报的时候，跳了起来，叫着："我认识他！他就是那个和我们一块儿玩的小孩儿！"等等；像那样的信，特别鼓舞人心，表达的是我理解为某种爱的东西。为了那个，我感谢他们。

演讲进行得顺利，但和王室打交道，我总是觉得有点儿难。在国王晚宴上，我挨着一个公主坐着，她在美国上过大学。我想当然地认为，她跟我的态度一样，但我想错了。我认为她只是个孩子，跟别人一样。我评论国王和王室全家不得不忍受这么长时间，在吃饭之前还得跟招待会上的全部客人握手。"在美国，"我说，"我们能把这事儿搞得更有效率。我们会设计一个握手的机器。"

“是的，但在此地，这机器或许不会有太大的市场，”她不甚自在地说，“皇室的人没那么多。”

“恰恰相反，市场会是很大的。首先，只有国王有这样的机器，我们会为他免费提供。接着呢，当然，别人也想要一个机器。现在，这问题变成这样：谁能被允许拥有一台机器？总理得到许可，可以买一 309
台；然后参议院议长得到许可，可以买一台，然后是最重要的老资格议员。因此，一个很大的、不断扩展着的市场，是存在的，而且很快，你也不必去和一长串等着召见的机器握手了；你把你的机器派去就成！”

我也坐在那位负责组织这个晚宴的夫人旁边。一个女服务员过来，往我的酒杯里倒酒，我说：“不，谢谢你，我不喝。”

这位夫人说：“不，不。让她斟酒。”

“可我不喝的啊。”

她说：“没关系。您看，她有两个瓶子。我们知道八十八号不饮酒。”（八十八号在我的椅子背上。）“看起来完全一样，但有一种不含酒精。”

“但你是怎么知道的？”我叫起来。

她微微一笑。“现在看看皇上，”她说，“他也不饮酒。”

她告诉了我一些他们在特别的一年遇到的麻烦事儿。其中有一件，是俄国大使该坐哪儿？像在这样的宴会上，麻烦总是谁坐得离国王近些。诺贝尔奖得主，通常比外交使团，坐得离国王近些。外交官的座次，取决于他们在瑞典任职的时间长短。在当时，美国大使比俄国大使在瑞典待的时间长。但在那一年，诺贝尔文学奖得主是肖洛霍夫[2]先生，一个俄国人，而俄国大使想为肖洛霍夫先生当翻译——因此就坐在他旁边，因此，问题是如何让俄国大使坐得离国王近些，又不至于得罪美国大使以及其他外交使团。

她说："在我得到许可把这位大使安排坐在肖洛霍夫先生旁边之前，您可不知道他们这一通闹腾——信件来往如梭，电话铃声不断，等等。最后，大家同意，那位大使，在那天晚上，将不是苏联大使馆的官方代表；他倒成了肖洛霍夫先生唯一的翻译。

310 晚宴之后，我们离座到了另外一个房间，大家在里面三五成群地谈着。有一个丹麦什么公主，不少人和她围坐在一张桌子上，我看到他们这桌子有一张空椅子，就坐了下去。

她转朝我说："哦！您是诺贝尔奖得主之一。您在什么领域工作？"

"物理。"我说。

"噢。呃，没人知道那个，因此我猜我们没法子谈那个。"

"恰恰相反，"我回答，"正是因为有人还知道点儿物理，我们才没法子谈物理。没人知道的那种事儿，我们才可以讨论。我们可以谈天气，我们可以谈谈社会问题；我们可以谈谈心理学；我们可以谈谈国际金融——可是黄金买卖，我们谈不得，因为这个事儿，人人都明白——因此，没有人知道任何东西的那种题目，才是我们可以谈的！"

我不知道那些人是怎么办到的。有一种方法，是在脸的表面上结冰，她就能够做到一脸冰霜！她转过脸，跟别人谈去了。

过了一阵子，我看得出来，我完全从谈话中给割了出去，于是我

2　米开海尔·肖洛霍夫（Mikhail Sholokhov，1905—1984），小说《静静的顿河》的作者，苏联作家，曾获1965年诺贝尔文学奖。

就站起来，要走开。日本大使，也坐在这桌子旁，跳起来，跟着我。“费曼教授，”他说，“我愿意告诉您一点儿外交上的事儿。”

他讲了一个好长的故事，说的是一个日本的年轻人，去上大学，研究国际关系，因为他以为自己能够为他的国家做出贡献。作为一个大二的学生，他开始对自己所学的东西，有一种由怀疑带来的隐痛。大学毕业后，他在一个大使馆得到了他的第一个职位，直到他意识到，没有人懂得国际关系的任何事儿。到了这份儿上，他就能够做大使了！“因此，费曼先生，”他说，“下次您再举例说明那些人人都在谈没人知道的事情的时候，请把国际关系包括进去！”

他这人很有意思，我们就谈开了。我一直对不同的国家和不同的人民，何以会有不同的发展这一问题感兴趣。我告诉这位大使，有一
件事，在我看来，一直是值得注意的现象：日本是如何把自己迅速发 311
展为一个在世界上如此现代而重要的国家的。“日本人民的什么方面和性格，才使日本有可能办成此事？”我问。

日本大使回答的方式，我喜欢听：“我不知道。”他说，“我倒可以假定某种原因，但我不知道是不是对。日本人相信他们只有一条前进的道路：让他们的孩子比自己受到更多的教育；使他们抛开农夫的境地，而成为有教养的人，教育是很重要的。因此，在家庭里，大家下了大力气，来鼓励孩子们在学校里学习好，有出息。因为这种不断学习的趋势，外来思想可以非常容易地播撒到整个教育体系之中。或许那就是日本为什么发展得如此迅速的原因。”

总而言之，我必须说，瑞典之行最终是令人愉快的。我没有立刻回家，却去了在瑞士的“欧洲粒子物理研究所”（CERN），去讲话。我出现在我的同事们面前的时候，穿的是那身出席国王晚宴时穿的

西服——我以前从来没有穿着西服讲话。我是这么开讲的，“事儿很可笑，你们都知道；在瑞典，我们坐在那儿讨论，得了诺贝尔奖之后，会不会有什么变化，实际上，我已经看到了一个变化：我还挺喜欢这身西服。”

人人都说“啊呸！”。维斯科普夫（Weisskopf）跳起来，甩掉他的外套说：“在讲座上，别穿西服了！”

我把我的外套脱了，松了松领带，说：“我在瑞典过了这一阵子之后，我开始喜欢这玩意儿了。可是，现在，我回到了世上，一切事情又都顺了。谢谢各位把我弄妥帖了！”他们不想让我变。因此事儿搞得很快：在CERN，他们把我在瑞典经历的事儿都消除一空了。

我得了钱，这不错——我买得起一所在海边的房子——但总的来说，我认为，不得奖金，好得多。——因为你再也不可能在公共场合率性而发了。

从某种意义上说，诺贝尔奖，从来都是一件恼人之事，尽管我起码有一段时间为此扬扬自得。我获得诺贝尔奖之后不久，格温妮丝和
312 我收到了巴西政府的邀请，作为荣誉贵宾，参加里约的狂欢节庆典。我们欣然接受，玩儿得很开心。我们跳舞跳得不亦乐乎，看桑巴学校在盛大的游行中，演奏他们那种奇妙的节奏和音乐。报纸和杂志的摄影师不停地拍照片——“看哪，美国来的教授和巴西小姐跳舞哪。”

身为“名流”是一乐子啊，但把我们当名流，显然是错了。那一年，没人对荣誉贵宾大惊小怪的。我后来才发现，给我们的邀请是怎么弄出来的。本该当荣誉贵宾的，是吉娜·罗洛布丽吉达（Gina

Lollobrigida）[3]；可就在狂欢节之前，她说不。负责组织狂欢节的旅游部长，在“物理研究中心”有些朋友，他们知道我以前在桑巴乐队里玩儿过，又因为我最近得了诺贝尔奖，这个事儿新闻上就有。在部长六神无主之际，他的朋友们就出了个馊主意：用物理学教授，代替吉娜·罗洛布丽吉达！

不用说，这位部长把狂欢节的工作搞得这么糟糕，后来丢了乌纱帽。

3　1927年出生的意大利女电影演员、导演和摄影师。我国电影观众熟悉的电影《巴黎圣母院》中的吉普赛姑娘艾斯米拉达，就是她扮演的。

313 把文化带给物理学家

尼娜·拜尔（Nina Byers），加利福尼亚大学洛杉矶分校的一个教授，在20世纪70年代早期的时候，负责物理讲座的事情。讲座通常是这么一个地方，从别的大学来的物理学家，到这儿来谈纯专业的东西。部分地是由于那年代特有的气氛，她认为物理学家需要更多的文化，因此她就想安排一些文化的东西：因为洛杉矶离墨西哥近，她就想搞一个讲座，要讲玛雅人的数学和天文学。玛雅是墨西哥的古老文明。

（得记住我对文化的态度：那种事情，要是在我的大学里，会把我逼疯！）

她开始物色一个教授来讲这个题目，可在加州大学洛杉矶分校，她找不到一个堪为专家的人。她给好几个地方打电话，还是找不到什么人。

然后她记起了奥托·纽治保尔（Otto Neugebauer）教授，他是布朗大学的，巴比伦数学方面的大家。* 她给在罗得岛的他打电话，问

---

* 在我还是康奈尔大学的一个年轻教授的时候，有一年，纽治保尔教授已经在一个名叫"梅森哲讲座"的系列讲座上讲课了，讲的是巴比伦的数学。讲座很精彩。第二年讲课的是奥本海默。我记得我自己心里想，"有朝一日，要是我能像他那样讲课，可太美了！"若干年后，我拒绝了许多地方请我去讲课，却应邀去讲"梅森哲讲座"。我当然不会拒绝，因为那是我的夙愿，因此我接受了邀请，在一个周末到了罗伯特·威尔逊家里，和他讨论了许多想法。讨论的结果，是一个系列讲座，名为"物理定律的本性"。——原注

他知不知道西海岸这儿有没有什么人，能讲讲玛雅人的数学和天文学。314

“有的，”他说，“我知道有。他不是个专业的人类学家或者历史学家，他是个业余的。但他肯定知道得不少。他的名字叫理查德·费曼。”

她几乎要死过去！她努力要为物理学家们带来点儿文化，而唯一的办法，却是让一个物理学家来办这事儿！

我知道点儿玛雅数学，原因是在我和我的第二个妻子玛丽·娄在墨西哥度蜜月的时候，我精疲力竭了。她对艺术史，特别是墨西哥的艺术史，兴趣极大。于是，我们就到墨西哥度蜜月，在金字塔上爬上爬下；她到哪儿去，都让我陪着。她让我看许多有意思的东西，比方说，各种各样的形象设计之间的关系，但在炎热潮湿的丛林中这么爬上爬下了几天（和几晚上）之后，我精疲力竭了。

在危地马拉不知什么地方的一个小镇子里，我们走进了一个博物馆，里面展柜里有一份满是奇怪符号、图画和杠杠、点点的手稿。那是一份复制品［一个叫维拉科特（Villacorta）的人制作的］，原本是德累斯顿古本，在德累斯顿的一家博物馆里发现的一份玛雅人写的书。我小的时候，我爸爸曾经带我去看纽约世界博览会，在那儿他们复制了一个玛雅神庙。我记得他告诉我，玛雅人发明了零这个数，还做了许多有意思的事儿。

那个博物馆卖这个古本的复制品，我买了一份。在每一页书上，左边是古本拷贝，右边是介绍，以及部分的西班牙语译文。

我喜欢解难题和解密码，因此在看到那些杠杠和点点的时候，我想：“我这可有的玩儿了！”我用一页黄纸遮住西班牙语译文，开始坐在旅馆房间里，玩儿这种破译玛雅杠杠和点点的游戏，我妻子却整天去金字塔爬上爬下。

我很快琢磨出，一个杠等于五个点，表示零的，又是什么符号，等等。又过了不多一会儿，我琢磨出那些杠杠和点点，在第一次总是到二十就进位，可到第二次，逢十八进位（造成360的循环）。我还搞清楚了和各种各样的面具有关系的一些事儿：它们确实代表某些日子和星期。

我们回家之后，我继续搞这个东西。试着破译那种东西，整个太
315 好玩儿了，因为你开始的时候，什么也不知道——你没有从哪儿开始的线索。但是，你接着就注意到某些数经常出现，这些数又加在别的数上，等等。

在古本上有个地方，584这个数非常显眼。584这个数被分为236、90、250和8这几个段。另外一个显眼的数是2920，或者584 × 5（365 × 8也是一样）。还有一个乘法表，是2920的倍数，一直到13 × 2920，接下来有一阵子是许多13 × 2920的倍数，然后——是一些滑稽的数！我当时以为那些数是错了。只是在许多年后，我才琢磨出那些滑稽数是怎么回事儿。

因为表示日子的一些数字和584是有关系的，可584又分为这么奇怪的另外几个数字，我就想，如果那不是某种神秘的周期之类的东西的话，那或许是天文学上的什么东西。最后，我去图书馆查了天文学的书，我发现，从地球上看，583.92天是金星的周期。那么，236、90、250和8就明显起来：那一定是金星经过的几个相位。它在早晨出现的时候，我们看不见它（它在太阳的那一边）；然后，它又在晚上出现，最后又消失了（它在地球和太阳之间）。90和8之所以不同，是因为与金星走到地球和太阳之间的时候相比，当它在太阳那一边的时候，它在天上运行得比较慢些。239和250之差，或许表示玛雅土

地东方和西方地平线之间的差别。

我还发现了另外一个表，上面的周期是11959天。这原来是一个预测日食的表。还有一个表，上面有降序排列的91的一些倍数。我从来没能把这个表弄明白（别人也没弄明白）。

等我把我能搞明白的都搞明白了之后，我最后决定看看那些西班牙语的注解，看看我搞明白了多少。西班牙语的注解完全是胡说八道。这个符号是土星，那个符号是神——简直是狗屁不通。因此，我也用不着把注解遮着盖着了；反正我从那里头什么东西也学不到。

此后，我开始读了不少关于玛雅人的东西，发现研究这东西的大腕儿是埃里克·汤普逊（Eric Thompson），我至今还保存着他的几本书。

等尼娜·拜尔给我打电话的时候，我才发现我已经把德累斯顿古本的复制品弄丢了。[我把它借给了罗伯逊（H. E. Robertson）夫人， 316
她在巴黎的一个古董商的一个旧箱子里发现了一本玛雅古本。她把这东西带到了帕萨迪纳给我看——我仍然记得我开车回家的时候，把这东西放在汽车前座上，心里想："我可得小心驾驶：我得到了一个新古本。"——但是，等我仔细看这东西的时候，我一眼就看出它完全是个冒牌货。我稍做研究，就发现这个新古本的每一幅图，都是从德累斯顿古本那里扒来的。于是，我就把我的书借给她，让她看看什么叫真货，我最后把书忘在她那儿了。]因此，加利福尼亚大学洛杉矶分校的图书馆员，费了好大劲，才找到了一份维拉科特制作的德累斯顿古本的复制品，把它借给了我。

我又重新把计算搞了一遍，实际上我比上次又有了一点发现：我琢磨出那些"滑稽的数"，实际上是接近于正确周期（583.923）的什么数的整数倍，而我以前以为那些数是错误的——玛雅人已经意识到584不怎么对劲！*

加利福尼亚大学洛杉矶分校讲座之后，拜尔教授送给我一些彩色的德累斯顿古本的复制品。几个月后，加州理工学院希望我给帕萨迪纳的公众上同样的课。罗伯特·罗文（Robert Rowan），一个房地产商，借给了我一些非常有价值的玛雅神石刻像和陶俑，好在加州理工学院上课用。把那种东西带出墨西哥，多半是非常违法的。那些东西价值太高，我们雇了保镖善加保护。

在加州理工学院讲课的前几天，《纽约时报》大肆炒作，报道说，一个新古本已经被发现。当时，已知存世的古本只有三份（其余两个，很难弄明白）——成千上万的古本，都被西班牙牧师当作“魔鬼
317 之书”付之一炬。我有个堂姐妹在美联社工作，为我搞到了一张《纽约时报》发表的新古本的一张照片，我把它做成幻灯片，也用在我的讲座中。

这个新古本，是个冒牌货。我在讲座中指出，其中的数字，在书法风格上，类似于马德里古本，但确实是236、90、250和8——这也巧合得离奇了！在成千上万的原书当中，我们又得到了另外一个片

---

* 在我研究汤普逊先生的金星周期修正表的时候，发现他做了一个少有的夸张。他写道，只要看看这个表，你就可以断定玛雅人是怎么计算出金星的正确周期的——用这个数四次，用那个差一次，你就能得出40000年才差一天这样一个精确数，这可真是了不起，特别是由于玛雅人只观察了几百年的时间。汤普逊碰巧挑了一个数字组合，这个数字组合符合他所认为的正确的金星周期数即583.92。但是，如果你用的是更精确的数字，如583.923，你会发现玛雅人的误差更大。当然，你也可以在表中挑另外一个不同的数字组合以得到583.923，同样了不起的精确！——原注

断，上面的东西却跟原来那个片断上的东西一模一样！很明显，又是那样，拼凑起来的破玩意儿，没有一点儿真东西。

那些制造赝品的家伙，从来没有胆量捏造某种真正不同的东西。如果你发现了某种确实是新的东西，它必得有点儿不同的东西。真能骗人的东西，应该打火星周期这种东西的主意，炮制一个神话，与之相辅相成，然后再画些和这个神话有关的图案，图案上有些正对火星合适的数字——不能搞得太明显；最好是弄一些周期倍数表，其中还得有一些神秘的“错误”，等等。数字需要花点儿力气才能搞出来。这样，大家就会说：“嚯！这玩意儿和火星有关系！”除此之外，里头还得有不少东西，没办法理解，跟以前看到的东西不完全一样。那样才能制造一个好的冒牌货。

我从“破解玛雅象形文字”的讲座中，得到好大的快乐。我又一次越俎代庖。大家鱼贯而入讲座大厅的时候，顺便浏览三个玻璃展柜，穿制服的武装保安看着呢，大家对德累斯顿古本彩色复制品和真正的玛雅古物啧啧称奇。他们听这个领域的一个业余爱好者讲玛雅人的数学和天文学，一听就是两小时（这个家伙甚至告诉他们怎么甄别伪造的古本），听完了，他们出去了，又欣赏玻璃展柜。接下来的几个星期，默里·盖尔曼讲了六次系列讲座，讲的是世界上所有语言之间的语言学关系，讲得天花乱坠。

318 巴黎见分晓

我讲了一个物理学的系列讲座，艾迪生-韦斯利出版公司（Addison-Wesley Company）把它搞成了一本书。有一次，吃午饭的时候，我们讨论书的封面应该弄成什么样子。我认为，因为那个讲座是真实世界和数学之间的联系，那么弄一个鼓的图画儿，在鼓的上面再弄一些数学图形——圆圈儿、直线什么的，表示从震动的鼓膜上飞出的鼓点儿，书里讨论过鼓点儿，这或许是个好主意。

书出来的时候，封面是简单的红色，但不知什么原因，在前言那儿，有一幅我打鼓的照片。我认为，他们把那照片放那儿，是为了满足他们的一个想头："作者本人希望书里什么地方有面鼓嘛。"无论如何，人人都会迷惑不解：为什么那幅我打鼓的照片出现在"费曼讲座"的前言里，因为这照片里没有什么数学图形，也没有别的点题的东西。（我喜欢打鼓，这不假，但那是另一档子事儿。）

在洛斯阿拉莫斯，工作压力很大，没什么法子自我娱乐；没电影什么的。但我在那个以前是男子中学的地方，发现了几个鼓，于是善而藏之。洛斯阿拉莫斯在新墨西哥州的中部，那儿有许多印第安人的村子。因此，我就自己找乐子——有的时候是我一个人，有的时候和别的家伙——只是想闹点儿动静出来，打那些鼓。我不知道什么特别的节奏，但是印第安人的鼓点儿相当简单，鼓却不错，我玩得挺高兴。

有的时候，我带着几个鼓，到远处的树林子里，免得烦扰别人，

我就用一根棍子，边打边唱。我记得，有个晚上，绕着一棵树转 319
圈儿，一边打鼓，一边仰望月亮，假装自己是个印第安人。

有一天，一个家伙来对我说：“感恩节前后，你没去树林子打鼓，是吧？”

“去了，是我打的，”

“噢！这么说，我老婆说对了！”接着他给我讲了这么个故事：

一天晚上，他听到远处有鼓乐之声，就到了楼上去找另一个家伙，那个家伙也听到了。你该记得，这些家伙都是从西边来的。他们对印第安人什么也不知道，可是兴趣不小：印第安人一定在举行什么仪式，或者在做什么高兴的事儿，这两个主儿就决定过去看个究竟。

他们往前走的时候，走得越近，鼓声就越大，他们开始紧张了。他们想起印第安人多半在外围安排了放哨的，免得别人惊扰他们的仪式。于是他们匍匐在地，循迹前往，直到声音显然就在下一个山头的后面。他们爬到山顶，不看不知道，一看吓一跳：只有一个印第安人，自顾自地在那儿举行仪式——绕着树跳舞，还用棍子打鼓，还唱着颂神之歌。两个家伙悄悄地屈身而退，因为他们不想惊动他：他多半是在发某种咒语什么的。

他们把这事儿告诉了老婆，老婆们说：“哈，一定是费曼——他喜欢打鼓。”

“别胡扯了！”两个男人说，“即使是费曼，也不会疯到那个份儿上！”

因此下个星期，他们就着手把谁是那个印第安人这事儿弄清楚。附近的印第安保留地的几个印第安人，在洛斯阿拉莫斯工作，于是他们就问一个在技术区当技师的印第安人，那能是谁啊。这个印第安人

问了一圈儿，但别的印第安人都不知道那可能是谁，但有个印第安人是例外，没人能跟他讲话。他是个了解自己民族的印第安人：他背后有两条大辫子，头高高地昂起；无论什么时候他走到哪儿，都是高视阔步，器宇轩昂，独自一人；没人可以和他说话。走到他跟前去问点
320 儿事儿，你会害怕的；他太威严了。他是个炙手可热的人物。没人有胆量去跟这位印第安人打听事儿，他们断定树林子里的那位，必定是他了。（得知他们找到了这么一位典型的印第安人，这么一位魅力十足的印第安人，一位我可能是他的印第安人，我很高兴。被人错认成他，太光荣了。）

那个问过我的伙计，心有不甘——丈夫总是乐于证明妻子不对——正如丈夫经常发现的那样，他发现他老婆说得相当对啊。

我鼓打得相当好了，有聚会的时候，我就打。我不知道自己在干什么；我只是打出点儿节奏——结果我打鼓打出了名声：在洛斯阿拉莫斯这地方，人人都知道我喜欢打鼓。

等战争结束，我们重返“文明”世界，在洛斯阿拉莫斯那儿的人，跟我逗乐儿说，我再也不会打鼓了，因为鼓的动静也太聒人了。还因为我想在伊萨卡的康奈尔大学那儿当个体面的教授，指不定在什么时候，我会把我待在洛斯阿拉莫斯时候买的鼓卖掉。

第二年夏天，我回到了新墨西哥州，去写报告，等我又看到了那些鼓的时候，我就技痒难耐了。我又买了个鼓，心里想：“这次我要把这鼓带回去，只是为了可以看看它。”

到康奈尔大学那年，我的那套小单元房是在一个大楼房里。我把鼓放在那儿，只是为了看看，但是，有一天，我确实忍不住了：我说：“也罢，我只是得小声点儿敲……”

我在一把椅子上坐下，把鼓夹在两腿之间，用手指头轻轻敲击：叭叭叭、叭嘟叭。然后，声音稍微大了一点儿——这也够诱惑我的了！我再大点儿声音，梆！——电话响了。

“哈喽？”

“俺是你的房东啊。是你在下面打鼓吗？”

“是；非常对不……”

“这也太好听了啊。俺能下去凑近点儿听听吗？”

从那次以后，我一打鼓，我的女房东就下楼来听。这样就无所顾忌了。从此以后，我有得玩儿了，打鼓。

大约是在那个时候，我认识了一个从比属刚果来的女士，她给 321
了我几张为做人种学研究用的唱片。在那年头，那种唱片稀奇，上头是非洲牧牛人和其他部落的鼓乐。我真的非常非常佩服牧牛人鼓手，我也经常模仿他们——模仿得不十分像，但听起来像是那么个动静——我因此也搞出了不少节奏。

有一次，我在娱乐厅，深夜，没几个人，我拿了个垃圾桶，开始敲打桶底。楼底下的一个家伙跑上来，说：“嗨！你打鼓啊！”说来说去，他才是个真懂打鼓的，他教我怎么演奏古巴手鼓（Bongo）。

音乐系有个家伙，收藏了一些非洲音乐唱片，我就到他家里打鼓。他还为我录了音，后来在他的晚会上，他玩儿一个游戏，名叫“非洲还是伊萨卡？”他放一些鼓乐，然后让大家猜，你听到的那个音乐，是在非洲大陆上弄出来的，还是本地的土产。这就是说，我那时候，相当擅长模仿非洲音乐。

等我去了加州理工学院，我经常到落日带那地方去。有一次，那儿有一群鼓手，领头的是从尼日利亚来的一个大块头伙计，名叫尤卡努（Ukonu），在一个夜总会里奏的那个鼓乐，真叫妙——只有打击乐。那位副头，对我尤其好。邀请我上台和他们一起演奏点儿东西。于是我走到台上。和别的家伙们一起打了一阵子鼓。

我问副头，尤卡努可曾授课，他说，对。因此，我经常到尤卡努住处去，那地方离世纪大道（Century Boulevard）很近（那就是后来的瓦特骚乱[1]发生的地方），去听打鼓的课。课上得不太有效：他四处乱转，跟别人说话，各种各样的事情时不时地来打岔儿。但等他们工作的时候，大家都非常兴奋，我跟他学了不少。

尤卡努住处附近的舞会，白人没几个，但和今天相比，舞会悠闲得多。有一次，我们搞了个打鼓比赛，我打得不太好。他们说我鼓打
322 得太“书生气”，他们的冲劲儿足得多。

有一天，那是在加州理工学院，有人给我打电话，语气严肃。

“我是技校的校长特劳布律治（Trowbridge）先生。”这是个很小的私立技校，就在加州理工学院的斜对面。特劳布律治校长继续官腔十足地说：“我这儿有您的一位朋友，他想跟您说句话。”

“说吧。”

“哈喽，迪克！”是尤卡努啊！原来技校的校长，不像他把自己造作的那么官腔，他非常幽默。尤卡努到那个学校去为孩子们演奏，因此他请我过去，跟他同台演出。于是我们就一块儿为孩子们演奏了：我打古巴小鼓（放在我办公室的那个），来给他的大檀巴（tumba）鼓伴奏。

---

1 1965年8月11—16日，旧金山南部的瓦特区，由警察逮捕一名疑为酒后驾驶的黑人青年而引起的黑人反失业和反贫困的暴乱。

尤卡努定期做的一件事儿，是到许多学校谈非洲鼓，鼓点儿是什么意思，谈音乐。他性格很好，笑容如菊：他是个很好、很好的人。他鼓打得摄人魂魄——他出过唱片——却在这儿学医。在尼日利亚爆发了战争的时候——或许是在战争之前——他回国了，我不知道他怎么样了。

尤卡努离开之后，我鼓打得不多了，除了偶尔在晚会上打打，给大家助助兴而已。有一次，我在罗伯特·莱顿（Leighton）家做客吃饭，他儿子拉尔夫和一个朋友，问我想不想打鼓。想到他们这是要我唱独角戏，我说不想。但他们接着就在几个小木头桌子上敲开了鼓点儿，这我就忍不住了：我也拉来张桌子，我们三个在这些小木头桌子上演奏，弄出好些非常有意思的声音。

拉尔夫和他的朋友汤姆·鲁提少瑟（Tom Rutishauser）都喜欢打鼓，我们开始每周聚会，即兴演奏，琢磨节奏，弄点儿玩意儿。这两个家伙是真正的音乐家：拉尔夫弹钢琴，汤姆拉大提琴。我干的，是节奏，音乐我是一窍不通，在我看来，我打的节奏不过是不同音高的
鼓点儿而已。但我们搞出了许多很好的节奏，还在几个学校演奏来 323
逗孩子们开心。我们还在当地一个学院的舞蹈班演奏节奏——我在布鲁克林工作的那一阵子，也这么寻开心——我们自称“三夸克乐队”，因此你可以琢磨出那是什么时候的事儿。

有一次我到温哥华给学生讲课，他们在地下室里举办了个晚会，一个真正火辣的摇滚风格的乐队在演奏。这个乐队蛮不错：他们有一副多余的颈铃放在那儿，他们怂恿我玩这个东西。我于是就玩了一会儿，因为他们的音乐节奏感太强（颈铃只是个陪衬——你不会把音乐搞乱），我还真玩得起劲了。

晚会结束后，组织晚会的那家伙告诉我，乐队长说：“嚯！那个过来玩颈铃的家伙是谁啊！他还真能用那么个玩意儿弄出个节奏来！顺便问一句，这个晚会是为一个大人物开的——你知道，他压根儿没来，我还没看见他是谁呢！”

加州理工学院有个剧团。有些演员是学院的学生；另外一些是从外边来的。每当有个小角色，比方说，一个警察，要来逮捕一个人，他们就让一个教授来演。这总是个很有效果的玩笑——教授上台了，抓走个人，又下台了。

几年前，这个剧团正在演《男生和女生》（*Guys and Dolls*），有一场戏，是男主角把个女孩儿带到了哈瓦那，他们在一个夜总会里。导演认为，让我来演戏台上的这个夜总会里的一个邦戈鼓手，这个主意不赖。

第一次排练，我去了，正在导演的那个女士，指着乐队指挥说：“杰克把乐谱拿给你看看。”

哎哟，我可傻眼了。我不会读乐谱；我还以为，我做的不过是到台子上弄出点动静而已。

杰克坐在钢琴跟前，他指了指乐谱，说：“好了，你从这儿开始，你看，你弄这个。然后呢，我弹叶唧、叶唧、叶唧。”——他在钢琴上弹了几个音符。他翻开这一页。“然后呢，你演奏这个，接着我们俩
324 都停下来，让他们念台词儿，看到吧，就这儿。”——他又翻了几页，说：“最后，你演奏这个。”

他给我看的这种“音乐”，是某种发疯的小 ×，夹在竖线和横线之间。他一个劲儿跟我说这玩意儿，以为我是个音乐家呢；要我记住这个，完全不可能。

幸运的是，第二天我病了，不能参加下次排练了。我求我的朋友拉尔夫替我去，因为他是个音乐家，他该知道那都是什么玩意儿。拉尔夫回来说：“事情不是那么糟糕。首先，在开始的时候，你必须弄得准才行——因为是你为乐队其他人定节奏的，好让他们踩着点儿跟进来。但是，等乐队进来了，那就类似于即兴演奏了，再就是有的时候，我们得为台词停一停，但是，根据乐队指挥的手势，我觉得我们能琢磨出什么时候该停。”

可同时我已经让导演接受拉尔夫了，这么说，我们两个都得上台了。他打檀巴，我打手鼓——这使我觉得容易得太多了。

拉尔夫告诉我这个节奏是怎么个样子。那一定只敲二十或三十下，但不可多敲，也不可少敲。我从来也没像这样玩儿过，敲准了，还真不容易。拉尔夫耐着性子给我解释，“左手，再右手，再双手，然后右手……”我干得很卖力，最后，慢慢地，我开始能把节奏刚好敲得准。这花费了漫长的时间——好多天——才掌握了。

一个星期之后，我们去排练，发现了那儿有个新鼓手——一直在那儿的那个鼓手，干别的去了——我们向他做了自我介绍。

“嗨。在哈瓦那那场上台的，就是我们俩。”

“哦。嗨。让我在这儿找找那场……”他翻到那场戏在的那一页，摸出鼓槌，说：“哦，这一场，是由你们起头儿的，这么弄……”他拿鼓槌敲鼓边儿，乒梆、梆啊梆、乒啊乒、梆梆，快得不能再快了，他眼还看着乐谱呢！没治了！我忙活了四天啊，才搞准了那个鬼节奏，他却信手就打起来！

无论怎么说，经过一遍又一遍的练习，我最后也打得准了，而且
真在剧里打呢。演出非常成功：人人都喜欢看这位教授在台上打手 325

鼓，音乐也不那么坏；但是，开头那部分，不能乱改的：真是难。

在哈瓦那夜总会那场戏里，几个学生必须按照舞蹈设计来跳某种舞。因此，导演找到了加州理工学院一家伙的妻子，那个时候，她在“环球电影厂”（Universal Studios）当编舞，来教小伙子们怎么跳。她喜欢我们的鼓乐。等戏演完了，她问我们愿不愿意为旧金山的一个芭蕾舞团打鼓。

“什么？”

是的。她即将到旧金山，为那儿的一个小芭蕾舞学校的一个芭蕾舞当编舞。她想创造这么一种芭蕾舞，音乐全是打击乐。她希望拉尔夫和我，在她启程之前，到她家一趟，去演奏一下我们知道的不同的节奏。根据我们打的节奏，她将编一个与节奏相配的故事。

拉尔夫有点儿担心，但我唆使他去冒这个险。然而，我强烈要求她不要告诉那儿的任何人，说我是物理学教授，诺贝尔奖的得主，或者什么其他的大腕儿。正如塞缪尔·约翰逊[2]所言，如果你看到一条狗用两条后腿走路，了不起的不是它走得多么好，而是它竟然那么个走法。我愿意打鼓，但我打鼓仅仅是打而已。如果大家把我当成个喜欢打打鼓的物理学教授，我就不喜欢了；我们就是她在洛斯阿拉莫斯找到的音乐家嘛，到这儿来演奏他们作的这个鼓乐。

于是我们就去了她家，演奏了我们编的好多种节奏。她做了记录，很快地，就在当天晚上，她脑袋里捏造出了个故事，说：“得，这一段，我要求重复五十二次；那一段，四十小节长；还有这个、那个，

2　塞缪尔·约翰逊（Samuel Johnson，1709—1784），英国作家与词典编纂家，作为趣味的仲裁者，他是18世纪的一位重要人物，他的散文风格以有力与匀称而著称。

这个、那个……"

我们回家了，第二天晚上在拉尔夫家里录了一盘磁带。我们花了
几分钟，演奏了全部的节奏，然后拉尔夫用他的录音机剪剪接接，让 326
每段长度合适。她动身的时候，带了一份我们的磁带，开始在旧金山
训练她的舞蹈家们。

与此同时，我们不得不练习磁带上的那些东西：这一段，循环五十二次，那一段，循环四十次，等等。我们当时即兴演奏的东西（又经过剪辑），现在却不得不亦步亦趋地学会。我们不得不模仿我们自己的倒霉磁带！

节拍掐得准，是个大问题。我认为拉尔夫会知道怎么个弄法，因为他是个音乐家嘛，可我俩都发现这事儿滑稽。在我们的脑袋里，"演奏部门"也是管掐节拍的"说话部门"——我们不可能同时又演奏，又数节拍！

等我们到旧金山进行首次排练的时候，我们发现，看着舞蹈演员，我们就不必掐节拍了，因为舞蹈演员的动作是有章可循的。

因为人家把咱们当成了专业音乐家，而我不是，我们遭遇了许多事儿。比方说，有一场戏，说的是一个乞讨的妇女，在加勒比海的海滩上筛沙子，而那些上流社会的贵妇们就在那海滩上，她们在这个芭蕾舞剧一开始的时候就上场了。编舞用来创造这一场景的那个音乐，用的那个特别的鼓，是拉尔夫和他爸爸在好几年前以业余手法造的一个东西，我们怎么也不能让它弄出好听的声音来。但是，我们发现，如果我们坐着椅子面对面，把这个"神经错乱的鼓"夹在我们的膝盖中间，一个家伙打，哔嗒、哔嗒、哔嗒、哔嗒、哔嗒，用手指快快地打，不停地打，另一个伙计，用两只手在不同的地方挤压这个鼓，

它就会变调儿。它现在就弄出这种怪有意思的动静：叶嗒、叶嗒、叶嗒、哔嗒、呗嗒、呗嗒、呗嗒、哔嗒、叶嗒、叶嗒、叶嗒、吧嗒。

好了，演丐妇的那个舞蹈演员，希望音乐有起有伏，来应和她的舞蹈（我们的磁带上的鼓乐，和这场不搭界），于是她就进一步为我们解释她要怎么跳："首先，我这样做这四个动作；然后呢，我这样前倾，筛沙，筛八个数；然后呢，我站起来，再这么个转法。"孙子才跟得上这一大套，于是我打断她的话头。

"你只管去跳，我随着你演奏。"

"但你不想知道这个舞是怎么往下走的吗？你瞧，等我筛了第二
327 下沙的时候，我就这么个样子来它八下。"这没用。我什么玩意儿也记不住，我又想打断她，但是接着就有这么个问题：我看起来不像个真正的音乐家啊！

很好，拉尔夫非常圆滑地给我打圆场，他解释说："对这种情况，费曼先生有独特的处理技巧：在他看着你跳的时候，他宁愿把这个舞蹈的动力学原则，直接地、直觉地，发展出来。让咱们像那样试一把，要是你不满意的话，我们可以再作修正。"

噢，她是个一流的舞蹈家，你可以预见她下面怎么个跳法。如果她要去挖沙，她会摆出个往沙里拱的架势；每一个动作，都是平滑的，都在你的预料之中，这我就非常容易用手弄出叶呲和叶啥啥和叶嗒嘶和哔嗒嘶这样的声音，和她正在弄的舞蹈动作，配合得天衣无缝，她对此很满意。我们就这么混过去了，差点儿露馅儿。

这个芭蕾舞，算是成功的。尽管观众不多，那些来看演出的人，非常喜欢它。

在我们到旧金山排练和演出之前，我们对这整个主意，把握不

大。我的意思是，这位编舞愚不可及：首先，这个芭蕾舞只有打击乐；其次，我们还没好到能为芭蕾舞作曲的地步，无功受禄，实在是疯了！就我而言，我从来没有什么“文化”，到头来却为一个芭蕾舞当起了职业音乐家，这是一个巨大的成就，就是嘛。

我们原以为她找不到愿意随着我们的鼓乐跳舞的芭蕾舞演员。（事实上，就有一位是来自巴西的大明星，葡萄牙领事夫人，认为她跳这个舞，掉价儿。）但其他的舞蹈家好像非常喜欢它，当我们在第一次排练中为她们伴奏的时候，我心甚慰。当她们听到我们的节奏真正是怎么个动静的时候（此前，她们一直用一个小卡式录音机来听我们的磁带罢了），她们所感到的那种愉悦，是发自心底的；当我看到她们对我们的现场演奏是怎么样反应的时候，我信心大增。从看演出的人们的评论来看，我们意识到，我们大功告成了。

这位编舞想在第二年开春，还用我们的鼓乐搞另外一个芭蕾舞， 328
于是我们又重复了一遍这个程序。我们录了个磁带，节奏更多，她也捏造了另外一个故事，这一次，背景是在非洲。我和加州理工学院的芒格（Munger）教授谈过，学会了几个真正的非洲短语，好在开头儿时唱（噶哇—巴女吗—噶哇—喔，或者类似这么一种调子吧），我练习发音，练到还真像是那么回事儿。

后来，我们到了旧金山排练了几场。我们刚到的时候，发现她们有个麻烦。她们不知道怎么把象牙弄在台子上好看。她们用纸糊的象牙太难看；在这种象牙面前跳舞，几个舞蹈演员都觉得尴尬。

我们没提供什么解决方案，只是静观表演家们下星期来排练的时候，会有什么事儿。与此同时，我安排好了去访问维尔纳·埃哈德（Werner Erhard）教授，我是在他主办的一个会上认识他的。我在他漂亮的家里坐着，听他给我解释什么哲学或者观念，突然之间，我一下子进入了催眠状态。

“你这是怎么了？”

我爆着眼珠子叫：“象牙！”就在他身后，在地板上，放着一些巨大、粗壮、漂亮的象牙！

他把象牙借给了我们。这些象牙，在戏台上漂亮极了（演员们松了一口气）：真正的象牙，超大的象牙，谢谢维尔纳·埃哈德的好意。

我们的编舞转移到了东海岸，在那儿上演她的加勒比芭蕾舞。我们后来听说，她用那个芭蕾舞参加全美国的编舞大赛，得了第一名或者第二名。受了这一次成功的鼓舞，她参加了另一次比赛，这次是在巴黎，是全世界的编舞大赛啊。她带去了我们在旧金山录制的一盘高质量录音带，在法国那儿训练几个舞蹈演员，来演出那个芭蕾舞的一个小片断——她就是那么进入大赛的。

她干得真不赖。她进入了最后一轮，剩下的只有两个团——拉脱维亚的一个团，用正统的舞蹈演员，跳标准的芭蕾舞，伴以漂亮的古典音乐；一个美国的团，独行其是，只用两个演员，是她在巴黎训练的，跳的那个芭蕾舞，除了鼓乐，没有别的。

329 观众最喜欢她，可是那个比赛，不看谁最受欢迎，评委们判拉脱维亚人获胜。她后来去找评委，想知道她的芭蕾舞，弱点何在。

“哦，夫人，音乐不太令人满意，不够细腻。渐强音控制欠佳……”

如此说来，我们起码可以发现：等我们来到那些真有文化的巴黎人面前的时候，他们懂得鼓乐，我们就不及格了。

另类状态 330

我曾经每星期三到休斯飞机公司（Hughes Aircraft Company）去讲一堂课，有一天，我去得稍微早了些，就和那个接待小姐打情骂俏，像往常一样，偏偏这个时候来了六七个人——一个男的，一个女的，还有另外几个。我以前没见过这些人。男的说：“费曼教授是在这儿开讲座吗？”

“找对地方了。”接待小姐回答。

男的问，他这帮人能不能来听听课。

“我觉得你们不会太喜欢，”我说，“讲的是某种专业的玩意儿。”

很快，那女的，她很聪明，咂摸出味儿了：“敢情你就是费曼教授！”

后来才知道，那男的就是约翰·力利（John Lilly），他早先研究过海豚。他和他妻子做过一些感觉缺失的研究，建造了一些箱子。

“在那种情况下，你会发生幻觉，确有此事？”我兴致勃勃地问。

“确有此事。”

我总是对梦境和其他闯到你心灵中的形象着迷，这些东西没有直接的感官来源，这东西在脑袋里是怎么搞的，我想看看幻觉。我一度想吃毒品，但我有点儿害怕这个：我喜欢思考，我不想把这个思考的机器报废了。但是，就那么躺在感觉缺失的大箱子里，在我看来，似乎不会有什么心理上的危险，因此，我急不可待地想尝试一下。

我很快就接受了力利两口子的邀请，要去试试大箱子。从他们那 331

方面讲，这邀请是个好意，他们也和他们那帮子人来听我讲课嘛。

因此，下个星期，我就去尝试大箱子了。力利先生为我介绍大箱子，他对其他人也得这么解释。里头有许多灯泡，跟霓虹灯似的，里头有不同的气体。他给我看了元素周期表，还神秘兮兮、装腔作势地说了一些不同的灯有不同的作用的话。他告诉我，你怎么把鼻子顶着镜面看自己，这是准备着进入大箱子——装神弄鬼、怪里怪气的事儿，应有尽有。我没在意那些胡说八道，但我亦步亦趋地都照着做了，因为我想进大箱子，我也想，或许这样的准备工作，能使你比较容易地得到幻觉。因此，我照他说的，什么都做了。唯一困难的事儿，是选择我希望的颜色的灯，特别是想到这箱子里该是一片黑暗。

感觉缺失箱，像个大澡盆，但有盖儿盖着。里头伸手不见五指，因为盖子很厚，里头也没声音。有个小气泵，往里打空气；但是，我后来知道，你用不着担心空气的事儿，因为里头的空气体积很大，你在里头只待两三小时；在你呼吸如常的时候，你实际上消耗不了太多空气。力利先生说，在那儿弄了气泵，是安慰人心的，因此我琢磨出那仅仅是心理作用，就要他把气泵关了，因为它有点儿噪声。

箱子里的水里有泻盐，它就比普通的水密度大，因此你很容易漂着。温度控制得和体温一样——他都计算过了。里头应该没有光，没有声音，没有温暖感，什么也没有！偶尔你或许会漂到边上，轻轻地触到箱壁，或者由于顶壁上的凝结作用，或许会落下一滴水来，但这种小小的扰乱是很稀罕的。

我一定去过十几次，每次在箱子里待大约2.5小时。第一次，我没什么幻觉；但是，既然我已经进过箱子，力利两口子就把我介绍给
332 一个据说是医生的人，他告诉我一种药，叫克他命（ketamine），这是

作麻醉剂的一种药。和在你入睡的时候发生的事有关系的问题，或者和你突然发生故障的时候发生的事有关系的问题，我一直很感兴趣，因此他们给我看了那种药的说明书，给了我正常剂量的十分之一。

我这种感觉透着怪；每当我想分辨出这是个什么作用的时候，我从来也不能搞得清楚。比方说，这种药，对我的视觉很有作用；我觉得我看不清楚东西，但是，当我努力看什么东西的时候，没问题。类似是这么回事儿：好像你不在乎看不看东西似的；你干干这个，干干那个，一种糊里糊涂的感觉；但是，你一看东西，你一集中精神，起码有那么一小会儿，一切正常。我拿过他们的一本书，有机化学的书，看一个表格，复杂的东西，写得满满当当，我很吃惊，我能读那些东西。

我还干了各种各样其他的事儿，比方说，把两只手从老远往一块儿靠，看能不能让手指头互相碰在一起，尽管我有一种全然失去方向感的感觉，一种无能为力地做事儿的感觉，但我从来也没有发现有一件事儿，我做不了。

前面说过，第一次，我全然没有幻觉；第二次，我全然没有幻觉。但是，力利两口子，是两个很有意思的人，跟他们在一块儿，我非常非常愉快。他们经常给我午饭吃，等等；过了一阵子，我们开始讨论另一个层次的事儿，不像开始那样谈灯的事儿。我发现，别人觉得感觉缺失箱子，不知怎么，可怕；但对我而言，那是一种很有意思的发明。我不害怕，因为我知道那是什么玩意儿：那不过是一个装着泻盐水的大箱子罢了。

第三次，有个男人来访——我在那儿见到过许多有意思的人——他告诉大家，他叫巴巴·拉姆·达斯（Baba Ram Das）。他这个伙计，是哈佛大学的，到过印度，写了本书，名叫《此时此地》(*Be Here Now*)。他讲述他的印度大师教他如何得到“魂魄出窍的体验”(这种字眼儿，我在布告栏里经常看到)：凝神于气息，凝神于气息怎么样从你的鼻孔进进出出。

为了得到幻觉，我想，我是什么都会试的，于是我就进了箱子。在这个游戏进行到某个阶段的时候，我突然意识到——这很难解
333 释——我向旁边移了一英寸。换句话说，我不是在我正中间呼吸，一吸一呼，一吸一呼：我的自我往边上移动了一点儿，大约移动了几厘米。

我想：“现在，我的自我在什么部位？我知道，人人都认为，思想的宝座，在大脑里；但他们怎么知道是那样？”通过读书，我已经知道，在大量的心理学研究搞出来之前，自我在哪儿，大家不是那么清楚。比方说，希腊人认为，思想坐落在肝里。我百思不得其解：“孩子们看到人家摸着脑袋说，‘让我想想’，就了解到自我坐落在哪儿，可不可能是这样？因此，自我坐落在上头那儿，在眼睛背后，这么一个观念，就自然而成了！”我琢磨着，如果我能把我的自我往边上移动几厘米，我就能把它移得更远些。这就是我的幻觉的开始部分。

我努力尝试，过了一阵子，我顺着脖子，把我的自我弄到了胸膛正中间。在有一滴水落到我肩膀上的时候，我觉得这滴水是在“上方”，在“我”所在的地方的上方。每有一滴水滴下来，我都打一激灵，我的自我就顺着脖子跳回本来的地方。起先，每次要下去，得费不少事；但是，渐渐地，事儿容易了。我能把我的自我一路送到耻骨那儿，偏在一边；但有一阵子，我只能走得那么远了。

另有一次，我在箱子里，那次我决定看看我能不能把自己移到耻

骨那儿，我应该能彻底到我的身体外头去。因此，我能“在我不在的另一边”。这很难解释——我动动两只手，拨拉水；尽管我看不见我的两只手，但我知道手在哪儿。但是，和真实生活里的不同，在真实生活里，手是一边一只，位置靠下，现在两只手却在同一边！我手指头上的感觉，其他的一切，都跟往常一模一样，只是我的自我在我身外，“观察着”这一切。

从那以后，我几乎次次都有幻觉，还能把自己移动得越来越远，
一直移到我身体之外。后来弄到这个地步：当我晃动手的时候，我把
手看成了某种机械的东西，一上一下地动——手不是肉的了，是机 334
械。但我仍然能感觉一切东西。感觉和动作完全协调一致，但我也有
“他在那儿”这么一种感觉，“我”甚至到了屋子外，最后，我在游荡，
走过了一段距离，到了我以前看到过发生什么事儿的一些地方。

我有许多种类的灵魂出窍的经历。有一次，比方说，我能“看到”我后脑勺，还把手放在后脑勺上。当我动手指头的时候，我看见手指头在动，但是在四个指头和大拇指之间，我看到了蓝天。当然，那是不对的；那是幻觉。但是，值得注意的是，在我动手指头的时候，手指头的动作和我想象的我正在看到的动作，是完全协调一致的。整个景象将出现，和你感觉到的、做的事情是一致的，这和你早晨慢慢起来的时候很相似，你碰到什么东西（你不知道那是什么东西），突然事情清楚了，你知道那是什么。因此，这整个景象突然出现，只是它不同寻常，这意思是说，你通常是想象自我坐落在后脑勺的前头，可现在，你却把自我想象得在后脑勺的后头。

在我有了一个幻觉的时候，在心理上，有一件事儿，总让我闹心：我或许是睡着了，因此那就仅仅是做梦罢了。和梦有关的体验，

我已经有了，我想要新的经验。那是一种傻呆呆的状态，因为，在你有了幻觉的时候，事情是那么个样子，你就不十分敏锐，因此你就让你的心灵去做这些傻事儿，比方说，去检查你是不是在做梦，因此，我总是检查我是不是在做梦——因为我的手经常在脑袋后头——我就互相摩擦两个大拇指，前前后后地摩擦，找到感觉。当然，我倒可能是梦见到了这些，但我没做梦：我知道那是真的。

在开头这段时间，你有了幻觉就兴奋，这一兴奋，幻觉就“跳出去了”，或者停止了；这段时间一过去，我就能放松下来，就能有长时间的幻觉。

一两个星期之后，对计算机是怎么工作——特别是信息是怎么储存的——对脑子是怎么工作，我想了很多。这个领域的有趣问题之一，是记忆是怎么储存在脑子里的：和机器相比，你能从如此多的不同方向把记忆调出来——要得到记忆，你不必用一个正确的地址
335 直接奔它而去。如果我想得到“rent”（租借）这个词儿，比方说，我要用这个词儿来填拼字游戏，这个游戏有个词儿，开头儿是“r”，结尾是“t”；我可以想起各种各样的收入，或者想起像借入和借出这样的活动；想到了这些，那就可以导致各种各样的其他记忆或信息。我在琢磨怎么搞出个“会模仿的机器”，它将像小孩儿那样学语言：你可以和这个机器谈话。但是，我琢磨不出怎么把一些事情有条理地储存起来，以便这机器根据自己的需要，把它再调出来。

对这个发现，我一时扬扬自得，出了箱子，冲了澡，穿上衣服，开始驾车到休斯飞机公司上我每周一次的课。大约是在我从箱子里钻出来四十五分钟之后，我第一次突然意识到，关于记忆是怎么储存在脑子里这个问题，我是一丁点儿想法也没有；我的那些想法，全是

幻觉，是关于怎么把记忆储存在脑子里这个问题的幻觉！我“发现”的东西，和记忆在脑子里的储存方式，风马牛不相及；它和我跟我自己玩儿的这些游戏，倒真有关系。

在我早先访问力利两口子的时候，在许许多多关于幻觉的讨论中，我一直竭力向力利和其他人解释：东西是真的，这么一种幻觉，并不反映真实的现实。如果你看到了些金球，或者看到了别的什么玩意儿，看到了好几次，而且，在你发生幻觉的过程中，这些金球还跟你谈话，告诉你，它们是另外一种智力生物，这不意味着它们真是另外一种智力生物，只意味着你得到了这么一种特别的幻觉而已。就是这个时候，我有了这么一种强烈的感觉，要发现记忆是怎么储存的；
令人惊讶的是，花了四十五分钟，我才意识到，我一直向人家解释的 336
那个玩意儿，是个错误。

我考虑的一个问题是，幻觉，是不是像梦那样，受到你心里已有的那些东西的影响？——那些东西，来自你当天或者以前的经历，或者来自你希望看到的那些东西。我相信，我有灵魂出窍的经验，其原因，就是在我要钻进箱子之前，我们讨论的，就是灵魂出窍。我有关于记忆怎么储存在脑子里的这样一个幻觉，我认为，其原因是，我整整一个星期一直在思考那个问题。

关于经验的真实性问题，在那儿，我和各种各样的人进行了大量讨论。他们争辩说，在经验科学中，如果关于某事的经验可被重复产生，那么某事就被认为是真的。因此，当许多人看到金球跟他们说话，多次都是这样，那么那些金球就是真的了。我的主张是：在这种情况下，在有人进入箱子之前，讨论到了那么一点儿关于金球的事儿，因此，这个人在进入箱子的时候，他那心灵已经在想着金球的事儿了，他在幻觉中的时候，就看到了近似于金球的某种东西——倒也可能是蓝色或者什么色的球——他就认为他在重新制造出这种经验。有些人，就有一种随声附和的趋势，他们之间的那种一致意见，和你在实验当中得到的那种一致意见，这两者在种类上的区别，我觉得，我是明白的。说出这种区别，何其容易——但给它个精确的定义，却是这么难，这事儿真让人忍俊不禁！

我相信，在幻觉当中，没有什么玩意儿，能够超过身在这个幻觉之中那一个人的内在心理状态。但是，尽管如此，还是有许多人经历了许多经验，他们相信，在幻觉中，有真实在。我的这个看法，或许能够解释，为什么释梦者能取得不小的成功。举个例子，有些精神分析学家，谈论各种各样的象征物的寓意，这就算是对梦的解释。然后呢，这些象征物果真接着就出现在梦境中，这也不是完全不可能的啊。因此，我认为，也许是这样，对幻觉和梦的解释，是一种自体繁殖的过程：多多少少，你会一般性地成功解释它，特别是在你发生幻觉或梦境之前，跟人家仔细讨论过这种事儿。

337 一般说来，我花大约15分钟就能让一个幻觉运行起来；但是，有几次，我事先吸了一点儿大麻，幻觉就来得很快。但15分钟，对我来说，已经足够快了。

经常发生的一件事儿，是这样：正当幻觉在进行着的时候，会出来一些可以说是“垃圾”的玩意儿：有些直接就是乱七八糟的形象——纯粹的、随机的废物。我试图记住某些垃圾，以便能对它们再梳理一番，但要记住，可难了去了。我想，我能接近在我开始沉沉入睡的时候发生的事儿：清晰的逻辑联系是有的，但是，是什么东西让你想起了你正在思考的那个东西，你却记不得了。实际上，你很快就忘记了你正在努力要想起来的东西。我只记得和芝加哥的白色路标类似的东西，上头还有个小凸物，然后它紧接着就消失了。总有这类东西。

力利先生有多种不同的箱子，我们也做过许多不同的实验。从幻觉这一角度说，那些箱子，似乎没什么不同，而且，我开始确信，这种箱子，是不必要的。既然我看明白了怎么搞法，我就意识到，你只需要安安静静地坐着就成——费事搞这些绝对超级的大骗术，有必要吗?

因此，等我回家的时候，我就把灯都关了，在客厅的一把舒服的椅子上坐着——试了又试——怎么也不灵。在感觉缺失箱子之外，我从来没能发生幻觉。我当然喜欢在家里体验幻觉，我不怀疑，如果你多多练习，你也可以陷入冥想和幻觉，但我不想练习。

338 野狐禅科学[1]

中世纪，发疯的念头，五花八门，比方说，犀牛角能壮阳。然后就发现了一个办法，来把这些发疯的念头儿按种类分开——这方法是拿一个念头来试试，看它灵不灵；如果不灵，清除之。这种方法系统化了，当然，系统化为科学了。这方法发展得蛮不错，因此我们现在就处在科学的时代了。置身于这么一个科学时代，事实上，我们都很难理解巫医怎么可能曾经存在过，他们当时提出的那些玩意儿，确实没有灵的——或者说，灵的只有一丁点儿。

但是，即使在今天，我也能碰到不少人，说着说着，就把我扯进了飞碟、占星术、某种神秘、意识感应、另类知觉、超感官知觉，杂七杂八的。我的结论：现在还不是一个科学的世界。

大多数人相信这么多的奇妙事儿，我就决定调查一番他们为什么相信。一直有人说我有探究的好奇心，他们说的这种东西，使我身处困境：在这儿，我发现了这么多的垃圾，简直能把我陷入灭顶之灾。我首先开始调查各种各样的神秘观念，还有神秘体验。我钻进了封闭的箱子里，得到了若干小时的幻觉，因此我就知道了幻觉的一些事儿。然后，我到了伊萨伦（Esalen），这个地方是这类思想的温床

1　根据1974年在加州理工学院的开学典礼讲话整理。——原注

（那是个奇妙的地方，你该去一趟）。我又遭到了灭顶之灾。我没想到，那种玩意儿会有那么多。

在伊萨伦，那儿有一些大浴室，温泉供应热水，建在高于海平面
10米的礁石上。我有一次最愉快的经历：我坐在一间浴室里，俯瞰海 339
浪拍打那岩石嶙峋的海岸，仰视万里无云的碧蓝长天，研究那个美丽的裸体悄然无声的出现，把自己安顿在我身处其中的这个浴池里。

有一次，我坐在一个浴池里，其中有一个漂亮的女孩儿，和一个家伙坐在一块儿，那家伙似乎并不认识她。我立刻就开始想："嚯！我怎么跟这个漂亮的裸体宝贝儿搭讪搭讪？"

我正琢磨着说什么呢，那家伙对她说："我呢，呃，正在研究按摩。能不能，在你身上做做练习？"

"当然。"她说。两个人出了浴池，她就近躺在一张按摩床上。

我心里想："这台词儿说得真叫棒！我是琢磨不出那种话头的！"他开始摩擦她的大脚趾头。"我想我摸到了。"他说，"我摸到了类似一个坑儿的东西——那是脑垂体吗？"

我脱口而出："伙计，你离脑垂体何止十万八千里！"

他们盯着我，惊骇莫名——我已经脱了浴衣——我说，"那叫足部反射疗法！"

我迅速闭眼，作冥思状。

那类让我头晕的事儿，这算是一例。我也考察过超感知觉和特异功能现象，最近的大热门，是尤里·盖勒（Uri Geller），据说这人用手指头搓搓钥匙，就能把它弄弯。于是我就接受他的邀请，去了他的旅馆房间，去看读心术和弯曲钥匙。他做的读心术，都不那么成功；我猜，没人能读得透我的心思。我的男孩儿拿着一把钥匙，盖勒就摩

擦它，但什么事儿也没发生。然后，他告诉我们，在水下，比较灵验，因此你就看到我们全体都站在浴室里，水龙头打开了，钥匙在水下，他用手指头摩擦那个钥匙。什么事儿也没发生。于是我没办法研究这个现象了。

但是，我开始想，我们还相信什么呢？（我接着就想到了巫医。要检查他们的真伪，何其容易，只要看看什么也不管用，就可以了。）
340 我发现，甚至有更多人相信的一些事儿，比方说，我们有一些知识，说的是怎么教育。有些好大的学校，教阅读，教数学，等等，但是，如果你留心点儿，你会看到，阅读能力是一路下滑——或者说，很难提高——但我们还是用相同的人来改善这种方法。确实存在由巫医开的不管用的药方。这事儿应该调查清楚；他们怎么知道他们的方法灵验？另一个例子是怎么处理罪犯。使用我们处理罪犯的那种方法，我们显然是没有取得什么进步——一大堆理论，但没什么进步。

然而，这些玩意儿，却被说成是科学。大家都在研究这些东西。我认为，具有常识的一般人，被这种伪科学吓呆了。一个很知道怎么教孩子们阅读的老师，受了学校体制的胁迫，不得不用另外的方法教阅读——甚至会被学校体制愚弄到这么一种地步，认为自己的方法不见得好。再如，坏小子们的父母，用这样那样的方法管教过孩子之后，却终生负疚，因为按照专家们的说法，她那么做是“不对的”。

因此，我们实在应该检查一下那些不灵的理论，检查一下并非科学的科学。

我认为，我提到的这些教育和心理学方面的研究，是这么一种事例，我愿意称之为“野狐禅科学”。在南太平洋，有一伙儿崇拜运输机的人。在二战期间，他们看到飞机落到地上，带来了很多好东西，他们希望现在也发生这样的事儿。因此，他们捣鼓了类似飞机跑道的玩意儿，在跑道两边还点了火堆，还造了一个木屋子，让一个男人坐在里头，头上戴着两块类似耳机的东西，竹棍跟天线似的伸出来——他是个领航员——他们在等着飞机着陆呢。他们每件事儿做得都不错。形式是完美的。这看起来的确就是从前那样子。但这一套不灵。没什么飞机着陆。因此，我把我说的那些事儿叫作野狐禅科学，因为那些事儿亦步亦趋地照着看似科学研究的规则和形式来，但少了某种本质的东西，因为没有飞机着陆啊。

这就理所当然地迫使我告诉你，那少了的东西是什么。但是，这事儿解释起来，很难，和向南太平洋的岛民解释在他们的体制中必须
怎么安排事儿才能得到一些财富，一样难。告诉他们怎么把耳机的形 341
状弄得像回事儿，事儿不是这么简单啊。但是，我注意到，有一个特征，在野狐禅科学当中，通常是没有的。这个特征是这么一个观念，是我们都希望你在学校的科学研究中学到的那个观念——我们从来也不曾明明白白地说清楚这个观念是什么，我们只是希望通过科学研究的事例来让你把握它。因此，把这个特征说出来，明明白白地说出来，是有趣的。这个特征，是科学的正直品格，是科学思想的原则，是一种彻底的诚实——一种把脊梁骨向后挺得笔直的风度。比方说，如果你在做一个实验，你应该把所有你认为或许会使这个实验无效的事情都报告出来——不仅仅是把你认为正确的东西报告出来：或许也能够解释你的实验结果的另外一些原因，以及你想到的那些在你的另外一次实验中已经得到清除的因素，以及这些因素是怎么起作用的，这些都要报告出来——让别的伙计确信，那些因素都已经被清除掉了。

有些细节，可能致使别人怀疑你的解释，如果你知道都是什么细节，那你必须交代清楚。你必须尽你所能，把事情解释到最好的程度——如果你知道什么东西是错误的，或者可能是错误的话。比方说，如果你要搞出个理论，要推广它，或者要提出来，那么你也必须把那些不同意这个理论的事实摆出来，就好像把那些同意这个理论的事实摆出来一样。还有一个更微妙的问题。你把好些观念拢到一块儿，要搞出一个精制的理论，这时候，你想弄确实，在你解释什么事情符合这个理论的时候，那些符合这个理论的事情，并不是当初让你有心去搞这个理论的那些事情；可是，这个完成了的理论，额外地也使别的什么事情得到了令人信服的解释。

总的来说，这个观念是，要努力把所有信息都摆出来，以帮助别人来判断你的贡献的价值；不要单单摆出那些会把他们的判断引导到这个或那个特别方向上去的信息。

解释这个观念的最容易的办法，是拿它与（比方说）广告做个比较。昨天晚上，我听说“维森”牌的食用油，不会渗到食物里头。这不是不诚实；但我说的这个事儿，并不仅仅是一个不要不诚实的问题，而是一个科学的正直品格的问题，这层次更高。如果在一定的温度下操作，那么没有什么食用油能渗到食物里头去，这个事实是应该加到广告词中去的。如果在另一个温度下操作，那么所有的食用
342 油——包括“维森”油——都会渗到食物里头去。因此，那个广告传达的，是蒙人的玩意儿，而非事实，事实才是真实的；这个区别，我们非得搞清楚不可。

我们从经验中知道，真理总会出来。其他实验家会重复你的实验，会发现你是错还是对。自然的现象，将同意或者不同意你的理

论。另外，尽管你或许会得到昙花一现的名声和兴奋，如果你在这种或那种工作中不曾做到非常小心谨慎的话，你将得不到身为科学家的好声望。正是这种类型的正直，正是这种不把自己当傻瓜的审慎态度，才是那些野狐禅科学研究中在很大程度上缺少的东西。

他们的困境，有许多当然是主题上的困难，以及他们搞科学的方法不可能用到这个主题上去，然而，我们应该注意，这还不是唯一的困难。那就是飞机为什么不落地——但是飞机就是不落地嘛。

关于如何控制我们把自己当傻瓜的一些方式，我们已经从经验中学到了好多。举个例子：密立根[2]用下落的油滴做实验，来测量一个电子的电荷，得到的答案，我们现在知道，不很正确。它有误差，因为他用的那个空气黏滞性数值是不正确的。看看密立根之后测量电子电荷的历史，是蛮有趣的。如果你把那些测量活动看成是一个随时间而变化的函数，你会发现，一个比密立根的数大一点儿的数，下一个数又比这个比密立根的数大一点儿的数还大一点儿的数，再下一个数又比这个比密立根的数大一点儿的数还大一点儿的数再大一点儿的数，直到最后，这些数都安顿下来了，答案是一个更大的数。

为什么那些人没有立刻就发现最后这个新的比较大的数呢？这事儿让科学家们为之汗颜——这个令人羞臊的历史——因为，人们显然是这样做事儿的：当他们得到了一个比密立根的数大得太多的数的时候，他们以为一定有什么东西出错了——他们就去找，结果找到了一个解释的理由，说为什么某个东西或许错了。当他们得到了一

2　罗伯特·安德鲁·密立根（Robert Andrews Millikan，1868—1953），美国物理学家，因测量电子电荷而获1923年诺贝尔物理学奖。

个接近于密立根的数的数的时候，他们就不费劲去找了。因此，他们就把那些相去太远的数，都消灭了，然后再去做那样的蠢事。如今，我们已经了解了那些特别诱惑人犯错误的情况，现在我们就不犯这种病了。

但是，这个学习如何才能不把自己当傻瓜的漫长历史——一个有着彻底的科学正直品格的历史——是，抱歉我这么说，是一个我
343 们还没有把它特别列入任何我所知道的课程之中的东西。我们只好希望，通过潜移默化，你能理解它。

首要的原则，是你万不可把自己当傻瓜——而你就是那个最容易被当作傻瓜的家伙。因此，对这件事儿，你务必非常留神。在你没把自己当傻瓜之后，不把别的科学家当傻瓜，就容易了。在那之后，你只需要像传统的方式那样，做到诚实无欺就可以了。

我愿意再补充点儿东西，这个东西对科学来说，并不必要，却是我相信的一种东西，这东西是，在你身为科学家跟外行人谈话的时候，你也不应该把他们当傻瓜。我不想告诉你怎么骗你妻子，怎么愚弄你的女朋友，以及诸如此类的事儿，那个时候，你也不打算以科学家的身份行事，你只想以普通的人类身份行事。我将把那些问题，留给你自己和你的牧师。我现在谈的是一种特别的、额外类型的正直品格，这种正直不是躺着撒谎（lying）[3]，而是脊梁骨向后挺直，来表明你自己或许是错误的；在你身为科学家行事的时候，你非得有这种正直品格不可；你对其他科学家当然要如此正直，而我认为，对外行，亦

3　费曼在这里玩了一个文字游戏：他用的这个词儿lying在英语里有两个意思，撒谎和躺着，以便和下一句中的“挺直”形成对照，于是我把它勉强翻译为“躺着撒谎”。

复如是。

比方说，有一次我和一个朋友谈话，他要上广播电台说话，我有点儿吃惊。他是搞宇宙论和天文学的，他不知道怎么解释他的工作有什么实用价值。“哦，”我说，“没什么实用价值。”他说：“对，但那样说，我们就得不到资金赞助来进行进一步的研究了。”我认为，那是一种不诚实。如果你以科学家的身份出现，那你就应该向外行人解释你正在干的事儿——如果他们在那些情况下不想给你资金赞助，那是他们的决定。

这个原则的一个例子是这样：如果你决意要检验一个理论，或者你想解释某个观念，那么你应该总是按照它出来时的那个样子发表。如果我们只发表某种结果，我们是能把这个论点搞得好看的。我们一定得把两种结果都发表了。

我得说，在给政府提某种类型的建议的时候，这也是重要的。假定有个参议员来征求你的意见，问你应不应该在他那个州钻个洞；你呢，看准了在别的州钻那个洞会比较好。如果你不发表这样的结果， 344
在我看来，你没提出科学的建议。你是被利用了。如果你的回答，碰巧和政府或者政客喜欢的方向一致，他们就可以根据他们的好恶把你的回答用作一个论据；如果你的回答跟他们顶着，他们压根儿就不发表了。那也不是提出科学的建议。

另外几种谬误，则具有品质低劣的科学的特点。在康奈尔大学的时候，我经常和心理学系的人谈话。有一个学生告诉我，她想做这么个实验——别人已经发现，在某些情况X之下，老鼠做某事A。她很好奇，想知道，如果她把情况变为Y，老鼠还会不会仍然做A。因此，她的建议，是在情况Y之下做实验，来看老鼠是否仍然做A。

我对她解释说，在她的实验室里首先重复另外那个人的实验，是必要的——在条件X之下做这个实验，看她能不能也得到结果A，然后再变为Y，并且看A变不变。那样她才会知道真正的差别是她认为的那个在她的控制之下的那个事儿。

得了这么一个主意，她很高兴，接着就去找她的教授。他的回答是，不，你不能那么做，因为那个实验已经做过了，你那是浪费时间。这事儿发生在1947年前后，不打算重复做心理学实验，只改变实验条件并看看发生什么事儿，似乎一直是那个时候的一般路数。

如今，发生同样事情的某种危险，也是存在的，甚至在这个口碑不错的物理学领域里，也是有的。有个人用“国家加速器实验室”的大型加速器来做重氢实验；我听到这事儿，大吃一惊。为了把他的重氢结果拿来和用轻氢做的实验可能有的结果做对比，他不得不利用别人在不同的设备上做的轻氢实验的数据。等有人问他怎么能这么搞，他说，那是因为这个项目没时间用轻氢在这个设备上做实验了（因为时间那么少，而设备那么贵），因为做也不见得会有新结果。于是，在“国家加速器实验室”负责这个项目的这个人，出于公关目的，急于要得到新数据，为的是得到更多的资金，以使这个事儿继续下去。他们或许是在毁掉这个实验本身的价值，在毁掉这个实验的目
345 的。按照科学的正直品格的要求来完成工作，这对在那儿的实验科学家来说，常常不容易。

然而，心理学中的全部实验，都不属此类。比方说，一直有许多实验，让老鼠在各种各样的迷宫里跑，诸如此类——结果不甚了然。但是，在1937年，一个叫杨格（Young）的人，做了一个非常有意思的实验。他搞了一个好长的走廊，沿着一边有许多门，老鼠就是从这些

门进来的；沿着另一边也有许多门，食物放在那儿。他想看看他能不能训练老鼠从他把它们放开的地方往下数第三个门进去，无论他在什么地方放它们。不能。老鼠们立刻跑向前一次放了食物的那个门。

问题是：因为这个走廊造得这么漂亮，这么整齐一律，老鼠们怎么知道那就是以前的那同一个门？显然，那个门一定有什么东西和其他的门不同。于是，他把那些门仔仔细细地上了漆，门面用的是质地完全相同的材料。老鼠仍然找得到是哪个门。于是，他认为，或许老鼠在嗅食物的气味儿，因此，在每次老鼠跑过之后，他都用化学药品把气味改变了。老鼠仍然找得到是哪个门。于是，他意识到，老鼠或许能借助看灯以及实验室的布置来找到是哪个门，就像任何懂常识的人做的那样。于是，他把走廊盖起来，老鼠仍然找得到是哪个门。

他最后发现，老鼠凭借在跑的时候地板发出的声音来找到是哪个门。他只需要把走廊放在沙里，就能确定此事。因此，他一个接着一个，把所有可能的线索都消除了，最终就能把老鼠愚弄住，它们也不得不学习从第三个门进去了。如果他对他的任何实验条件马虎了，老鼠都能知道。

从科学观点看，这是一个一流的实验。正是这个实验，才使遛老鼠的这种实验有意义，因为它揭示了老鼠真正使用的线索——而不是你以为它用的那些线索。正是这个实验，才说得准确你必须用什么实验条件，才能做到谨慎，才能把一个遛老鼠的实验中的一切置于控制之下。

我注意到这一研究的后续历史。下一个实验，以及下下个实验，都不曾提到杨格先生。他们都没有使用他把走廊放在沙里的这个标准，也不十分谨慎。他们不过是按照老办法遛老鼠罢了，对杨格先生

346 的伟大发现毫不注意，他的论文，提也不提，因为他没有发现关于老鼠的任何事儿。实际上，他发现了你必得发现的关于老鼠的全部事情！但是，对那样的实验毫不注意，本来就是野狐禅科学的一个特点。

另一些例子，是莱因（Rhine）先生和其他人的特异功能现象实验。正如许许多多人批评的那样——他们也对自己的实验进行批评——他们改善了实验技巧，因此实验效果越来越小，越来越小，越来越小，直到消失殆尽。所有研究超自然现象的心理学家，都在寻找某种可以重复的实验——那种他们可以重复做并得到相同结果的实验——即便有统计学的意义也好。他们遛了一百万只老鼠——说错了，这次遛的是人——他们干了大量的事儿，得到了某种统计学上的效果。下次他们再试，不灵了。现在，你发现有人说，希望一个可重复的实验，本来就是个无关紧要的要求嘛。这是科学？

这个人，在他宣布辞去“超心理学研究所”主任之职的讲话中，也在宣讲一种新的制度。他告诉人们在将来要做的事儿，他说，他们必须做的许多事情中有一件，是确保他们只培养这样一些学生：他们已经显示了他们的能耐，这种能耐是要把特异功能的结果提高到一种可被接受的程度——不打算把他们的时间浪费在那些野心勃勃、患得患失的学生身上，这些学生只是碰巧得到了结果而已。在教学中实行这样的政策，是非常危险的——只教学生怎么存心得到某些结果，而不是教他们本着科学的正直品格来做个实验。

因此，我对你们只有一个祝愿——祝你好运，到一个你能够自由地保持我刚才说的这种正直品格的地方去吧，在那个地方，你不觉得被迫需要维持你在一个组织中的地位或者财政支持，以及诸如此类的事儿，从而失去你的正直品格。祝愿你享有这样的自由。

索 引

*所标页码为原书页码，即本书边码

D

F

G

M

N

O

P

Q

R

S

T

W

译后记

王祖哲

济南山东大学文艺美学研究中心

2005年3月5日

《别逗了，费曼先生！》现在翻译完了。我在想象，亲爱的读者，在你掩卷之际，我们是否会有相似的感受。

我在读这本书的时候，我最想知道的，是这个人是如何努力工作才成为诺贝尔奖得主的；可是，费曼或许早就料到了这一点，而他偏偏不喜欢做你能够预料到的事情，所以他就没有在这个方面花费太多的笔墨，却对他的那些恶作剧啊、打鼓啊、在赌城的荒唐事儿啊，讲个不亦乐乎。仔细想来，他仍然满足了我们的好奇心：起码他这个诺贝尔奖，是玩出来的。

我甚至认为，全部的诺贝尔奖得主，以及其他一切创造了伟业的人，或许都是玩出来的吧。你想必还听说过牛顿曾经把怀表当鸡蛋煮了，爱迪生曾经忘记了婚礼。只有那些在外头玩得流连忘返的儿童，才有可能犯下这种错误。这些作为玩家的大科学家和我们这些贪玩的人的不同之处，仅仅在于他们的玩意儿碰巧对文明发展有益；而我们却是空玩一场。

许多人相信像费曼这样的大科学家都是一些非常古板的人，是最能够忍受命令和规矩的好孩子，对枯燥乏味有免疫力。费曼的故事证明这种看法刚好与事实相反。头脑正如你的宠物狗，渴望充足的活动；并不出于现实目的地使用你的头脑，它就会成为一条活蹦乱跳的狗，那就是一种玩儿。许多人误以为无所事事、闲着发呆是一种福分，而不曾意识到那是一种扼杀生命力的苦刑。在一定程度之内，成就一件事情可能获得的快乐，与我们必须克服的困难大小成正比。由于科学是一件需要花费巨大脑力的事情，那么它可能带来的快乐也同样巨大。

我们天生具有费曼的资质。我们本来对书本和自然天生具有大科学家的那种好奇心。如若不信，你就观察那些才来人世不久的小孩儿。他们喜欢图画和书本，瞪着好奇的大眼，专注地观察这个新奇的世界。我们至今也不知道儿童怎么可能如此迅速地就掌握一门语言。一旦听说了“为什么”这个词儿，他们就不停地问“为什么”；他们的问题，只有最有创造性和想象力的科学家和哲学家才能够提得出来，把个无知的父母问得恼羞成怒。

可是，一旦我们进了学校，这种蔑视一切成见的好奇心，很快就消失殆尽。学校，本来应该是一个教人喜欢书本的地方，一个鼓励好奇心的地方；可是，我们的学校把书本用做刑具，以羞辱和惩罚来“鞭策”学生，它要求我们像计算机那样记住东西，它以刁钻古怪的考题打击我们的自信，它敌视独立思考，结果它变成了一个消灭好奇心的屠宰场。那些讨厌教育的教育家，还要把许多可怕的色彩涂抹在学习这件本为乐事的事情上，好像有的女人把辣椒或墨水涂在乳头上迫使孩子断奶似的；他们说，你必须“头悬梁、锥刺股”，“书山有路勤为径，学海无涯苦作舟”，好像他们不把学生吓晕，就心有不甘似的。在他们看来，教育和科学研究本身是苦事，其价值在于它可能带来的实际利益，（这种卑琐的市侩习气！）因此使学生受苦，就理所当然，却不相信爱因斯坦的话：“学习是一种难得的乐事。”呜呼，这种短视的实用主义，至今仍然是统治我们的教育和科学研究的指针。

如何重建我们的教育哲学和制度，需要我们好好思考。这本书将为教育工作者和研究家提供一个生动的案例。费曼甚至专门谈到了教育的问题。他在书中对巴西教育的描绘和批评，要是放在中国教育体制的名下，不也很合适吗？

或许你觉得费曼这个人太过散漫，有时荒唐——但这是一种错觉。他实际上是一束激光；我们在书里看到的许多故事，不过是这束激光在燃烧钢板时飞溅出的火花。他在评审课本的时候，必得一本一本亲自看。他在参加一个会议的时候，如此不肯通融地与俗见作对。他对科学的正直品格提出的要求，使人肃然起敬。在此，你将会发现真人和俗人之间有什么不同。俗人的正经事，在真人的眼中，是荒唐的闹剧；俗人认为可以马虎通融的事情，真人挺直了脊梁骨，分毫不让。费曼之所以毫无顾忌地讲述那些荒唐事，明显地是对伪君子们的嘲弄。他无意要你认可他做的一切事情；他仅仅是以极端的方式，要求你正直而真实。他对皇家不恭敬，不意味着他认为诺贝尔奖本身没有价值。他难以忍受的是附着在这个奖金之上的许许多多俗人俗事。这是一种神人般的高傲姿态。你会发现，他对自己的人格和事业尊敬到无以复加的地步；与此相比，皇帝何足挂齿！你想必也能意识到，使他的生命如此灿烂的，是他最喜欢玩的一个东西，那就是科学。费曼这个人，有名士风度——不对，他是个英雄！却又是这么个可爱的英雄！

这是一本好书，它使我神思飞扬，它是一场精神的狂欢节。我真希望自己能像费曼这样，活得如此愉快，如此自由，如此饱满！年轻的读者，尽情吸收费曼的精神和灵性吧！为了成就一个伟大的人格，找一件真有意思的玩具，比方说科学，尽情玩吧！

我必须感谢我的朋友，山东大学外语学院的李绍明教授，一个我佩服得五体投地的翻译家，他阅读了全部的译稿，指出了四十多处败笔！同样的谢忱送给我的编辑吴炜女士，若无她的严格要求，我必定在许多地方贻笑大方。本书当中必定仍然存在不少缺憾，那要归咎于我自己的冥顽不灵。

图书在版编目（CIP）数据

别逗了，费曼先生！ /（美）理查德·费曼，（美）拉尔夫·莱顿著；王祖哲译．—长沙：湖南科学技术出版社，2019.6（2025.6 重印）（走近费曼丛书）

书名原文：Surely You're Joking, Mr. Feynman!: Adventures of a Curious Character

ISBN 978-7-5710-0018-9

Ⅰ．①别… Ⅱ．①理… ②拉… ③王… Ⅲ．①费曼（Feynman, Richard Phillips 1918—1988）—传记
Ⅳ．① K837.126.11

中国版本图书馆 CIP 数据核字（2018）第 276146 号

BIEDOULE,FEIMAN XIANSHENG!
别逗了，费曼先生！

著者
［美］理查德·费曼
［美］拉尔夫·莱顿

翻译
王祖哲

出版人
潘晓山

责任编辑
吴炜 贾平静 李蓓

书籍设计
邵年 汪赵冲

出版发行
湖南科学技术出版社

社址
长沙市芙蓉中路一段416号
泊富国际金融中心

网址
http://www.hnstp.com

湖南科学技术出版社
天猫旗舰店网址
http://hnkjcbs.tmall.com

邮购联系
本社直销科 0731-84375808

印刷
长沙鸿和印务有限公司

厂址
长沙市望城区普瑞西路858号

邮编
410200

版次
2019 年 6 月第 1 版

印次
2025 年 6 月第 15 次印刷

开本
880mm × 1230mm 1/32

印张
13.5

字数
307 千字

书号
ISBN 978-7-5710-0018-9

定价
68.00 元